城市轨道交通工程
质量通病防治指南

深圳市市政工程质量安全监督总站　主编

中国建筑工业出版社

图书在版编目（CIP）数据

城市轨道交通工程质量通病防治指南／深圳市市政工程质量安全监督总站主编 . — 北京：中国建筑工业出版社，2018.9
ISBN 978-7-112-22477-7

Ⅰ. ①城…　Ⅱ. ①深…　Ⅲ. ①城市铁路-铁路工程-工程质量监督-指南　Ⅳ. ① U239.5-62

中国版本图书馆 CIP 数据核字（2018）第 166087 号

责任编辑：杜　洁　李玲洁
责任校对：芦欣甜

城市轨道交通工程质量通病防治指南

深圳市市政工程质量安全监督总站　主编

*

中国建筑工业出版社出版、发行（北京海淀三里河路9号）
各地新华书店、建筑书店经销
北京建筑工业印刷厂制版
天津图文方嘉印刷有限公司印刷

*

开本：787×1092毫米　1/16　印张：17¼　字数：420千字
2018年8月第一版　2018年8月第一次印刷
定价：**168.00**元
ISBN 978-7-112-22477-7
（32350）

编　委　会

前　言

近年来，我国城市轨道交通工程建设飞速发展，建设规模、速度均超过其他国家，已成为世界上最大的轨道交通建设市场。因轨道交通工程建设环境复杂、施工工法多、技术难度大、危险程度高，所以轨道交通工程建设受到各级政府和广大市民的高度重视。同时，参建各方也在不断提高工程质量管理水平，但由于施工建设过程中多方面因素影响，工程质量通病屡见不鲜，并可能引发安全事故。因此，以工程质量提升行动为契机，在城市轨道交通领域推广质量通病防治技术具有重大意义。

城市轨道交通工程质量通病防治是一项相当复杂的系统性工程。一旦出现工程质量问题，将造成大量返工、整治工作，带来巨大经济损失，甚至引发安全事故，并给社会造成不良影响。所以，本书以深刻认识质量缺陷、发力质量提升、坚持质量效益为目的，着力提高质量管理水平。

本书共分8章，主要包括轨道交通工程中的车站、区间、附属结构的土建工程，轨道工程、建筑装饰工程、常规设备安装工程等，认真总结了既有轨道交通工程质量通病的成因和防治措施，结合图表分析说明，内容较全面，实用性强，可作为工具书在轨道交通工程建设中推广使用。

本书编制过程中得到深圳市住房和建设局、深圳市地铁集团有限公司的大力支持，参编单位中电建南方建设投资有限公司、中铁南方投资集团有限公司、中铁建南方建设投资有限公司、中建南方投资有限公司、中国交通建设股份有限公司南方分公司为本书编制工作付出了大量心血，本书经过了许多专家、学者审阅评审，提出了宝贵意见，在此对所有参编人员表示衷心感谢。

尽管付出了辛勤的汗水，但书中难免有不妥之处，恳请专家、同行批评指正。

目　　录

第1章 明挖车站土建工程

1.1 基坑支护工程

1.1.1 槽壁坍塌

通病现象	在槽段成槽、下钢筋笼和浇筑混凝土时，槽段内局部孔坍塌，出现水位突然下降，孔口冒出细密的水泡，出土量增加，而不见进尺，钻机负荷显著增加等现象
规范标准及相关规定	•《地下铁道工程施工及验收规范》（2003 年版）GB 50299—1999 4.4.3 挖槽过程中应观测槽壁变形、垂直度、泥浆液面高度，并应控制抓斗上下运行速度。如发现较严重坍塌时，应及时将机械设备提出，分析原因，妥善处理
原因分析	1. 遇竖向层理发育的软弱土层、流砂土层及块石杂填土层等不良地质；上软下硬地层冲桩过程中扰动过大，导致上部软弱地层坍塌。 2. 护壁泥浆性能指标（比重、黏度、含砂率等）不合理或成槽过程中补充清水，不能形成坚实可靠的护壁。 3. 地下水位过高，泥浆液面标高不够；由于漏浆，造成槽内泥浆液面降低。 4. 在松软砂层中挖槽，进尺过快，将槽壁扰动。 5. 成槽后搁置时间过长，未及时吊放钢筋笼浇筑混凝土，泥浆沉淀失去护壁作用。 6. 单元槽段过长，或地面附加荷载过大。 7. 钻杆垂直度偏差大或遇障碍偏轴使槽壁削成反坡
防治措施及通用做法	1. 在软弱土层或流砂土层中成槽施工，应提前进行槽壁地层加固。 2. 在竖向层理发育的软弱土层或流砂层成槽，应采取慢速成槽，适当加大泥浆密度，控制槽段内液面高于地下水位 0.5m 以上；成槽应根据土质情况选用合格泥浆，并通过试验确定泥浆密度，一般应不小于 1.05g/cm³。 3. 槽段成槽后，及时下放钢筋笼并浇筑混凝土。 4. 单元槽段一般不大于 6m，不良地质地段应缩短槽段长度。 5. 严格控制钻机就位精度和钻杆垂直度。 6. 严重坍槽，要在槽内填入较好的黏土重新下钻；局部坍塌可加大泥浆密度；如发现大面积坍塌，用优质黏土（掺入 20% 水泥）回填至坍塌处以上 1~2m，待沉积密实后再进行成槽，回填后槽段应考虑槽壁加固和缩短槽段长度措施
工程质量缺陷照片	 图 1.1.1-1　槽壁坍塌混凝土超方

工程实例照片	
	图 1.1.1-2　槽壁加固

1.1.2　钢筋笼难以就位

通病现象	由于槽壁变形或钢筋笼吊放时产生变形而造成钢筋笼难以放入槽内
规范标准及相关规定	•《地下铁道工程施工及验收规范》（2003年版）GB 50299—1999 4.5.3　钢筋笼应在槽段接头清刷、清槽，换浆合格后及时吊放入槽内，并应对准槽段中心线缓慢沉入，不得强行入槽
原因分析	1. 施工中，未控制好槽段的垂直度和平整度，导致槽壁凹凸不平、弯曲或倾斜过大。 2. 钢筋笼的制作质量差，其外形尺寸不准确、误差较大。钢筋笼整体刚度不够，起吊点位置不对，吊放时产生变形；定位块或垫块过于凸出。 3. 清孔后泥浆指标不合格，沉渣厚度较大；会使钢筋笼下不到设计标高。 4. 成槽后，下道工序未及时跟进，导致槽壁变形、缩孔
防治措施及通用做法	1. 成槽时要检查槽壁的垂直度和平整度，发现偏差过大及时予以纠正。如果槽壁凹凸不平、弯曲导致钢筋笼不能放入，应修整槽壁直至可以放入。 2. 下笼前采用探笼或超声波检测仪检查槽壁垂直度。 3. 严格按照设计图纸和有关规范控制钢筋笼的外形尺寸，其长、宽应比槽体小100~120mm；钢筋笼接长时，上、下段应保持垂直且对齐。为防止钢筋笼上浮，可在导墙中设置锚固点，固定钢筋笼。 4. 加大钢筋笼整体刚度，防止吊装时塑性变形过大。 5. 施工异型槽段时，应严格控制单元槽段的成槽角度和钢筋笼制作的角度，如果两者偏差较大，不能进行钢筋笼吊装作业。 6. 清除槽底沉渣应测量其厚度，保证沉渣厚度不超出设计及规范要求。 7. 钢筋笼沉放就位后应及时灌注混凝土，并不应超过4h
工程质量缺陷照片	
	图 1.1.2-1　钢筋笼卡笼

图 1.1.2-2　钢筋笼验收　　　　图 1.1.2-3　超声波槽壁检测

1.1.3　地下连续墙露筋

通病现象	基坑土方开挖后，地下连续墙大面积或局部露筋
规范标准及相关规定	•《地下铁道工程施工及验收规范》（2003 年版）GB 50299—1999 4.9.2　基坑开挖后应进行地下连续墙验收，并符合下列规定： 1　混凝土抗压强度和抗渗压力应符合要求，墙面无露筋、露石和夹泥现象
原因分析	1. 施工槽段开挖成槽的直线性不好，槽壁的垂直度不高，壁面凸向坑外。 2. 钢筋笼保护层垫块的布置数量及厚度不足，钢筋笼对槽壁有侧向压力时，保护层垫块被压入槽壁土体之中，失去应有的作用。 3. 钢筋笼入槽下放时没有居中或不垂直。 4. 吊装好钢筋笼后未能及时浇筑混凝土，导致缩孔
防治措施及通用做法	1. 成槽后，用探孔器进行探孔，如有不符合规定要求时，及时修槽，保证地下墙成槽有良好的直线性与垂直度。 2. 在钢筋笼布置足够数量的保护层垫块，遇到软弱的淤泥质土层时，钢筋笼上保护层垫块要适当加密，增加其与槽壁的接触面积，防止保护层垫块嵌入槽壁土体之中。 3. 钢筋笼入槽后，如果不能保持自然垂直状态，应通过调整吊点位置，使钢筋笼呈自然垂直状态。 4. 吊放钢筋笼时，如果钢筋笼下放受阻，不得强行插入槽内，以防槽壁发生坍塌。 5. 钢筋笼沉放就位后应及时灌注混凝土，并不应超过 4h
工程质量缺陷照片	 图 1.1.3-1　连续墙漏筋

| 工程实例照片 |
图 1.1.3-2　连续墙外观良好 |

1.1.4　地下连续墙槽段接头渗水

通病现象	基坑开挖后，在槽段接头处出现渗水、漏水、涌水等现象
规范标准及相关规定	•《地下铁道工程施工及验收规范》（2003 年版）GB 50299—1999 4.7.4　后继槽段开挖后，应对前槽段竖向接头进行清刷，清除附着土渣、泥浆等物
原因分析	1. 成槽机成孔时，黏附在上一槽段混凝土接头面上的泥皮、泥渣及接头封堵时回填料未清干净，在浇筑的混凝土槽段内形成泥土隔层。 2. 槽段内沉渣未清理干净，沉渣过厚。在混凝土浇筑时，部分沉渣会被浇筑的混凝土挤到墙段接头处和两根导管中间，墙段接缝处形成泥隔层导致地下墙该部位渗水。 3. 在浇筑一期槽段时形成了绕流，在二期槽段成槽时绕流部位处液压抓斗无法下沉，采用冲桩未冲干净绕流混凝土，造成槽段之间空隙大或夹砂
防治措施及通用做法	1. 二期槽段成槽后，在清槽之前，利用刷壁器在槽内一期槽段的混凝土端头上下来回清刷，直至接头面清刷干净。 2. 做好槽段底清渣工作，使沉渣厚度控制在规范允许范围内，防止泥渣挤入接头面及墙体中间，造成渗漏。 3. 在一期槽段成槽后，浇筑混凝土前在两侧接头背面槽坑内用蛇皮袋装土回填至导墙顶部，然后开始浇灌混凝土，以防产生绕流；在接头工字槽内贴泡沫板或在接头工字钢板外侧焊接铁皮防止混凝土绕流。 4. 富水地段施工时，在型钢接头预埋注浆管，后期注浆封闭接头。 5. 针对砂层富水地段，连续墙接头处在墙外侧采用旋喷桩或袖阀管注浆加固
工程质量缺陷照片	 图 1.1.4-1　接缝夹砂夹泥　　　　图 1.1.4-2　槽段接头涌水

工程实例照片	
	图 1.1.4-3 刷壁器　　图 1.1.4-4 预埋注浆管　　图 1.1.4-5 接头焊铁皮

1.1.5 地下连续墙出现夹层

通病现象	地下连续墙壁混凝土内存在局部或大面积泥夹层
规范标准及相关规定	•《地下铁道工程施工及验收规范》（2003 年版）GB 50299—1999 4.9.2 基坑开挖后应进行地下连续墙验收，并符合下列规定： 1 混凝土抗压强度和抗渗压力应符合设计要求，墙面无露筋、露石和夹泥现象
原因分析	1. 混凝土导管埋入混凝土深度不足，浇筑混凝土时提管过快或测探错误，将导管提出混凝土面，致使泥浆混入混凝土内形成夹层。 2. 浇筑时导管摊铺面积不够，部分角落浇筑不到，被泥渣填充。 3. 导管接头不严密，泥浆渗入导管内。 4. 混凝土初灌量不足或初灌不同步，未能将泥浆与混凝土隔开。 5. 混凝土未连续浇筑或浇筑时间过长，首批混凝土初凝失去流动性，而继续浇筑的混凝土顶破顶层上升，与泥渣混合，导致在混凝土中央有泥渣，形成夹层。 6. 混凝土浇筑时局部塌孔，有大块泥渣未清理干净
防治措施及通用做法	1. 经常测定混凝土面上升高度，并据此拔管，导管埋入混凝土深度宜为1.5~3.0m，相邻两导管内混凝土高差应不大于0.5m。 2. 应根据槽段长度，设置足够数量的导管同时浇筑，导管水平布置距离应不大于3m，距槽段端部应不大于1.5m。 3. 导管接头应采用粗丝扣，设橡胶圈密封，混凝土浇筑前应试拼并进行密闭性试验。 4. 混凝土初灌量要足够充分，使其有一定的冲击量，能把泥浆从导管中排出，并与混凝土隔开。各导管储料斗内混凝土储量应保证开始灌注混凝土时埋管深度不小于500mm。 5. 混凝土浇筑应保持快速连续进行，因故中断灌注时间不得超过30min。 6. 一个槽段混凝土应一次连续浇筑完成，以防时间过长槽段塌孔

工程质量 缺陷照片	 图 1.1.5-1　地连墙露筋、夹泥
工程实例 照片	 图 1.1.5-2　地连墙浇筑　　　图 1.1.5-3　地连墙外观良好

1.1.6　地下连续墙墙体鼓包

通病现象	成槽施工过程中由于控制不当,导致槽壁局部坍塌,而坍塌的部位在地连墙浇筑时只能由混凝土来填充,基坑开挖后,地下连续墙表面出现不平整、局部鼓包现象
规范标准及 相关规定	•《地下铁道工程施工及验收规范》(2003 年版) GB 50299—1999 4.4.3　挖槽过程中应观测槽壁变形、垂直度、泥浆液面高度,并应控制抓斗上下运行速度。如发现较严重塌坍时,应及时将机械设备提出,分析原因,妥善处理。 4.9.2　基坑开挖后应进行地下连续墙验收,并符合下列规定: 2　墙体结构允许偏差应符合表 4.9.2 的要求。 表 4.9.2　地下连续墙各部位允许偏差值(mm) 再见下表

表 4.9.2　地下连续墙各部位允许偏差值(mm)

项目＼允许偏差	临时支护墙体	单一或复合墙体
平面位置	±50	+30 0
平整度	50	30
垂直度(‰)	5	3
预留孔洞	50	30
预埋件	—	30
预埋连接钢筋	—	30
变形缝	—	±20

注:平面位置以隧道线路中线为准进行测量。

原因分析	1. 泥浆质量不达标，不能形成可靠的护壁作用。 2. 在松软土层中钻进过快，泥浆未形成有效的护壁作用，对槽壁扰动频繁，引起槽壁变形塌孔。 3. 当地层中存在较为松散的填石层时，易造成填石层坍塌，形成连续墙鼓包。 4. 成槽后未及时进行混凝土浇筑，泥浆沉淀渐渐失去护壁作用，导致侧向土体位移过大。 5. 槽段划分过长，且地面动荷载和附加荷载过大、过频繁，导致槽壁塌孔。 6. 由于施工操作不当，如抓斗提升过快，又没及时补充泥浆及导墙未处理好而漏浆，造成槽内泥浆液面过快降低，超过安全范围，或某种原因使地下水过快上升等。 7. 清孔时，泥浆比重控制不当，易造成塌孔
防治措施及通用做法	1. 配置泥浆时应采用合格的原料，经过试验确定泥浆的配比，严格按配比制作泥浆。 2. 控制槽段内泥浆液面满足护壁要求，且高于地下水位 0.5m 以上。 3. 在松软土层中钻进时不应过快或者空转时间过长，尽量缩短成槽时间。 4. 成槽后应及时吊放钢筋笼并浇筑混凝土。 5. 单元槽段长度宜控制在 6m 内，并根据开挖情况随时调整泥浆密度和液面标高。 6. 抓斗或钻头不应快速进入槽口，施工时随时注意槽壁发生坍塌的状况
工程质量缺陷照片	 图 1.1.6-1　地连墙墙体鼓包
工程实例照片	 图 1.1.6-2　地连墙墙基面平整

1.1.7 地下连续墙（桩）侵限

通病现象	围护结构地下连续墙或者钻孔桩侵入主体结构边线
规范标准及相关规定	•《建筑基坑支护技术规程》JGJ 120—2012 4.4.8 除特殊要求外，排桩的施工偏差应符合下列规定： 1 桩位的允许偏差应为 50mm； 2 桩垂直度的允许偏差应为 0.5%。 4.6.14 除特殊要求外，地下连续墙的施工偏差应符合现行国家标准《建筑地基基础工程施质量验收规范》GB 50202 的规定，垂直度：永久结构≤1/300、临时结构≤1/150
原因分析	1.钻孔桩位或地下连续墙导墙定位不准，外放量不足，导致围护结构侵限。 2.地质岩面不均或遇孤石等障碍物，成孔时未及时采取措施纠偏，导致围护结构侵限。 3.施工过程中出现塌孔，混凝土超出设计量过多，造成围护结构侵限。 4.桩（墙）垂直度偏差超过设计及规范要求值。 5.机械设备的问题，造成围护结构侵限
防治措施及通用做法	1.考虑基坑后期变形，施工误差，桩墙垂直度等不利因素的影响，为保证结构厚度和净空，应根据施工工艺适当增加围护结构的外放值。 2.在斜岩段成孔宜采取低落锤（钻头）、高频率的方式、采取在孔内（槽内）回填石块的方式进行孔位纠偏。 3.选用状况较好的机械设备，防止因设备造成槽壁（孔位）偏移，减少施工过程中设备故障停机
工程质量缺陷照片	 图 1.1.7-1 桩侵限处理 图 1.1.7-2 连续墙侵限处理
工程实例照片	 图 1.1.7-3 地下连续墙现场照片 图 1.1.7-4 超声波测斜

1.1.8　混凝土灌注桩（水下灌注）桩身夹渣及断桩

通病现象	混凝土灌注桩（水下灌注）成桩后、桩身混凝土局部位置夹有泥土，严重的甚至导致断桩
规范标准及相关规定	·《地下铁道工程施工及验收规范》（2003 年版）GB 50299—1999 3.6.15　水下混凝土灌注应符合下列规定： 3　导管埋入混凝土深度应保持 2~3m，并随提升随拆除
原因分析	1. 孔壁坍塌。 2. 水下混凝土灌注过程中，导管埋入混凝土深度不足；拔出导管时过快或不当，导管提出混凝土面。 3. 灌注混凝土过程中出现卡管或导管堵塞，导致浇筑中断，重新浇筑时，混凝土内存在浮浆夹层，造成断桩。 4. 灌注水下混凝土时导管渗漏，导致护壁泥浆渗入导管内的混凝土之中
防治措施及通用做法	1. 施工期间护筒内的泥浆面应高出地下水位 1m 以上，在受水位涨落影响时，泥浆面应高出最高水位 1.5m 以上，在容易产生泥浆渗漏的土层中应采取维持孔壁稳定的措施。 2. 混凝土灌注过程中，导管埋入混凝土深度宜为 2~3m，严禁将导管提出混凝土灌注面，并应控制提拔导管速度。 3. 导管安放在桩孔时要上下抽动，检查是否有卡管现象，没有卡管现象才浇筑混凝土。 4. 灌注水下混凝土必须连续施工，并严格控制每车混凝土的坍落度，每根桩的灌注时间应按初盘混凝土的初凝时间控制，对灌注过程中的故障应及时采取处理措施。 5. 导管使用前应试拼装、试压，试水压力可取为 0.6~1.0MPa，确保灌注水下混凝土时导管不渗漏
工程质量缺陷照片	 图 1.1.8-1　钻孔桩断桩
工程实例照片	 图 1.1.8-2　抽芯检测，桩身完整　　图 1.1.8-3　桩身完整

1.1.9 混凝土灌注桩（水下灌注）桩底沉渣过厚

通病现象	混凝土灌注桩（水下灌注）桩底沉渣过厚
规范标准及相关规定	•《地下铁道工程施工及验收规范》（2003 年版）GB 50299—1999 3.6.6 清孔施工应符合下列规定： 1.孔壁土质不易坍塌时，可用空气吸泥机清孔。 2.用原土造浆时，清孔后泥浆比重应控制在 1.1 左右。 3.孔壁土质较差时，宜用泥浆循环清孔，清孔后泥浆比重应控制在 1.15~1.25。 4.清孔过程中必须补足泥浆，并保持浆面稳定。 5.清孔后立即吊放钢筋笼，并灌注水下混凝土
原因分析	1.在清孔过程中，未能及时置换泥浆。 2.清孔不干净或未进行二次清孔，也未进行沉渣厚度检验。 3.泥浆比重过小或泥浆含砂率过大，而难于将沉渣浮起。 4.钢筋笼吊放过程中，碰撞孔壁使泥土坍塌落入桩底。 5.清孔后，待灌时间过长引起桩孔土壁坍塌，又未能进行再次清孔，导致沉渣过厚
防治措施及通用做法	1.在清孔过程中，应不断置换泥浆，并保持孔内浆液面的稳定，直至浇筑水下混凝土。 2.孔壁土质较好，不易塌孔者，可用空气吸泥机清孔；孔壁土质较差时，可用泥浆循环或抽渣筒清孔；清孔后对沉渣厚度进行检测，符合要求后再浇筑混凝土。 3.清孔后距孔底 0.5m 内的泥浆比重应小于 1.25，黏度不得大于 28Pa·s，含砂率不大于 8%。 4.运输材料、吊放钢筋笼、浇筑混凝土等作业，应防止扰动孔口土和碰撞孔壁导致泥土坍塌落入桩底。 5.开始灌注混凝土时，导管底部至孔底的距离宜为 300~500mm，并应有足够的混凝土储备量，导管一次埋入混凝土灌注面以下不应小于 0.8m。 6.下完钢筋笼检查沉渣量，进行二次清孔
工程质量缺陷照片	 图 1.1.9-1 沉渣过厚
工程实例照片	 图 1.1.9-2 抽芯检测

1.1.10　围护桩桩间止水不良

通病现象	围护桩间止水帷幕效果不好，在基坑开挖过程中，出现桩间渗漏水，不良地质情况容易出现桩间涌水、涌泥
规范标准及相关规定	•《建筑地基基础工程施工质量验收规范》GB 50202—2002 7.2.4　在含水地层范围内的排桩墙支护基坑，应有确实可靠的止水措施，确保基坑施工及邻近构筑物的安全
原因分析	1. 浆液水灰比控制不合理，浆液拌制时水泥含量偏低，或者水泥过期。 2. 旋喷桩施工定位偏差大或支护桩偏孔不同轴、分岔，导致浆液未充分填充桩间隙。 3. 施工前未进行试桩，未取得合理的工艺参数。 4. 止水桩施工过程中下沉或提升速度过快及压力不足，未严格按照设计参数及重复次数施工。 5. 土方开挖过程中超挖或支撑（锚索）施工不及时，造成灌注桩围护变形过大，止水桩受力变形超限，出现渗水裂缝
防治措施及通用做法	1. 一般宜选用水泥标号425号普通硅酸盐水泥拌制浆液，水灰比控制在0.45~0.50，依照设计水泥用量拌制。 2. 严格按设计桩位进行放样定位，严格控制垂直度、间距，其中心允许误差不超过5cm，成孔偏斜率≤1%。 3. 施工前进行不少于3根的试桩，确定满足设计强度要求的水泥掺量、水泥浆的配合比以及水泥浆比重，确定钻杆提升速度、旋转速度、旋喷压力等参数。 4. 严格控制钻机转速、提钻速度及旋转速度等，使浆液和土体充分结合。 5. 喷浆过程应连续均匀，若喷浆过程中出压力骤然上升或下降，大量冒浆、串浆等异常情况时，应及时提钻出地表排除故障后，复喷接桩时应加深0.3m重复喷射接桩，防止出现断桩。 6. 土方开挖应严格控制单次开挖深度，分段、分层开挖，并及时施工支撑
工程质量缺陷照片	 图1.1.10-1　桩间渗漏水　　　　图1.1.10-2　桩间涌水
工程实例照片	 图1.1.10-3　桩间止水效果良好

1.1.11　咬合桩偏孔、结合处渗水

通病现象	基坑开挖后，在桩间接缝处出现垂直度偏差过大、渗水等现象
规范标准及相关规定	·《地下铁道工程施工及验收规范》（2003 年版）GB 50299—1999 3.1.5　沉桩前应测放桩位；沉桩时，钻（桩）头就位应正确、垂直；沉桩过程中应随时检测。 沉桩以线路中线为准，允许偏差为：纵向 ±100mm；横向 $^{+50}_{\ 0}$ mm；垂直度 3‰。 3.6.1　钻头应根据土质选用，其成孔应符合下列规定： 1　钻杆就位正确、垂直，允许偏差不应大于本规范第 3.1.5 条规定
原因分析	1. 开钻或穿越软硬不均匀土层交界处时，钻进速度过快，或者钻杆未保持垂直，钻杆摇晃剧烈等导致垂直度偏差过大。 2. 由于咬合桩没有咬合或者其他原因造成的咬合桩密闭性不好，出现渗漏水现象
防治措施及通用做法	1. 利用钻机油缸进行纠偏，如果偏差小于 5cm，可直接利用钻机两个顶升油缸和两个推拉油缸调节垂直度，即可达到纠偏的效果。 2. 回填纠偏：如果素桩在入土 5m 以下发生较大的偏移，可先用钻机油缸进行纠偏，如果不能纠偏回来，则将孔回填至上一次检查合格的地方，检查垂直度合格后重新钻孔。 3. 如果渗水范围小，可将深水处凿毛，并清理干净，用速效堵漏剂封堵；当渗漏量较大时，则采用封堵后使用排水管统一引排至底板下盲沟内
工程质量缺陷照片	 图 1.1.11-1　咬合桩垂直度偏差过大　　图 1.1.11-2　咬合桩间渗漏水照片
工程实例照片	 图 1.1.11-3　凿除侵限基坑内的桩体　　图 1.1.11-4　封堵引排至基坑排水盲沟

1.1.12 混凝土灌注桩桩间喷射混凝土不平整

通病现象	基坑开挖过程中，在围护桩之间喷射的混凝土高低不平，局部露底
规范标准及相关规定	•《岩土锚杆与喷射混凝土支护工程技术规范》GB 50086—2015 6.4.14　在喷射过程中，应对分层、蜂窝、疏松、空隙或砂囊等缺陷做出铲除和修复处理
原因分析	1. 土方开挖过程中，桩间土体清理不干净。 2. 凸出的灌注桩打凿不到位：对于凸出的桩，应将凸出部分凿至与喷射后混凝土面相平。 3. 喷射混凝土前未做喷射面的标志，超喷或欠喷。 4. 喷射混凝土配合比不合理。 5. 桩间渗漏未及时处理。 6. 工序控制不当，喷护作业未随开挖逐层施工
防治措施及通用做法	1. 开挖采用人工配合机械开挖，应留置 0.2m 以上的土层人工清理，严禁采用机械开挖桩间土。 2. 喷射作业应认真清除受喷面上的浮土、回弹物等松散料，用高压风吹净，调整好喷射机的风压、水压，以防混凝土接槎不实。 3. 基面应设置标高带，防止超喷或欠喷。 4. 喷射混凝土应将钢筋全部覆盖，应严格控制配合比，喷层无干斑、滑移流淌现象。 5. 桩间渗漏水应采取注浆堵漏或临时引排措施。 6. 喷射作业应分层、分段、分片依次进行，分段长度不宜大于 6m，一次喷射厚度不宜小于 40mm，每喷完一遍均需有一定的间歇，前一层混凝土终凝后进行，对悬挂在网片上的混凝土结团应及时清除，保证喷射混凝土的平整度。 7. 喷射混凝土应在作业完成后 2h 后洒水养护，养护时间不应少于 7d。喷射混凝土应密实、平整、无裂缝、脱落、漏喷、漏筋、空鼓、渗漏水等现象；平整度允许偏差为 10mm
工程质量缺陷照片	 图 1.1.12-1　桩间浮土未清理　　　图 1.1.12-2　喷射混凝土面不平整
工程实例照片	 图 1.1.12-3　桩间人工修土　　　图 1.1.12-4　喷射混凝土完成面

1.1.13 钢支撑系统安设不规范

通病现象	支撑安装过程中，钢围檩与围护结构间隙未填充或填充物强度不足，钢楔子安装不紧密、预应力施加不及时或未及时复加，造成围护结构受内支撑力不均匀，基坑变形过大
规范标准及相关规定	·《建筑基坑支护技术规程》JGJ 120—2012 4.10.5 钢腰梁与排桩、地下连续墙等挡土构件间隙的宽度宜小于100mm，并应在钢腰梁安装定位后，用强度等级不低于C30的细石混凝土填充密实。 4.10.6 对预加轴向压力的钢支撑，施加预压力时应符合下列要求： 1 对支撑施加压力的千斤顶应有可靠、准确的计量装置。 2 千斤顶压力的合力点应与支撑轴线重合，千斤顶应在支撑轴线两侧对称、等距放置，且应同步施加压力。 3 千斤顶的压力应分级施加，施加每级压力后应保持压力稳定10min后方可施加下一级压力；预压力加至设计规定值后，应在压力稳定10min后，方可按设计预压力值进行锁定。 4 支撑施加压力过程中，当出现焊点开裂、局部压曲等异常情况时应卸除压力，在对支撑的薄弱处进行加固后，方可继续施加压力。 5 当监测的支撑压力出现损失时，应再次施加预压力。 4.10.10 内支撑的施工偏差应符合下列要求： 1 支撑标高的允许偏差应为30mm。 2 支撑水平位置的允许偏差应为30mm
原因分析	1. 围护结构面不平整，钢围檩与围护结构间不密贴；填充混凝土强度太低或下方支设模板支撑不严，浇筑过程中捣固不密实。 2. 填充混凝土浇筑滞后，尚未达到强度；钢支撑受力过早，压碎填充混凝土导致不密实。 3. 钢楔子安装不规范。 4. 支撑架设滞后。 5. 预应力未分级施加，未按设计预压力值进行锁定；预应力损失及时进行复加
防治措施及通用做法	1. 清理钢围檩位置竖向围护结构外表面浮土、碎渣，并修整严重凸出部位。 2. 钢围檩安装并固定后，在钢围檩位置竖向围护结构缝隙下方设置混凝土浇筑模架支撑，并检查其稳固性和严密性，浇筑C30或以上强度等级的早强混凝土，捣固密实；适当淋水养护保证填充混凝土强度。 3. 钢楔子采用正反楔的形式，确保与活络头全断面传力。 4. 分层分小段开挖土方和相应安装支撑并施加预应力应控制在12h内完成支撑安装后及时施加轴力。 5. 根据天气变化、开挖工况的变化，加强支撑轴力监测，预应力损失及时进行复加
工程质量缺陷照片	 图 1.1.13-1 钢围檩与围护结构间隙未填充

工程实例 照片	 图 1.1.13-2　钢围檩与围护结构间隙填充密实

1.1.14　基坑中间临时立柱偏位

通病现象	1. 立柱桩偏位后，出现立柱桩未支撑到混凝土支撑梁中部造成混凝土支撑受力不均衡。 2. 立柱与联系梁连接困难。 3. 基坑开挖过程中出现偏位
规范标准及 相关规定	•《深圳市深基坑支护技术规范》SJG 05—2011 11.5.3　支撑结构安装允许偏差应符合表 11.5.3 的规定。 表 11.5.3　支撑结构安装允许偏差 <table><tr><td>序号</td><td>项目</td><td>允许偏差（mm）</td></tr><tr><td>1</td><td>钢筋混凝土支撑构件截面尺寸</td><td>+8，−5</td></tr><tr><td>2</td><td>同层支撑中心标高高差</td><td>±30</td></tr><tr><td>3</td><td>支撑构件两端标高高差</td><td>1/600 支撑长度且不大于 20</td></tr><tr><td>4</td><td>支撑构件挠度</td><td>不大于 1/1000 支撑长度</td></tr><tr><td>5</td><td>立柱垂直度</td><td>不大于 1/100 基坑开挖深度</td></tr><tr><td>6</td><td>支撑与立柱轴线偏差</td><td>不大于 50</td></tr><tr><td>7</td><td>支撑水平轴线偏差</td><td>不大于 30</td></tr></table>
原因分析	1. 钢立柱加工偏差过大。 2. 立柱桩基础钻孔桩偏位过大，就位时偏差超标。 3. 钢立柱在插入基础孔时未精确定位，立柱轴线偏差过大。 4. 格构柱采用校正架安装时，校正架定位产生过大偏差。 5. 基坑开挖时开挖面纵向坡度不符合要求，纵向偏压致立柱偏位或断裂
防治措施及 通用做法	1. 工厂或现场加工立柱时，应严格控制下料尺寸，采用专用加工平台进行立柱焊接加工。 2. 钻机就位前要求场地处理平整坚实，以满足施工垂直度要求。 3. 钻机按指定位置就位后，调整桅杆及钻杆的角度。对孔位时，采用十字交叉法对中孔位，对中孔位后，钻机不得移位。 4. 格构柱下方时应对准桩孔中心，格构柱各边与轴线垂直或平行。 5. 利用格构柱的加长部分和简易定位器进行定位和垂度控制。 6. 基坑开挖应分层、分段依次进行，开挖面及时刷坡，尤其是淤泥质地层严格控制分层高度和纵坡面坡度，防止纵向土体侧压力过大造成临时立柱偏位或断裂

工程质量缺陷照片	图 1.1.14-1 格构柱垂直度偏差过大	图 1.1.14-2 格构柱断裂
工程实例照片	图 1.1.14-3 立柱定位架	图 1.1.14-4 型钢立柱及联系梁

1.1.15 连续墙预埋接驳器连接质量不合格

通病现象	1. 基坑开挖后，普遍存在接驳器锈蚀、丝牙破坏、方位角偏差大等质量问题。 2. 接驳器和结构主筋的连接普遍存在无法连接、拧不到位、连接困难等状况。 3. 造成部分接驳器无法和主体结构的钢筋连接，影响"两墙合一"的整体结构，常常需要另行植筋再连接
规范标准及相关规定	•《钢筋机械连接技术规程》JGJ 107—2016 6.2 钢筋丝头加工、6.3 接头的安装（具体要求查看规范要求） •《地下铁道工程施工及验收规范》（2003 年版）GB 50299—1999 4.5.2 钢筋笼制作精度应符合表 4.5.2 规定。 表 4.5.2 钢筋笼制作允许偏差值（mm） 参见下表

表 4.5.2 钢筋笼制作允许偏差值（mm）

项目	偏差	检查方法
钢筋笼长度	±50	钢尺量，每片钢筋网检查上、中、下三处
钢筋笼宽度	±20	
钢筋笼厚度	0 −10	
主筋间距	±10	任取一断面，连续量取间距，取平均值作为一点每片钢筋网上测四点
分布筋间距	±20	
预埋件中心位置	±10	抽查

原因分析	1. 地下连续墙钢筋笼上接驳器的定位控制偏差较大。 2. 钢筋笼顶标高控制不准确；钢筋笼上浮或下沉。 3. 钢筋笼本身的平整度不够，接驳器和分布筋是点接触，定位难控制。 4. 基坑开挖后地下连续墙凿毛时破坏了接驳器的丝牙。 5. 钢筋笼吊装入槽过程中和导墙摩擦造成接驳器掉盖
防治措施及 通用做法	1. 根据钢筋笼的施工标高及底板上、下层钢筋的施工标高，来确定接驳器在地墙钢筋笼上的固定标高。钢筋笼上接驳器的高低控制偏差不大于2mm，并和地下连续墙钢筋笼连接牢固，确保在地下连续墙的混凝土施工过程中不会移位。 2. 钢筋笼沉笼过程做好钢筋的标高、垂直度控制；严格控制浇筑速度，及时提拔导管。 3. 接驳器应用专用的盖子进行保护，采用胶带缠绕固定盖子。 4. 采用铝彩钢板做成条形，沿接驳器连线方向封盖，细钢丝拧紧，或采用聚乙烯泡沫板覆盖预埋件，以减少吊钢筋笼造成接驳器封盖被碰掉、地下连续墙凿毛时凿破接驳器的丝牙等问题。 5. 接驳器无法使用的，采用植筋方式连接
工程质量 缺陷照片	 图 1.1.15-1　接驳器安装偏差　　图 1.1.15-2　大量接驳器失效后植筋
工程实例 照片	 图 1.1.15-3　加套保护帽　　　图 1.1.15-4　接驳器与主体钢筋精确连接

1.1.16　基坑疏干降水效果不理想

通病现象	1. 造成基坑浸水，无法开挖。 2. 当开挖深度较大时，在动水压力的作用下，还可能引起流沙、管涌、突涌和边坡失稳等现象。 3. 若地下水存在承压含水层，若不降低承压水水头至安全高度很容易导致底板破坏，基坑失稳，以致酿成大的灾难

规范标准及相关规定	·《地下铁道工程施工及验收规范》（2003 年版）GB 50299—1999 2.1.4　井点降水应使地下水位保持在基底以下 0.5m。停止降水时，必须验算涌水量和明挖隧道结构的抗浮稳定性，当不能满足要求时，不得停泵
原因分析	1. 降水方法选择不当，降水井布置不合理，间距过大，未按设计要求进行布置。 2. 降水井施工质量不合格，造成地层水无法渗流汇入井内或渗流效果较差。 3. 基坑开挖时，未做好降水井保护，造成降水井破坏，无法工作。 4. 基坑由于管线等特殊原因，未完全封闭。 5. 降水管理不到位，造成降水运行不正常
防治措施及通用做法	1. 严格按设计要求布置降水井，基坑内管井井点间距一般为 10~15m；基坑局部未封闭部位，应适当增加降水井数量。 2. 管井一般施工步骤：测量定位井点位→钻机就位→钻孔成孔→换浆→下滤管→填滤料→洗井→埋设排水联络管线及配电电缆→下泵抽水→降水日常管理。 3. 管的孔隙率控制：钢管不宜小于 30%，钢筋骨架包网的孔隙率不宜小于 50%。 4. 施工过程控制：①下管要准确到位，保证环状填砂间隙厚度大于 150mm，滤管不可强力压下，以免损坏过滤结构；②井管与井壁之间填入滤料一般为粒径5~15mm 的圆卵石，滤料沿井管外四周均匀填入；③洗井应反复进行，直至抽出井水无污浊。 5. 基坑开挖过程中做好降水井防护，避免挖土设备碰压，随开挖深度露出土体的井管及时割除，并用围栏围护，确保井管不受破坏。必要时增加集水井抽排。 6. 基坑开挖前 10~15d 开始抽水，做好水位观测，降水运营期间设备维保工作
工程质量缺陷照片	图 1.1.16-1　降水效果不理想　　 图 1.1.16-2　降水井管涌水
工程实例照片	图 1.1.16-3　降水井洗井　　 图 1.1.16-4　降水井防护

1.2 防水工程

1.2.1 主体结构外包防水卷材铺设质量不达标

通病现象	1. 防水基面处理不到位，表面不平顺，凹坑、凸起。 2. 卷材防水层铺设有空鼓现象，搭接不规范，有破损
规范标准及 相关规定	•《地下防水工程质量验收规范》GB 50208—2011 4.3.12 高分子自粘胶膜防水卷材宜采用预铺反粘法施工，并应符合下列规定： 1 卷材宜单层铺设； 2 在潮湿基面铺设时，基面应平整坚固、无明水； 3 卷材长边应采用自粘边搭接，短边应采用胶粘带搭接，卷材端部搭接区应相互错开
原因分析	1. 进场原材料把控不严，现场使用不合格防水卷材。 2. 基面处理不到位，导致卷材空鼓撕裂，或有尖硬物扎破。 3. 防水卷材搭接不牢固，导致开裂。 4. 防水卷材搭接时搭接宽度不足。 5. 作业面带水作业。 6. 对已铺设防水卷材保护措施不到位
防治措施及 通用做法	1. 围护结构表面的泥土杂物应彻底清理干净，内表面钢筋及凸出的管件等尖锐物，从混凝土表面去除，并用砂轮机或角磨机磨平，然后用 1：2.5~1：3 的防水砂浆找平。 2. 基面有渗漏水时，必须先进行止水堵漏处理，以达到基面无明水。 3. 铺贴时应展平压实，卷材与基层和上下卷材之间必须粘结紧密。 4. 材料长边和短边搭接宽度不小于 100mm。 5. 施工过程中注意对防水板保护，为防止明火及焊渣烧伤或引燃防水板，可采用洒水或加装隔板的方式
工程质量 缺陷照片	 图 1.2.1-1 基面处理不到位 图 1.2.1-2 卷材开裂
工程实例 照片	 图 1.2.1-3 防水板铺设

1.2.2 止水带安设不规范

通病现象	止水带安装过程中出现止水带扭曲、变形、破损,止水带搭接不符合规范等现象
规范标准及相关规定	•《地下防水工程质量验收规范》GB 50208—2011 5.1.7 中埋式止水带及外贴式止水带埋设位置应准确,固定应牢靠
原因分析	1. 止水带安装接头方法、接头位置选择不合理,搭接长度不足、接头不紧密。 2. 止水带水平、竖向埋设位置不准确。 3. 止水带安装不牢固,导致混凝土浇筑时止水带弯曲、移位。 4. 施工时未对止水带做保护,导致止水带变形或破损
防治措施及通用做法	1. 安装前严格检查止水带质量,止水带表面不允许有开裂、缺胶、海绵状等影响使用的缺陷。 2. 钢边橡胶止水带中间橡胶板用热接模具热硫化连接或胶粘剂连接,接好后,两侧钢边应该用铆钉将其搭接固定。 3. 止水带埋设时应居中固定,止水带应利用附加钢筋固定、专用卡具固定、钢丝和模板固定等固定措施,以防止止水带在安设和混凝土浇筑过程中扭曲变形。固定时如需穿孔,应选在止水带的边缘安装区,不得损伤其他部分。 4. 混凝土浇筑施工时避免振捣棒接触止水带,防止止水带位移和搭接部位开裂。 5. 施工完成后可采用盖盒子等保护措施,防止下道工序施工时破坏止水带
工程质量缺陷照片	 图 1.2.2-1 止水带未搭接　　图 1.2.2-2 止水带不平顺
工程实例照片和图示	 图 1.2.2-3 止水带夹具固定　　图 1.2.2-4 止水带夹具固定示意图

1.2.3 施工缝渗漏水

通病现象	车站主体结构完工及降水井封堵后，地下水位回升，施工缝位置局部出现湿渍或渗漏现象
规范标准及相关规定	•《地下防水工程质量验收规范》GB 50208—2011 5.1.5 水平施工缝浇筑施工前，应将其表面浮浆和杂物清除，然后铺设净浆、涂刷混凝土界面处理剂或水泥基渗透结晶型防水涂料，再铺 30mm~50mm 厚的 1：1 水泥砂浆，并及时浇筑混凝土
原因分析	1. 施工缝防水材料质量不合格。 2. 施工缝止水带安设不规范，甚至未设置止水带就浇筑混凝土。 3. 浇筑混凝土前施工缝界面未处理或处理不当。 4. 界面剂涂刷不均匀、止水胶未打设。 5. 施工缝处混凝土振捣不密实
防治措施及通用做法	1. 中埋式止水带埋设位置应准确，固定应牢固;止水带搭接应符合搭接长度要求，钢板止水带接头处应满焊，橡胶止水带接头处应将表面清刷和用锉刀打毛，再进行搭接处理。 2. 施工缝浇筑混凝土前，应将其表面清理干净，再涂刷混凝土界面处理剂或水泥基渗透结晶型防水涂料，并及时浇筑混凝土。 3. 混凝土浇筑时应按要求进行，超过 2m 高度加设串筒或溜槽，同时加强施工缝处的混凝土振捣，保证捣固密实。 4. 在施工缝位置预留注浆管，后期进行注浆填充，处理注浆管的安装长度每段不超过 6m，并在两端安装注浆导管，注浆导管引出混凝土结构外长度不小于 150mm，注浆管应紧密粘贴在先浇筑混凝土基面上
工程质量缺陷照片	图 1.2.3-1 侧墙环向施工缝渗漏　 图 1.2.3-2 顶板环向施工缝渗漏
工程实例照片和图示	图 1.2.3-3 水平施工缝防水构造　 图 1.2.3-4 水平施工缝安装注浆管

1.2.4 变形缝渗漏水

通病现象	地下车站主体结构及出入口等附属结构完成后，地下水位高于车站结构变形缝时，变形缝位置局部出现湿渍或渗漏现象，特别是在主体结构与出入口交界处易出现渗漏水现象
规范标准及相关规定	•《地下防水工程质量验收规范》GB 50208—2011 5.2.1 变形缝用止水带、填缝材料和密封材料必须符合设计要求。 5.2.3 中埋式止水带埋设位置应准确，其中间空心圆环与变形缝的中心线应重合。 •《地铁设计规范》GB 50157—2013 12.7.2-3 变形缝部位设置的止水带应为中孔型或 Ω 型，宽度不宜小于 300mm。 12.7.2-4 顶板与侧墙预留的排水凹槽应贯通
原因分析	1. 变形缝用止水带、填缝材料和密封材料质量存在问题，止水效果差。 2. 止水带埋设不居中、搭接不密贴等施工不符合设计要求。 3. 变形缝凹槽内密封材料填充不密实。 4. 排水槽安装不规范，与周边混凝土未密贴，打胶不严密。 5. 经过长时间运营，防水结构老化，接水槽排水不畅通或接水槽接缝不密贴，不锈钢水槽边的胶开裂，导致渗水溢流出来
防治措施及通用做法	1. 橡胶或塑料止水带，应经过严格检查，如有破损须经修补合格后使用。金属止水带焊接应满焊严密，且搭接长度应符合规范的规定。 2. 埋入式止水带，施工时严禁在止水带的中心圆孔处穿孔，应埋设在变形缝截面的中部。 3. 嵌填密封材料的缝内两侧基面应平整、洁净、干燥，并应涂刷基层处理剂；嵌缝底部应设置背衬材料；密封材料嵌填应严密、连续、饱满，粘结牢固。 4. 不锈钢排水槽水平槽段应设置 2‰人字坡，采用不锈钢螺栓与混凝土结构连接紧密，填缝材料要密实，打胶饱满，粘结牢固
工程质量缺陷照片	 图 1.2.4-1 车站主体结构与出入口交界处变形缝渗漏
工程实例照片	 图 1.2.4-2 侧墙变形缝

1.2.5 结构面渗漏水

通病现象	车站迎水混凝土结构因不密实、裂缝会出现裂缝渗漏、墙面潮湿或渗漏水
规范标准及相关规定	•《地下工程防水技术规范》GB 50108—2008 4.1.15 防水混凝土施工前应做好降排水工作，不得在有积水的环境中浇筑混凝土。 4.1.16 防水混凝土的配合比，应符合下列规定： 6 防水混凝土采用预拌混凝土时，入泵坍落度宜控制在120~160mm，坍落度每小时损失值不应大于20mm，坍落度总损失值不应大于40mm。 4.1.19 防水混凝土应分层连续浇筑，分层厚度不得大于500mm。 4.1.22 防水混凝土拌合物在运输后如出现离析，必须进行二次搅拌。当坍落度损失后不能满足施工要求时，应加入原水胶比的水泥浆或掺加同品种的减水剂进行搅拌，严禁直接加水。 4.1.23 防水混凝土应采用机械振捣，避免漏振、欠振、超振
原因分析	1. 防水混凝土配合比不合理；混凝土坍落度控制不到位，坍落度过大或者过小。 2. 施工分段不合理，一次性浇筑长度过长，混凝土收缩量大。 3. 在浇筑混凝土时，混凝土呈自由落体，造成混凝土离析。 4. 混凝土振捣不到位，存在漏振、欠振、超振。 5. 结构模板支架过早拆除，结构过早受力。 6. 混凝土养护不到位，养护时间过短
防治措施及通用做法	1. 优化混凝土配合比，水胶比不应大于0.42，砂石应干净。 2. 侧墙一次性浇筑长度不大于12m，分层厚度不得大于500mm。 3. 严格控制混凝土浇筑高度，当高度大于2m时设置串筒或溜槽。 4. 加强混凝土振捣，避免漏振、欠振、超振；板面应二次收面。 5. 结构拆模时间：不承重侧墙模板，在混凝土强度达到2.5MPa时即可拆除；承重结构顶板和梁，跨度在2m及其以下的强度达到50%、跨度在2~8m的强度达到70%、跨度在8m以上的强度达到100%时方可拆除。 6. 混凝土终凝后应及时养护，结构混凝土养护期不得少于14d。 7. 浇筑混凝土应提前关注天气情况，避开雨天施工，要提前备好防止暴晒和雨淋的措施
工程质量缺陷照片	 图 1.2.5-1 混凝土不密实引起渗水　　　图 1.2.5-2 裂缝引起渗漏水
工程实例照片	 图 1.2.5-3 侧墙外观　　　　　图 1.2.5-4 顶板外观

1.2.6 顶板预留口后浇板渗漏水

通病现象	顶板预留井口后期封闭后,在板周边施工缝部位和板面部位常出现渗漏水现象

规范标准及 相关规定	·《地下防水工程质量验收规范》GB 50208—2011 3.0.1 地下工程的防水等级标准应符合表 3.0.1 的规定。

·《地下防水工程质量验收规范》GB 50208—2011

3.0.1 地下工程的防水等级标准应符合表 3.0.1 的规定。

表 3.0.1 地下工程防水等级标准

防水等级	防水标准
一级	不允许渗水,结构表面无湿渍
二级	不允许渗水,结构表面可有少量湿渍; 房屋建筑地下工程:总湿渍面积不应大于总防水面积(包括顶板、墙面、地面)的 1/1000;任意 100m² 防水面积上的湿渍不超过 2 处,单个湿渍的最大面积不大于 0.1m²; 其他地下工程:总湿渍面积不应大于总防水面积的 2/1000;任意 100m² 防水面积上的湿渍不超过 3 处,单个湿渍的最大面积不大于 0.2m²;其中,隧道工程平均渗水量不大于 0.05L/(m²·d),任意 100m² 防水面积上的渗水量不大于 0.15L/(m²·d)
三级	有少量漏水点,不得有线流和漏泥砂; 任意 100m² 防水面积上的漏水或湿渍点数不超过 7 处,单个漏水点的最大漏水量不大于 2.5L/d,单个湿渍的最大面积不大于 0.3m²
四级	有漏水点,不得有线流和漏泥砂; 整个工程平均漏水量不大于 2L/(m²·d);任意 100m² 防水面积上的平均漏水量不大于 4L/(m²·d)

原因分析	1. 顶板后浇板四周未做企口缝或没有安装遇水膨胀止水条(胶)。 2. 施工缝未凿毛或者凿毛及清理不彻底。 3. 后浇板使用的补偿收缩混凝土的等级没有提高,微膨胀剂掺量少,混凝土坍落度控制不严,振捣不细致,新旧混凝土结合不好。 4. 后浇板底模与预留口周边底部混凝土面密封不严,浇筑后浇板混凝土时周边出现漏水泥浆,导致接缝处新浇筑混凝土不严密。 5. 养护未及时覆盖,养护不到位,拆模过早

防治措施及 通用做法	1. 严格按照图纸预留口四周企口缝。 2. 在钢筋绑扎前,认真完成对企口缝的凿毛处理,并用高压水枪冲洗干净。 3. 严格检查后浇板企口缝处底模的严密性,用泡沫胶将缝隙封堵密实,防止在浇筑过程中漏浆。 4. 在浇筑后浇板混凝土前,在企口缝处涂刷净浆或混凝土界面剂。 5. 采用掺膨胀剂的补偿收缩混凝土,膨胀剂掺量不宜大于 12%,坍落度按 160~180mm 控制(泵送混凝土),水中养护 14d 后的限制膨胀率不应小于 0.015%,膨胀剂的掺量应根据不同部位的限制膨胀率设定值经试验确定。 6. 混凝土浇筑后应及时养护,养护时间不得少于 14d;强度达到设计强度后方可拆模

工程质量缺陷照片	图 1.2.6-1 顶板预留口后浇板渗漏水
工程实例照片	图 1.2.6-2 顶板预留口后浇板外观

1.2.7 风亭渗漏水

通病现象	装修或移交运营后，风亭混凝土结构及穿墙管部位出现渗漏水现象
规范标准及相关规定	·《地下防水工程质量验收规范》GB 50208—2011 3.0.1 地下工程的防水等级标准应符合表 3.0.1 的规定。 表 3.0.1 地下工程防水等级标准 见下表

防水等级	防水标准
一级	不允许渗水，结构表面无湿渍
二级	不允许渗水，结构表面可有少量湿渍； 房屋建筑地下工程：总湿渍面积不应大于总防水面积（包括顶板、墙面、地面）的 1/1000；任意 $100m^2$ 防水面积上的湿渍不超过 2 处，单个湿渍的最大面积不大于 $0.1m^2$； 其他地下工程：总湿渍面积不应大于总防水面积的 2/1000；任意 $100m^2$ 防水面积上的湿渍不超过 3 处，单个湿渍的最大面积不大于 $0.2m^2$；其中，隧道工程平均渗水量不大于 $0.05L/(m^2 \cdot d)$，任意 $100m^2$ 防水面积上的渗水量不大于 $0.15L/(m^2 \cdot d)$
三级	有少量漏水点，不得有线流和漏泥砂； 任意 $100m^2$ 防水面积上的漏水或湿渍点数不超过 7 处，单个漏水点的最大漏水量不大于 $2.5L/d$，单个湿渍的最大面积不大于 $0.3m^2$
四级	有漏水点，不得有线流和漏泥砂； 整个工程平均漏水量不大于 $2L/(m^2 \cdot d)$；任意 $100m^2$ 防水面积上的平均漏水量不大于 $4L/(m^2 \cdot d)$

原因分析	1. 风亭外墙防水施工质量不合格。 2. 施工缝位置松散混凝土打凿清理不到位，风亭施工缝外侧防水未施工防水加强层。 3. 施工缝处未设置止水带，或止水带搭接不规范。 4. 混凝土浇筑过程中振捣不密实，结构渗漏。 5. 风亭墙体采用的对拉螺杆未进行防水处理。 6. 风亭穿墙管防水处理不合格
防治措施及 通用做法	1. 车站主体施工前，施工缝外侧防水需做加强层，混凝土浇筑前施工缝应设置止水带。 2. 风亭结构混凝土浇筑前，确认施工缝界面打凿清理是否满足要求，止水带是否完好。 3. 风亭混凝土浇筑过程中控制浇筑速率，接缝位置必须振捣密实。 4. 风亭结构立模施工若采用对拉螺杆加固措施，应采用防水性拉杆，拉杆端头拆除后采用防水砂浆抹平。 5. 风亭迎水面铺贴防水后，应采用砖墙（厚240mm）做好防护。 6. 穿风亭侧墙预埋管应焊接钢板裙边止水带和防水板的收口处理
工程质量 缺陷照片	 图 1.2.7-1　风亭漏水
工程实例 照片	 图 1.2.7-2　风道、风亭防水示意图　　图 1.2.7-3　管道穿墙体防水示意图

1.2.8　车站离壁沟渗漏水

通病现象	1. 车站离壁沟水渗到车控室、信号设备室等重要设备房的地板、站厅 AFC 系统线槽内及站台层，严重影响设备安全及客服质量。 2. 车站离壁沟水渗到公共区，造成大理石地砖返潮、湿渍、渗水，影响行人安全
规范标准及 相关规定	·设计要求：车站离壁沟应和车站结构板一起浇筑施工，离壁沟按设计坡度将水引至最近地漏，做好离壁沟施工防水
原因分析	1. 离壁沟施工未按设计要求与车站结构板一起浇筑施工，挡水坎与中板结合部位形成施工缝，容易造成施工缝渗漏。 2. 挡水坎采用砖块后砌，防水性能较差。 3. 沟内未做防水或防水工艺较差。 4. 离壁沟尺寸不够、未找坡或地漏遗漏造成沟内排水不畅、积水等现象。 5. 渗漏水通过地砖下垫层渗流到设备房架空地板及线槽内，造成积水或地板面返水
防治措施及 通用做法	1. 车站离壁沟应和车站结构板一起浇筑施工，并确保挡水坎的浇筑质量；严禁采用砖砌体施工。 2. 按设计防水构造要求，做好防水材料的涂刷，确保防水层的施工质量。 3. 严格控制沟底标高，确保沟底坡度符合设计要求。 4. 按设计要求做好地漏的预埋，施工过程中防止地漏被堵塞。 5. 离壁墙板安装前，应分段做好排水试验和离壁沟 24h 闭水试验，检查流水坡度及渗漏情况，做好隐蔽验收
工程质量 缺陷照片	 图 1.2.8-1　站厅 AFC 线槽积水　　　　图 1.2.8-2　设备房 地板积水　　　　图 1.2.8-3　公共区 地面洇水
工程实例 照片和图示	 图 1.2.8-4　离壁沟大样图　　　　图 1.2.8-5　离壁沟闭水、排水试验

1.2.9 电梯井道渗漏、预埋排水管设置不规范

通病现象	电梯井道渗水、预埋排水管不规范致使井底积水，导致电梯停运，影响客服质量
规范标准及相关规定	•《地铁设计规范》GB 50157—2013 12.1.5 地下工程防水等级应符合下列规定： 1. 地下车站、行人通道和机电设备集中区段的防水等级应为一级，不得渗水，结构表面应无湿渍。 25.2.5 电梯的底坑内应设置排水设施，并不应漏水、渗水；当采用液压电梯时，底坑应具有集油装置
原因分析	1. 井道施工时外包防水层施工不良。 2. 混凝土施工时振捣不密实，混凝土未起到自防水作用。 3. 未进行有效的渗漏水处理。 4. 井底预埋排水管标高、坡度不符合要求、预埋管道堵塞，使井底积水不能顺利排到集水井
防治措施及通用做法	1. 井道及扶梯坑外包防水施工前做好基面处理，尤其围护结构渗漏应先行封堵，防水板铺设按规范施工。 2. 混凝土浇筑应控制分层浇筑厚度并振捣密实。 3. 预埋管定位精确，严格控制预埋管的标高，管底平扶梯/电梯基坑底板、管道具有 5% 的坡度。 4. 混凝土浇筑过程应注意对预埋管道的保护，防止偏移、混凝土堵塞管道。 5. 电梯安装前应对井道及坑底渗漏进行彻底堵漏，无渗漏后方可进行设备安装
工程质量缺陷照片	 图 1.2.9-1 井道渗漏水
工程图示	 图 1.2.9-2 预埋管位置大样图

1.2.10　预留孔洞周边挡水坎施工不规范

通病现象	预留孔挡水坎未施工或与中板施工不同步，后期采用后浇或砖砌，挡水坎作用达不到要求，渗漏水或雨水通过洞口进入设备上方或公共区域，影响设备和乘客
规范标准及相关规定	• 设计要求：隧道风机房、通风空调机房中所有穿中板的孔洞应设置挡水坎，以结构板上翻孔边梁的形式实现，不应仅在装修垫层部分做坎，以防装修垫层与结构中板之间缝隙的渗水沿孔洞滴至下层
原因分析	1. 挡水坎未与中板同步施工。 2. 分开浇筑时施工缝未做防水处理或采用砖砌形式，挡水效果差。 3. 预留孔未设置挡水坎
防治措施及通用做法	1. 施工中板时应注意预留孔核对，对需要设置挡水坎的孔洞，应与中板同步浇筑。 2. 挡水坎立模时应注意垂直度、尺寸控制，浇筑时振捣密实。 3. 防水层做法：2mm 厚聚氨酯防水＋20mm 厚 1：2 防水水泥砂浆保护层。 4. 对于设计变更新开孔洞，周边挡水坎应采用混凝土浇筑，按要求进行植筋，与板面结合面凿毛并涂刷界面处理剂
工程质量缺陷照片	 图 1.2.10-1　预留孔挡水坎未施作　　图 1.2.10-2　挡水坎采用砖砌抹灰
工程实例照片	 图 1.2.10-3　挡水坎构造大样图　　图 1.2.10-4　孔洞周边挡水坎

1.3 主体结构工程

1.3.1 墙、柱竖向预留插筋偏位

通病现象	混凝土墙、柱竖向钢筋偏位
规范标准及相关规定	•《混凝土结构工程施工质量验收规范》GB 50204—2015 4.2.9 固定在模板上的预埋件和预留孔洞不得遗漏，且应安装牢固。有抗渗要求的混凝土结构中的预埋件，应按设计及施工方案的要求采取防渗措施。 预埋件和预留孔洞的位置应满足设计和施工方案的要求。当设计无具体要求时，其位置偏差应符合表4.2.9的规定。 **表4.2.9 预埋件和预留孔洞的安装允许偏差** 下表 注：检查中心线位置时，沿纵、横两个方向量测，并取其中偏差的较大值。
原因分析	1. 钢筋位置固定不牢固，定位措施不到位。 2. 浇筑混凝土过程中钢筋移位，没有及时恢复到规定位置。 3. 柱、墙模板位置偏差过大。 4. 柱墙钢筋，下层柱墙钢筋偏差较大。 5. 测量放样不精确，预留钢筋不正确
防治措施及通用做法	1. 浇筑混凝土前，临时加限位钢筋固定主筋，必要时限位钢筋用点焊或绑扎的方式连接固定。 2. 模板安装完成后，应进行轴线复核，以保证柱、墙模板位置准确。 3. 浇筑混凝土时注意防止钢筋移位，浇筑混凝土后过程中专人检查并使钢筋恢复到规定位置。 4. 柱、墙钢筋绑扎中，应进行吊线，并按照钢筋设计间距用角钢制作卡槽，有效控制钢筋间距和保护层

表4.2.9 预埋件和预留孔洞的安装允许偏差

项目		允许偏差（mm）
预埋板中心线位置		3
预埋管、预留孔中心线位置		3
插筋	中心线位置	5
	外露长度	+10.0
预埋螺栓	中心线位置	2
	外露长度	+10.0
预留洞	中心线位置	10
	尺寸	+10.0

工程质量 缺陷照片	 图 1.3.1-1 钢筋效果图
工程实例 照片	 图 1.3.1-2 合格钢筋效果图

1.3.2 钢筋保护层不符合规范要求

通病现象	钢筋混凝土模板拆除后出现漏筋的现象，或实测保护层过大
规范标准及 相关规定	•《混凝土结构工程施工质量验收规范》GB 50204—2015 5.5.3 钢筋安装偏差及检验方法应符合表 5.5.3 的规定，受力钢筋保护层厚度的合格点率应达到 90% 及以上，且不得有超过表中数值 1.5 倍的尺寸偏差 表 5.5.3 钢筋安装允许偏差和检验方法

项目		允许偏差（mm）	检验方法
绑扎钢筋网	长、宽	±10	尺量
	网眼尺寸	±20	尺量连续三档，取最大偏差值
绑扎钢筋骨架	长	±10	尺量
	宽、高	±5	尺量
纵向受力钢筋	锚固长度	— 20	尺量
	间距	±10	尺量两端、中间各一点，取最大偏差值
	排距	±5	

规范标准及相关规定		项目	允许偏差（mm）	检验方法
	纵向受力钢筋、箍筋的混凝土保护层厚度	基础	±10	尺量
		柱、梁	±5	尺量
		板、墙、壳	±3	尺量
	绑扎箍筋、横向钢筋间距		±20	尺量连续三档，取最大偏差值
	钢筋弯起点位置		20	尺量
	预埋件	中心线位置	5	尺量
		水平高差	+3.0	塞尺量测
	注：检查中心线位置时，沿纵、横两个方向量测，并取其中偏差的较大值			

<table>
<tr><td>原因分析</td><td>
1. 受外部荷载影响导致垫块移位、压碎或钢筋变形及下沉。
2. 主筋上未安装保护垫块或安装数量不足，导致露筋或受力钢筋的保护层偏小，定位筋钢筋数量少，布局不合理。
3. 安装保护垫块与钢筋不牢固，施工过程中脱落，净空检查不到位，局部超欠挖严重。
4. 选用不符合设计尺寸要求的垫块或垫块强度达不到要求。
5. 浇筑过程中控制保护不到位。
6. 箍筋下料、加工尺寸不规范
</td></tr>
<tr><td>防治措施及通用做法</td><td>
1. 选用合适尺寸的垫块，垫块按梅花状放置，应布置适宜，距离不得过大（数量设置不少于 4 个 / ㎡），并放置牢固，严禁松动、位移、脱落，振捣混凝土时防止垫块移位。
2. 浇捣混凝土前检查保护层尺寸，不满足设计或规范要求时，进行纠正，如用钢丝将垫块绑捆在钢筋上，或用钢筋架支托钢筋并点焊处理，以保证保护层厚度准确。
3. 在混凝土浇筑施工中，在钢筋网片有可能随混凝土浇捣而沉落的部位，钢筋工及时纠偏。
4. 施工中不得踩踏已绑扎成型的钢筋或在其上堆放材料、机具等，防止钢筋位置下移，应采取措施，如采用马凳型支托钢筋架。
5. 箍筋尺寸计算准确，加工偏差应符合规范要求
</td></tr>
<tr><td>工程质量缺陷照片</td><td>

梯板上无垫块　　　　梁底无垫块

图 1.3.2-1　模板无垫块
</td></tr>
</table>

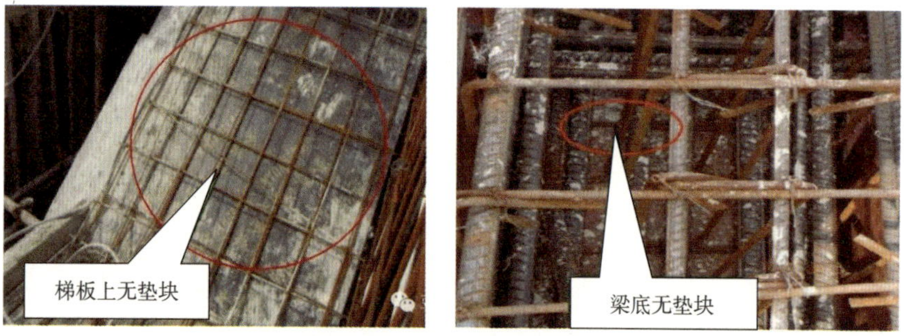

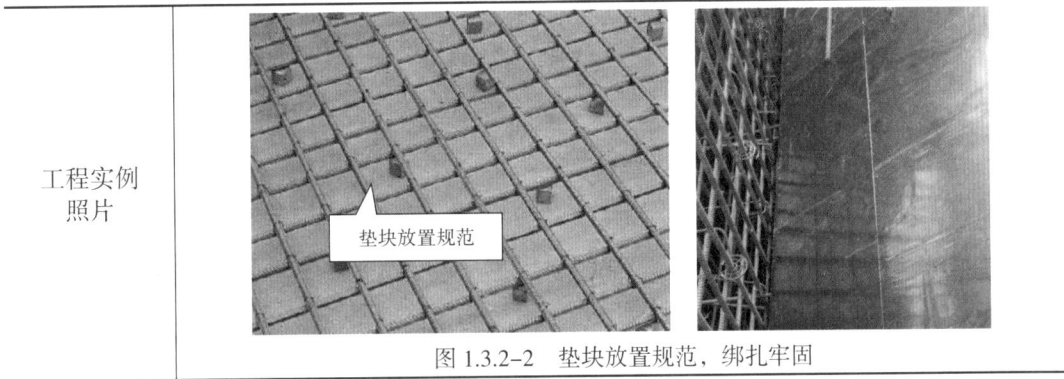

工程实例照片	

图 1.3.2-2　垫块放置规范，绑扎牢固

1.3.3　混凝土柱头部位接驳不顺直

通病现象	混凝土柱头部位接驳不顺直，柱头部位移位超过设计偏差允许值
规范标准及相关规定	·《混凝土结构工程施工质量验收规范》GB 50204—2015 4.2.9　固定在模板上的预埋件和预留孔洞不得遗漏，且应安装牢固。有抗渗要求的混凝土结构中的预埋件，应按设计及施工方案的要求采取防渗措施。 预埋件和预留孔洞的位置应满足设计和施工方案的要求。当设计无具体要求时，其位置偏差应符合表 4.2.9 的规定。

表 4.2.9　预埋件和预留孔洞的安装允许偏差

项目		允许偏差（mm）
预埋板中心线位置		3
预埋管、预留孔中心线位置		3
插筋	中心线位置	5
	外露长度	+10.0
预埋螺栓	中心线位置	2
	外露长度	+10.0
预留洞	中心线位置	10
	尺寸	+10.0

注：检查中心线位置时，沿纵、横两个方向量测，并取其中偏差的较大值。

原因分析	柱与梁模板接头处施工安装模板时，一般采用二次接驳模板安装方法，接驳处刚性较为薄弱，使模板平直不变形难于保证，容易出现变形
防治措施及通用做法	1. 柱与梁接头处的开口位模板必须做至楼板模板的底面，接头处支模平直不变形。在施工缝面位置开 100mm×100mm 的垃圾出口孔，清洗垃圾后再予封孔，防止接口处出现夹渣现象。 2. 模板进行设计加工，增加下跨搭接长度，增加抱箍及对拉措施，模板拼装应平整、缝隙严密，且支撑牢固。 3. 外边柱模板上、下口要拉结牢固，并保持平直，浇筑混凝土前，应对其位置和拉结措施再次检查，确保其浇筑后的混凝土外观质量规范符合要求。 4. 加强模板缝漏浆封堵措施，保证模板接缝严密，检查验收合格后再进行下道工序

工程质量 缺陷照片	 图 1.3.3–1　柱头接驳不顺直
工程实例 照片	 图 1.3.3–2　柱头接头接驳顺直

1.3.4　梁、柱节点核心区箍筋安装不符合要求

通病现象	1. 核心区中箍筋数量不足，不满足设计要求。 2. 箍筋位置不当，局部箍筋集中或未设箍筋。 3. 绑扎不规范
规范标准及 相关规定	•《混凝土结构设计规范》（2015 年版）GB 50010—2010 9.3.9　在框架节点内应设置水平箍筋，箍筋应符合本规范第 9.3.2 条柱中箍筋的构造规定，但间距不宜大于 250mm。对四边均有梁的中间节点，节点内可只设置沿周边的矩形箍筋；当顶层端节点内有梁上部纵向钢筋和柱外侧纵向钢筋的搭接头时，节点内水平箍筋应符合本规范第 8.4.6 条的规定
原因分析	1. 施工管理要求不够严格，梁、柱交叉内的箍筋没有制订可行的安装方案。 2. 施工难度较大，特别是复合箍筋难度更大，操作过程中，没有可行的措施加以克服
防治措施及 通用做法	1. 调框架节点箍筋对抗震的重要性，梁、柱交叉节点内的箍筋应有可行的安装方案，施工时应进行安装技术交底并检查落实。 2. 用沉梁法施工时，宜采用导筋笼法施工，或采用先绑扎好节点箍筋后在安装柱头模板的施工方法

工程质量缺陷照片	 梁柱节点 45cm 内没有箍筋 图 1.3.4-1 梁、柱节点核心区箍筋安装不符合要求
工程实例照片	 图 1.3.4-2 梁、柱节点区箍筋绑扎规范

1.3.5 钢筋电弧焊接缝不符合规范要求

通病现象	1. 焊缝金属中存在杂物或焊渣。 2. 气体停留在焊缝中所形成孔眼。 3. 焊缝表面凹凸不平，宽窄不匀，焊缝厚度、宽度不符合焊接及验收规程要求
规范标准及相关规定	•《钢筋焊接及验收规范》JGJ 18—2012 4.5.6 帮条焊接头或搭接焊接头的焊缝厚度 s 不应小于主筋直径的 0.3 倍；焊缝宽度 b 不应小于主筋直径的 0.8 倍。 5.5.2 电弧焊接头外观检查结果，应符合下列要求（摘录）：咬边深度、气孔、夹渣等缺陷允许值及接头尺寸的允许偏差，应符合表 5.5.2 钢筋电弧焊接头尺寸偏差及缺陷允许值的规定：在长 $2d$ 焊缝表面上的气孔及夹渣（接头形式为搭接焊钢筋与钢板搭接焊）数量为 2 个、面积为 6mm^2
原因分析	1. 选用焊条不当，焊接电流小，焊条直径较粗等。 2. 钢筋表面锈蚀、氧化皮、水泥等污物或焊接熔渣渗入焊缝所致；在多层施焊时，熔渣没有清除干净，也会造成层间夹渣。 3. 焊条不符合要求，焊接电流过大，焊接速度过快，空气湿度过高。 4. 施焊人员未经专业培训上岗操作、操作技术不熟练或不认真操作

防治措施及 通用做法	1. 根据钢筋级别、直径、接头形式和焊接位置，选择适宜焊条直径和焊接电流。 2. 钢筋焊接区内的水、锈、油、水泥、焊渣等必须清理干净，下雨天不能露天焊接。 3. 焊接过程中发现钢筋上有污物或有熔渣，焊到该处应将电弧适当拉长，并稍加停留，使该处熔化范围扩大，以把污物或熔渣再次熔化吹走，直至焊缝表面光滑、弧坑填满为止;多层施焊时层层清除熔渣。焊接过程中，可适当降低焊接速度，使熔池中气体完全逸出。 4. 引燃电弧后，应将电弧拉长，以便进行预热和逐渐形成熔池，在焊缝端部收弧时，也应将电弧拉长，使该处适当加热，然后缩短电弧，稍停一会断弧。 5. 施焊人员持证上岗操作，焊接前做好技术交底工作，施焊人员必须进行质量自检，发现不符合要求及时处理
工程质量 缺陷照片	 图 1.3.5–1　钢筋焊接不合格
工程实例 照片	 图 1.3.5–2　钢筋焊接合格

1.3.6　直螺纹钢筋接头施工不规范

通病现象	1. 钢筋切口不整齐或局部弯曲，影响加工后连接螺纹有效数量。 2. 成型丝头未进行妥善保护，泥沙污染、锈蚀等。 3. 螺纹无外露或外露太长
规范标准及 相关规定	• 《钢筋机械连接技术规程》JGJ 107—2016 6.3.1　直螺纹接头的安装应符合下列规定: 1　安装接头时可用管钳扳手拧紧，钢筋丝头应在套筒中央位置相互顶紧，标准型、正反丝型、异径型接头安装后的单侧外露螺纹不宜超过 $2p$;对无法对顶的其他直螺纹接头，应附加锁紧螺母、顶紧凸台等措施紧固。

规范标准及相关规定	2 接头安装后应用扭力扳手校核拧紧扭矩，最小拧紧扭矩值应符合表 6.3.1 的规定。 表 6.3.1 直螺纹接头安装时最小拧紧扭矩值 | 钢筋直径（mm）	≤ 16	18~20	22~25	28~32	36~40	50
拧紧扭矩（N·m）	100	200	260	320	360	460 | 3 校核用扭力扳手的准确度级别可选用 10 级
---	---
原因分析	1. 机械功率不足或刀具质量差，钢筋不是被切断而是被压断，造成钢筋崩口或局部弯曲。 2. 头端面不垂直于钢筋轴线，倾斜面超 2°以上，并存在马蹄头或弯曲头。 3. 没有严格按照规范操作。 4. 成型丝头未进行妥善保护，齿面存在泥沙污染、锈蚀等
防治措施及通用做法	1. 钢筋加工前首先检查机械设备状况（采用平口切断机，才能保证钢筋切断平整），直螺纹套筒进场后必须要经检测机构检测合格才能使用，及时更换不合格刀具（经常检查牙形饱满，与环规牙型完整吻合）；指定专人检查处理不合格的钢筋切口后，再交付滚轧加工。 2. 配备经检测合格的力矩扳手，连接质量采用扭矩与丝数双控。 3. 成型丝头在未进行连接前，上塑料套帽进行保护
工程质量缺陷照片	 图 1.3.6-1 丝头头部未切平　　图 1.3.6-2 丝头外露丝扣不达标
工程实例照片	 图 1.3.6-3 加工连接标准件

1.3.7 车站预埋防迷流钢筋连接不规范

通病现象	1. 焊缝长度不够，焊缝表面不平整，有较大的凹陷、焊瘤、脱焊、虚焊、焊缝有咬边现象。 2. 焊条不合格，焊皮未敲掉。 3. 两接合钢筋轴线不一致
规范标准及相关规定	·设计要求：检查各连接点，严防脱焊、虚焊，按区段进行电阻检查，严格按设计图纸达通连接执行
原因分析	1. 施焊人员未持证上岗或工作不认真。 2. 焊接完成后没有测量焊缝长度，没有检查焊接质量是否满足设计要求。 3. 焊条不符合设计要求。 4. 两根焊接的钢筋，其搭接端部没有预折或预折不符合要求
防治措施及通用做法	1. 钢筋焊接前，必须根据施工条件进行试焊，合格后方可正式施焊，焊工必须持证上岗。 2. 钢筋接头采用焊接或帮条电弧焊时，双面焊搭焊接长度不小于钢筋直径的5倍，单面焊焊接长度不小于钢筋直径的10倍。 3. 钢筋接头采用搭接电弧焊时，两钢筋搭接端部应预先折向一侧，使两钢筋轴线一致。 4. 所采用的焊条，其性能应符合低碳钢和低合金钢电焊条标准的有关规定。 5. 焊接工施焊中必须检查，发现问题及时处理。分区段检测电阻是否符合设计要求，不符合设计要求，则检查处理再进行下一工序
工程质量缺陷照片	 图 1.3.7-1　钢筋焊接不规范
工程实例照片	 图 1.3.7-2　钢筋焊接效果图

1.3.8 梁板交接处、倒角部位蜂窝、麻面、露筋

通病现象	1. 混凝土表面缺少水泥浆导致石子外露而形成蜂窝、麻面现象。 2. 构件中钢筋未被混凝土包裹外露而形成露筋
规范标准及 相关规定	•《混凝土结构工程施工质量验收规范》GB 50204—2015 8.2.1 现浇结构的外观质量不应有严重缺陷。 8.2.2 现浇结构的外观质量不应有一般缺陷
原因分析	1. 混凝土振捣不足使混凝土不均匀、不密实造成局部蜂窝。 2. 混凝土坍落度过小造成蜂窝。 3. 在混凝土浇筑过程中钢筋绑扎偏位或在混凝土浇筑过程中由于振捣的原因使钢筋偏位，导致钢筋保护层不足甚至没有保护层从而造成露筋。 4. 混凝土振捣不足引起严重蜂窝，导致钢筋暴露在表面
防治措施及 通用做法	1. 现场技术人员应在施工前对工人进行施工技术交底。 2. 振捣应遵循快插慢拔的原则，振捣至混凝土表面平坦泛浆，不冒气泡，不显著下沉为止。 3. 钢筋绑扎时需布位准确，绑扎牢靠，保护层安置稳固，在混凝土振捣过程中操作要细致合理。 4. 对于上翻梁与板交接处宜分两次浇筑，先浇筑至吊模高度，待初凝时再浇筑至梁面高度，每次浇筑应振捣密实。 5. 倒角处模板安装附着式振捣器，加强倒角处混凝土振捣。 6. 倒角模板开孔排气，有效控制倒角处混凝土表面麻面
工程质量 缺陷照片	 图 1.3.8-1 梁板交接部位蜂窝及露筋　图 1.3.8-2 倒角部位蜂窝及露筋
工程实例 照片	 图 1.3.8-3 混凝土梁板交接、倒角部位外观良好

1.3.9 站台板外边缘侵入限界

通病现象	站台板侵入列车限界，影响线路开通，站台板与车体之间的距离不宜过大，存在安全风险
规范标准及相关规定	•《地下铁道工程施工及验收规范》（2003年版）GB 50299—1999 12.3.2 站厅（台）地面必须以轨道中线位置及高程为基准，测放其高程及站台侧面帽石外缘的位置，其允许偏差为：距离 $^{+3}_{0}$ mm，高程为 ± 3mm。 12.5.1 电缆墙饰面层使用的材料应符合设计要求，墙面应垂直、平整、直顺，并且与主体结构连接牢固，其位置以线路中线为准，允许偏差为 $^{+3}_{0}$ mm
原因分析	1. 控制点高程和位置错误导致站台板及主体侧墙偏位。 2. 测量精度不够，导致出现定位错误。 3. 模板施工时定位或加固不到位，浇筑混凝土时出现跑模现象
防治措施及通用做法	1. 现场技术及测量人员应对已有的轨道中心线及高程进行核实，确定是否存在偏差，经核实无偏差后方可使用。 2. 现场技术及测量人员在测量定位时要多次复核，相互检查，以确保定位的准确性。 3. 对模板进行净空测量和限界检查。 4. 模板施工时，测量定位准确，安装牢固，避免浇筑混凝土时跑模。 5. 站台板施工完毕后，及时进行断面测量，若发现侵限现象及时处理
工程质量缺陷照片	 图 1.3.9-1 站台板侵限凿除
工程实例照片	 图 1.3.9-2 站台板无侵限

1.3.10　站台板下（电缆夹层）地面积水

通病现象	站台板下及电缆夹层表面平整度较差，高低不平，导致地面积水无法外排
规范标准及相关规定	• 《建筑地面工程施工质量验收规范》GB 50209—2010 4.9.3　有防水要求的建筑地面工程，铺设前必须对立管、套管和地漏与楼板节点之间进行密封处理，并应进行隐蔽验收，排水坡度应符合设计要求
原因分析	1. 工人施工时责任心不强，没有边施工边检测，对平整度把控不到位。 2. 底板存在裂缝且堵漏工作不到位。 3. 未按设计进行结构找坡、砂浆找坡导致板面积水。 4. 未设置排水沟、积水不引流到泵房
防治措施及通用做法	1. 在施工过程中管理人员应现场进行实测实量，做到边施工边整改。 2. 施工过程中应全程跟踪检查，对有缺陷的部位及时处理，如混凝土开裂等。 3. 按要求设置结构找坡、砂浆找坡、排水沟和积水引流等措施。 4. 加强抽排和电缆穿墙管防水措施
工程质量缺陷照片	 图 1.3.10-1　夹层底板地面积水严重
工程实例照片	 图 1.3.10-2　电缆夹层无积水

1.3.11 梁、板、柱节点不同强度等级混凝土浇筑混乱

通病现象	梁、板、柱节点不同混凝土强度等级、不同抗渗等级混凝土浇筑混乱
规范标准及相关规定	•《混凝土结构工程施工规范》GB 50666—2011 8.3.8 柱、墙混凝土设计等级高于梁、板混凝土设计等级时，混凝土浇筑应符合下列浇筑规定： 1 柱、墙混凝土设计强度比梁、板混凝土设计强度高一个等级时，柱、墙位置梁板高度范围内的混凝土经设计单位同意，可采用与梁板混凝土设计强度相等的混凝土进行浇筑。 2 柱、墙混凝土设计强度比梁、板混凝土设计强度高两个等级及以上时，应在交界区域采取分隔措施，分隔位置应在低强度的构件中，且距高强度等级构件边缘不小于500mm。 3 宜先浇筑高强度等级混凝土，后浇筑低强度等级混凝土
原因分析	1. 梁柱板节点处混凝土没有按设计图纸及施工技术方案的要求进行浇筑。 2. 没有按"先浇筑高强度等级，后浇筑低强度等级"的原则进行浇筑，致使混凝土浇筑时强度等级混乱。 3. 高强度等级混凝土浇筑部位未浇满就浇筑低强度等级混凝土，导致浇筑混乱
防治措施及通用做法	1. 现场技术人员应对工人进行相应的施工技术交底。 2. 在柱边500mm或梁高的1/2处采用密目钢丝网加方木进行拦截，梁板混凝土浇筑到梁柱节点处，采用塔吊吊装（或其他吊装方式）先将梁柱节点处高强度等级的混凝土浇筑振捣密实，在混凝土初凝前，拆除拦截用的方木，随之泵送浇筑楼面梁板的混凝土。 3. 控制高低强度等级混凝土的邻接面不能形成冷缝，宜在柱顶梁底处留设施工缝，以缩小节点核心区高强度等级混凝土浇捣时间，避免高低强度等级混凝土的邻接面形成冷缝。 4. 在混凝土浇筑前做好签字验收程序，现场旁站人员应对混凝土的浇筑进行全过程的跟踪。 5. 不同标号混凝土采用不同泵车等设备浇筑，禁止混凝土串用
工程图示及实例照片	 图 1.3.11-1 节点核心区不同等级混凝土浇筑示意图　　图 1.3.11-2 浇筑后效果图

1.3.12 侧墙、柱爆模变形，垂直度超出规范要求

通病现象	局部模板无法承受混凝土振捣产生的侧向压力时，导致局部变形或爆模
规范标准及相关规定	•《混凝土结构工程施工质量验收规范》GB 50204—2015 4.1.2 模板及支架应根据安装、使用和拆除工况进行设计，并应满足承载力、刚度和整体稳固性要求。 8.3.2 现浇结构的位置和尺寸偏差应符合表8.3.2的规定。（见下表）

表 8.3.2 现浇结构位置和尺寸允许偏差及检验方法

项目			允许偏差（mm）	检验方法
轴线位置	整体基础		15	经纬仪及尺量
	独立基础		10	经纬仪及尺量
	柱、墙、梁		8	尺量
垂直度	层高	≤6m	10	经纬仪或吊线、尺量
		>6m	12	经纬仪或吊线、尺量
	全高（H）≤300m		$H/30000+20$	经纬仪、尺量
	全高（H）>300m		$H/10000$ 且 ≤80	经纬仪、尺量
标高	层高		±10	水准仪或拉线、尺量
	全高		±30	水准仪或拉线、尺量
截面尺寸	基础		+15，−10	尺量
	柱、梁、板、墙		+10，−5	尺量
	楼梯相邻踏步高差		6	尺量
电梯井	中心位置		10	尺量
	长、宽尺寸		+25，0	尺量
表面平整度			8	2m靠尺和塞尺量测
预埋件中心位置	预埋板		10	尺量
	预埋螺栓		5	尺量
	预埋管		5	尺量
	其他		10	尺量
预留洞、孔中心线位置			15	尺量

注：1 检查柱轴线、中心线位置时，沿纵、横两个方向测量，并取其中偏差的较大值。
　　2 H为全高，单位为mm

原因分析	1. 材料原因：模板、螺杆质量太差会导致爆模变形。 2. 人为原因：施工人员操作不当，操作不认真，责任心不强，技术不过关等。 3. 矮边墙浇筑面不平整；混凝土未分层浇筑、一次下料过多、振捣时振动力太大等。 4. 模板安装加固不到位；支模体系刚度不足。 5. 模板承载力验算不通过
防治措施及 通用做法	1. 制订专项施工方案，做好模板验算和施工技术交底。 2. 模板安装时技术人员应加大检查力度，不放过模板加固的任何一个细节。 3. 严格把控进场的模板材料，对达不到要求的材料应及时予以退场处理。 4. 混凝土浇筑控制浇筑速度和分层厚度。 5. 在混凝土浇筑时应进行旁站，安排专人检查模板，防止模板变形和跑位
工程质量 缺陷照片	 图 1.3.12-1　混凝土爆模及涨模
工程实例 照片	 图 1.3.12-2　样例效果图

1.3.13　侧墙与矮边墙交接处不顺直

通病现象	矮边墙线行不顺直导致侧墙模板安装间隙大，错台严重，漏浆、烂根
规范标准及 相关规定	• 《混凝土结构工程施工质量验收规范》GB 50204—2015 4.2.10　现浇结构模板安装的偏差及验收方法应符合表 4.2.10 现浇结构模板安装的允许偏差及检验方法（摘录）： 模板内部尺寸（柱、墙、梁）的允许偏差为 ±5mm； 表面平整度的允许偏差为 5mm。 7.4.2　后浇带的留设位置应符合设计要求。后浇带和施工缝的留设及处理方法应符合施工方案要求

原因分析	1. 侧墙模板安装，矮边墙施工缝处未进行磨平处理。 2. 侧墙模板与矮边墙搭接间隙缝过大，未处理，造成漏浆。 3. 混凝土坍落度未控制好，出现离析现象。 4. 矮边墙浇筑面积不平整。 5. 支撑体系刚度不足
防治措施及 通用做法	1. 模板安装前，要确保支撑体系及模板刚度符合要求，对矮边墙与模板底边接触面进行处理加固，保证拼缝严密。 2. 在立侧墙模板前，对矮边墙混凝土表面进行打磨修整，保证模板安装严密紧贴不错台。 3. 加强对混凝土的坍落度及和易性控制，由实验室加强对搅拌站操作手、掺外加剂人员的技术交底和培训
工程质量 缺陷照片	 图 1.3.13-1　侧墙与矮边墙浇筑后错台重
工程实例 照片	 图 1.3.13-2　侧墙模板安装前，对矮边墙错台部位凿毛处理

1.3.14　侧墙、顶板表面不规则裂纹

通病现象	顶板沉降开裂或因保护层厚度不够及养护不到位致使混凝土开裂
规范标准及相关规定	·《混凝土结构工程施工质量验收规范》GB 50204—2015 7.4.3　混凝土浇筑完毕后应及时进行养护，养护时间以及养护方法应符合施工方案要求
原因分析	1. 模板及其支撑系统的刚度、强度、稳定性差，产生变形或局部沉降，混凝土的和易性不好，不能连续浇筑混凝土，浇筑后分层产生裂缝，拆模不当或野蛮拆模，混凝土入模温度不符合要求、无降温措施、不良气候、内外温差等。 2. 钢筋数量、规格型号与设计不符，质量不符合国家技术标准要求，混凝土强度过低等。 3. 混凝土强度未达到设计要求就拆除模板。 4. 顶板混凝土强度达不到设计要求，在上面施加荷载。 5. 混凝土养护时间不够
防治措施及通用做法	1. 做好模板及支撑系统的设计，使其具有足够的刚度、强度和稳定性，以满足上部荷载的需要。 2. 控制混凝土水灰比，使其具有良好的和易性，保证混凝土的连续浇筑，避开不良天气，大体积混凝土采取降温措施。 3. 浇筑完毕的混凝土在规定时间内要覆盖浇水养护，保证混凝土表面始终处于湿润状态，关注高侧墙的保湿养生。 4. 防止拆模过早，严格控制施工荷载，适当放慢施工速度。 5. 对进场的钢筋、水泥要有出厂合格证和试验报告。 6. 按规范和设计要求，对钢筋正确下料、安装并认真检查其规格、型号及使用数量
工程质量缺陷照片	图 1.3.14-1　顶板表面裂纹　　 图 1.3.14-2　侧墙表面裂纹
工程实例照片	 图 1.3.14-3　板墙外观质量

1.3.15 后浇带支撑架违规拆除

通病现象	后浇带处支撑拆除，两侧变形
规范标准及相关规定	•《混凝土结构工程施工质量验收规范》GB 50204—2015 4.1.1 模板工程应编制施工方案。爬升式模板工程、工具式模板工程及高大模板支架工程的施工方案，应按有关规定进行技术论证。 7.4.2 后浇带的留设位置应按设计要求。后浇带和施工缝的留设及处理方法应符合施工方案要求
原因分析	1. 混凝土未达到拆模条件时，便进行后续施工，拆除后浇带承重模板及支撑。 2. 车站顶板上，后浇带处堆放机具，使后浇带端头下沉。 3. 没有认真执行方案交底及技术交底拆模顺序，任意拆模
防治措施及通用做法	1. 在拆除后浇带周围支撑前，必须先将后浇带处按照有关施工规范要求，进行支撑回顶。 2. 车站顶板上，后浇带处采取围挡措施，严禁在后浇带两侧堆放材料及施工。 3. 针对不同的拆模对象，制订科学的拆模顺序方案并对操作人员进行详细交底，拆模中指挥严格、有效。 4. 设置独立支撑体系
工程质量缺陷照片	 图 1.3.15-1 后浇带支撑全部拆除　　图 1.3.15-2 后浇带处未设置支撑，两侧变形
工程实例照片	 图 1.3.15-3 后浇带设独立支撑　　图 1.3.15-4 后浇带处保护

1.3.16 结构混凝土外观质量差，渗漏水

通病现象	混凝土外观蜂窝麻面，混凝土表面部平整，接头处错台，预埋件处或预留施工缝渗水

规范标准及相关规定	•《混凝土结构工程施工质量验收规范》GB 50204—2015 4.2.10　现浇结构模板安装的偏差及检验方法应符合表 4.2.10 的规定。

表 4.2.10　现浇结构模板安装的允许偏差及检验方法

项目		允许偏差（mm）	检验方法
轴线位置		5	尺量
底模上表面标高		±5	水准仪或拉线、尺量
模板内部尺寸	基础	±10	尺量
	柱、墙、梁	±5	尺量
	楼梯相邻踏步高差	5	尺量
柱、墙垂直度	层高≤6m	8	经纬仪或吊线、尺量
	层高＞6m	10	经纬仪或吊线、尺量
相邻模板表面高差		2	尺量
表面平整度		5	2m靠尺和塞尺量测

注：检查轴线位置，当有纵横两个方向时，沿纵、横两个方向量测，并取其中偏差的较大值。

8.1.2　现浇结构的外观质量缺陷应由监理单位、施工单位等各方根据其对结构性能和使用功能影响的严重程度按表 8.1.2 确定。

表 8.1.2　现浇结构外观质量缺陷

名称	现象	严重缺陷	一般缺陷
露筋	构件内钢筋未被混凝土包裹而外露	纵向受力钢筋有露筋	其他钢筋有少量露筋
蜂窝	混凝土表面缺少水泥砂浆而形成石子外露	构件主要受力部位有蜂窝	其他部位有少量蜂窝
孔洞	混凝土中孔穴深度和长度均超过保护层厚度	构件主要受力部位有孔洞	其他部位有少量孔洞
夹渣	混凝土中夹有杂物且深度超过保护层厚度	构件主要受力部位有夹渣	其他部位有少量夹渣
疏松	混凝土中局部不密实	构件主要受力部位有疏松	其他部位有少量疏松
裂缝	裂缝从混凝土表面延伸至混凝土内部	构件主要受力部位有影响结构性能或使用功能的裂缝	其他部位有少量不影响结构性能或使用功能的裂缝

	名称	现象	严重缺陷	一般缺陷
规范标准及 相关规定	连接 部位 缺陷	构件连接处混凝土有 缺陷或连接钢筋、连接 件松动	连接部位有影响结构 传力性能的缺陷	连接部位有基本 不影响结构传力性 能的缺陷
	外形 缺陷	缺棱掉角、棱角不 直、翘曲不平、飞边凸 肋等	清水混凝土构件有影 响使用功能或装饰效果 的外形缺陷	其他混凝土构件 有不影响使用功能 的外形缺陷
	外表 缺陷	构件表面麻面、掉 皮、起砂、沾污等	具有重要装饰效果的 清水混凝土构件有外表 缺陷	其他混凝土构件 有不影响使用功能 的外表缺陷

•《地下工程防水技术规范》GB 50108—2008

4.1.7 防水混凝土结构，应符合下列规定：

3 钢筋保护层厚度应根据结构的耐久性和工程环境选用，迎水面钢筋保护层厚度不应小于 50mm。

4.1.24 防水混凝土应连续浇筑，宜少留施工缝，当留设施工缝时，应符合下列规定：

1 墙体水平施工缝不应留在剪力最大处或底板与侧墙的交接处，应留在高出底板表面不小于 300mm 的墙体上。拱（板）墙结合的水平施工缝，宜留在拱（板）墙接缝线以下 150~300mm 处。墙体有预留孔洞时，施工缝距孔洞边缘不应小于 300mm。

4.1.26 施工缝的施工应符合下列规定：

1 水平施工缝浇筑混凝土前，应将其表面浮浆和杂物清除，然后铺设净浆或涂刷混凝土界面处理剂，水泥基渗透结晶型防水涂料等材料，再铺 30~50mm 厚的 1:1 水泥砂浆，并及时浇筑混凝土

原因分析	1. 模板本身变形，加固不牢固，支撑不够。 2. 模板安装偏差大，板接缝拼装不严密，浇筑时漏浆。 3. 振捣离模板太近且功率大、振捣时间长，致使模板变形跑模。 4. 混凝土浇筑时漏振，造成混凝土不密实。 5. 施工缝处的混凝土松散，骨料集中，接槎明显，沿缝隙处漏水。 6. 沿预埋件防水措施没有做到位。 7. 水泥砂浆防水层施工缝漏水，接缝处阴湿，出现点状或浅状渗漏

防治措施及 通用做法	1. 检查模板变形情况，禁止使用弯曲、凹凸不平或缺棱少角等变形模板。 2. 编制专项施工方案，模板系统要经过计算验算，保证其牢固可靠，并做好技术交底。 3. 墙体混凝土左右对称、水平、分层连续浇筑，至顶板交界处间歇 1~1.5h，然后再浇筑顶板混凝土。 4. 顶板混凝土连续水平、分台阶由边墙、中墙分别向结构中间方向进行浇筑，混凝土浇至高程初凝前，应用表面振捣器振捣一遍后抹面。 5. 施工缝留设要打毛表面，凿除表面松动的石子、浮粒及杂物，用水冲洗干净，施工上层结构时在施工缝处先浇筑一层与混凝土灰砂比相同的水泥砂浆。 6. 预埋件表面除锈处理，做好防水措施，安装必须牢固避免碰撞，加强对周边混凝土的浇筑质量。 7. 防水层的施工缝留斜坡阶梯形状，依照层次顺序分层进行，离阴角 200mm 以上

工程质量 缺陷照片	 图 1.3.16–1　墙体错台、蜂窝、麻面、渗漏
工程实例 照片	 图 1.3.16–2　优质混凝土照片

1.3.17　综合接地电阻检测不达标

通病现象	综合接地电阻值检测不达标
规范标准及 相关规定	•《电气装置安装工程　接地装置施工及验收规范》GB 50169—2016 4.1.4　接地装置材料选择应符合下列规定： 1　除临时接地装置外，接地装置采用钢材时均应热镀锌，水平敷设的应采用热镀锌的圆钢和扁钢，垂直敷设的应采用热镀锌的角钢、钢管或圆钢。 2　当采用扁铜带、铜绞线、铜棒、铜覆钢（圆线、绞线）、锌覆钢等材料作为接地装置时，其选择应符合设计要求。 3　不应采用铝导体作为接地极或接地线。 4.2.1　接地网的埋设深度与间距应符合设计要求。当无具体规定时，接地极顶面埋设深度不宜小于 0.8m；水平接地极的间距不宜小于 5m，垂直接地极的间距不宜小于其长度的 2 倍。

规范标准及相关规定	4.2.5 接地装置的回填土应符合下列要求： 1 回填土内不应夹有石块和建筑垃圾等，外取的土壤不应有较强的腐蚀性；在回填土时应分层夯实，室外接地沟回填宜有 100mm~300mm 高度的防沉层。 2 在山区石质地段或电阻率较高的土质区段的土沟中敷设接地极，回填不应小于 100mm 厚的净土垫层，并应用净土分层夯实回填。
原因分析	1. 未按照设计开挖接地体沟槽，接地体长度或垂直接地体长度不满足设计要求。 2. 接地体材质或尺寸不符合设计要求，接头焊接工艺错误，焊接质量差。 3. 接地体沟槽回填土材质不满足设计要求，未分层压实，接地体与回填土接触面积小。 4. 预留端子未采取有效措施与底板隔离，预留端子未固定，混凝土浇筑过程中移位
防治措施及通用做法	1. 按照设计开挖接地体沟槽，控制开挖长度、深度和宽度满足设计要求。 2. 接地体材质满足设计要求，严禁采用镀铜材质，采取正确焊接工艺，接地网水平接地体与垂直接地的连接采用放热焊接，焊接牢固无虚焊、漏焊，确保焊接质量，接地网引出线需与钢筋绝缘。 3. 接地体（线）必须经检测合格方可回填，沟槽内积水及时排除，回填电阻率低土壤，分层回填夯实，最大限度增加土壤与接地体的接触面积，严禁使用杂土回填。必要时在接地体周边加设降阻剂，保证电阻率达到设计及规范要求。 4. 接地网引出时设置非磁性钢管保护接地网引出线，预留端子牢固，标识醒目，注意保护
工程质量缺陷照片	 图 1.3.17-1　沟槽开挖深度不足　　图 1.3.17-2　沟槽回填土不满足要求
工程实例照片	 图 1.3.17-3　接地体沟槽及安装　　图 1.3.17-4　接地体焊接

1.3.18　车站预埋防迷留端子遗漏或丢失

通病现象	混凝土浇筑完成后发现预埋防迷流端子遗漏、偏位或丢失
规范标准及相关规定	•《地铁杂散电流腐蚀防护设计规程》CJJ 49—92 5.1.1　结合工程的具体情况，应将地铁主体结构沿纵向分为若干结构段，相邻的结构段之间应绝缘。每个结构段内部的主钢筋，应实现可靠焊接，在结构段两端的变形缝或沉降缝处附近，应按设计要求焊接引出杂散电流测防端子
原因分析	1. 未认真熟悉图纸，遗漏防迷流段子的预埋。 2. 防迷流端子预埋位置错误。 3. 防迷流端子预埋固定方式错误，不牢固，混凝土浇筑过程中被损坏或移位。 4. 混凝土振捣过程中未注意到防迷流端子位置，振捣导致端子脱落
防治措施及通用做法	1. 在施工前组织技术人员进行图纸核对审查，对设计有预埋件的部位进行交底。 2. 防迷流端子材质需满足设计要求，固定形式满足设计要求，位置准确，增加固定措施。 3. 准确标出防迷流端子的位置，标识要醒目，并给混凝土工人进行交底，注意施工过程中的保护，混凝土振捣时避开防迷流端子
工程质量缺陷照片	 图 1.3.18-1　防迷流端子缺失
工程实例照片	 图 1.3.18-2　防迷流端子安装完成

1.3.19 轨顶（底）风道风口尺寸偏差及浮浆毛边

通病现象	风道口尺寸偏差，混凝土浇筑完成拆模板后，轨顶（底）风道风口浮浆毛边的现象
规范标准及相关规定	•《地下铁道工程施工及验收规范》（2003 年版）GB 50299—1999 18.4.12 站厅与站台厅的风口安装位置应正确，横平竖直，与风管接合牢固。同轴线、同水平面或垂直面的连续 3 个以上的风口，其中心与轴线的允许偏差为10mm
原因分析	1. 风道口位置未进行准确定位，混凝土浇筑前未对风道口位置和尺寸进行校核。 2. 模板安装后未加固牢靠，浇筑混凝土时造成模板移位导致尺寸偏差。 3. 模板材质不满足要求，模板未清理干净或未涂抹脱模剂，导致浮浆毛边现象。 4. 混凝土振捣不到位，存在漏振。 5. 混凝土强度未达到设计及规范要求，风环安装不到位，过早拆模
防治措施及通用做法	1. 制订专项施工方案，进行技术交底。严格按方案施工并组织验收。 2. 钢筋及模板施工前，由测量人员对风道口位置，根据设计对风道口钢筋和模板进行精确定位。 3. 模板加固完成后，质检工程师对模板及其接缝严密性、钢筋、预埋件进行验收，验收合格后方可进入下一道工序。 4. 混凝土浇筑前，由测量人员对加固后的模板进行再次校核，并清理杂物，确认无误后方可浇筑混凝土。 5. 制定浇筑混凝土连续浇筑的措施，混凝土浇筑过程中严禁振捣棒碰撞模板，过程中专人实时对支架、模板及预埋件进行检查，发现异常及时调整，混凝土振捣严格按照方案和规范执行。 6. 混凝土强度达到设计和规范要求后方可拆模，拆模时不得损坏棱角，并及时清除混凝土表面残留物。 7. 风道风口浮浆及时清理并注意保护防止破坏
工程质量缺陷照片	 图 1.3.19-1 轨顶风道口浮浆毛边
工程实例照片	 图 1.3.19-2 轨顶风道优良

1.3.20 屏蔽门预埋件位置、高程偏差超出设计及规范要求

通病现象	混凝土浇筑完拆模板后，屏蔽门预埋件位置、高程偏差超出设计及规范要求的现象
规范标准及相关规定	·《混凝土结构工程施工质量验收规范》GB 50204—2015 4.2.9 固定在模板上的预埋件和预留孔洞不得遗漏，且应安装牢固。有抗渗要求的混凝土结构中的预埋件，应按设计及施工方案的要求采取防渗措施。 预埋件和预留孔洞的位置应满足设计和施工方案的要求。当设计无具体要求时，其位置偏差应符合表4.2.9的规定。 表4.2.9 预埋件和预留孔洞的安装允许偏差 <table><tr><td colspan="2">项目</td><td>允许偏差（mm）</td></tr><tr><td colspan="2">预埋板中心线位置</td><td>3</td></tr><tr><td colspan="2">预埋管、预留孔中心线位置</td><td>3</td></tr><tr><td rowspan="2">插筋</td><td>中心线位置</td><td>5</td></tr><tr><td>外露长度</td><td>+10.0</td></tr><tr><td rowspan="2">预埋螺栓</td><td>中心线位置</td><td>2</td></tr><tr><td>外露长度</td><td>+10.0</td></tr><tr><td rowspan="2">预留洞</td><td>中心线位置</td><td>10</td></tr><tr><td>尺寸</td><td>+10.0</td></tr></table>注：检查中心线位置时，沿纵、横两个方向量测，并取其中偏差的较大值。
原因分析	1. 设计图纸未完全看透，测量误差超标。 2. 屏蔽门预埋件位置未进行准确定位，混凝土浇筑前未对预埋件位置进行校核。 3. 屏蔽门预埋件安装后未加固牢靠，浇筑混凝土时造成预埋件移位。 4. 混凝土振捣过程中未注意到屏蔽门预埋件位置，振捣导致预埋件脱落或移位
防治措施及通用做法	1. 严格控制地铁基点，基线测量质量。 2. 图纸会审，认真审查细部放样的理论及实际正确性。在确定有效站台中心线后，注意由中心里程往大小里程放线预埋，防止累计测量误差超限，由于地铁车站有0.2%结构坡度设置，注意屏蔽梁和台板高度，要换算后才可放线。 3. 在施工前屏蔽门厂家应提供正式的设计交底资料、工艺要求和验收标准。屏蔽门预埋件的制作，应依据屏蔽门专业施工图，屏蔽门预埋件及其锚筋制作工艺专业要求，应得到屏蔽门专业技术支持或现场指导。 4. 编制专项施工方案、作业指导书，并做专项技术交底。 5. 模板施工前，由测量人员准确放出预埋件位置，根据设计对预埋件周边钢筋和模板进行精确控制。 6. 预埋件加固完成后，质量工程师对预埋件进行验收，验收合格后方可进入下一道工序。 7. 混凝土浇筑前，加强预埋件模板支撑、杜绝跑模，保证屏蔽门梁底、侧平整度和尺寸，并防止混凝土堵塞预埋件。 8. 由测量人员对加固后的预埋件进行再次校核，确认无误后方可浇筑混凝土。 9. 混凝土浇筑过程中严禁振捣棒碰撞预埋件，过程中实时对预埋件进行检查，发现异常及时调整

| 工程质量缺陷照片 | 图 1.3.20-1 屏蔽门缺陷处理 | 图 1.3.20-2 屏蔽门局部侵限 |

1.3.21 主体结构预留出入口钢筋接驳器堵塞、位置偏差较大

通病现象	主体结构预留出入口钢筋接驳器堵塞、位置偏差较大等现象

规范标准及相关规定	·《混凝土结构工程施工质量验收规范》GB 50204—2015 4.2.9 固定在模板上的预埋件和预留孔洞不得遗漏，且应安装牢固。有抗渗要求的混凝土结构中的预埋件，应按设计及施工方案的要求采取防渗措施。 预埋件和预留孔洞的位置应满足设计和施工方案的要求。当设计无具体要求时，其位置偏差应符合表 4.2.9 的规定。

表 4.2.9 预埋件和预留孔洞的安装允许偏差

项目		允许偏差（mm）
预埋板中心线位置		3
预埋管、预留孔中心线位置		3
插筋	中心线位置	5
	外露长度	+10.0
预埋螺栓	中心线位置	2
	外露长度	+10.0
预留洞	中心线位置	10
	尺寸	+10.0

注：检查中心线位置时，沿纵、横两个方向量测，并取其中偏差的较大值。

原因分析	1. 混凝土浇筑之前，未将钢筋接驳器进行封堵，造成钢筋接驳器堵塞。 2. 未严格按照设计图纸进行施工，造成接驳器位置偏差较大。 3. 钢筋接驳器未固定牢固，混凝土浇筑过程中造成接驳器偏位。 4. 混凝土振捣时触碰接驳器，导致接驳器偏位

防治措施及通用做法	1. 浇筑混凝土之前,将钢筋接驳器进行封堵,接驳器内填塞黄油,拧紧接驳器盖子,采用透明胶带缠绕密封。 2. 主体结构钢筋安装过程中,严格按照设计图纸进行放线施工,对接驳器进行准确定位并加固。 3. 混凝土浇筑前对接驳器密封和加固可靠进行验收,合格后方可进入下一道施工。 4. 混凝土浇筑振捣严禁触碰接驳器
工程质量缺陷照片	 图 1.3.21-1 钢筋接驳器位置偏差　　　图 1.3.21-2 钢筋接驳器堵塞
工程实例照片	 图 1.3.21-3 钢筋接驳器合格

1.3.22 人防门预埋件位置不规范

通病现象	混凝土浇筑完成拆模板后,人防门预埋件位置、高程偏差超出设计及规范要求
规范标准及相关规定	•《混凝土结构工程施工质量验收规范》GB 50204—2015 4.2.9 固定在模板上的预埋件和预留孔洞不得遗漏,且应安装牢固。有抗渗要求的混凝土结构中的预埋件,应按设计及施工方案的要求采取防渗措施。 预埋件和预留孔洞的位置应满足设计和施工方案的要求。当设计无具体要求时,其位置偏差应符合表4.2.9的规定。

规范标准及 相关规定	表 4.2.9　预埋件和预留孔洞的安装允许偏差		
	项目		允许偏差（mm）
	预埋板中心线位置		3
	预埋管、预留孔中心线位置		3
	插筋	中心线位置	5
		外露长度	+10.0
	预埋螺栓	中心线位置	2
		外露长度	+10.0
	预留洞	中心线位置	10
		尺寸	+10.0

注：检查中心线位置时，沿纵、横两个方向量测，并取其中偏差的较大值。

原因分析	1. 人防门预埋件位置未进行准确定位，混凝土浇筑前未对预埋件位置进行校核。 2. 人防门预埋件安装后未加固牢靠，浇筑混凝土时造成预埋件移位。 3. 混凝土振捣过程中未注意到预埋件位置，振捣导致预埋件脱落或移位
防治措施及 通用做法	1. 会审设计施工图，进行技术交底。 2. 严格控制地铁基点，基线测量精度符合规范要求，钢筋及模板施工前，测量人员准确放出预埋件位置，根据设计对预埋件周边钢筋和模板进行精确控制。 3. 预埋件及其钢筋按设计要求下料、加工，制作工艺有专业要求，具体的制作工艺得到人防门专业的技术支持或现场制作督导，现场加固完成后，质量工程师对预埋件进行验收，验收合格后方可进入下一道工序。 4. 混凝土浇筑前，由测量人员对加固后的预埋件进行再次校核，确认无误后方可浇筑混凝土。 5. 混凝土浇筑过程中严禁振捣棒碰撞预埋件，过程中实时对预埋件进行检查，发现异常及时调整
工程质量 缺陷照片	 图 1.3.22-1　人防门预埋件固定不牢

工程实例照片	

图 1.3.22–2　人防门预埋件安装

1.4　砖砌体结构工程

1.4.1　定位放线存在问题

通病现象	1. 墙身线仅有一侧。 2. 未弹出结构 1m 线，直接以混凝土地面为标高参考，未立皮数杆。 3. 门洞口未采用对角线表示。 4. 房间内控制线相交处未做任何标识。 5. 墙身线、控制线、结构 1m 线等存在较大偏差
规范标准及相关规定	•《砌体结构工程施工质量验收规范》GB 50203—2011 3.0.3　砌体结构的标高、轴线，应引自基准控制点。 3.0.7　砌筑墙体应设置皮数杆。 •《建筑分项工程施工工艺标准——一般砖砌体砌筑工艺标准》602—1996 2.2.4　弹好轴线墙身线，根据进场砖的实际规格尺寸，弹出门窗洞口位置线，经验线符合设计要求，办完预检手续。 2.2.5　按设计标高要求立好皮数杆，皮数杆的间距以 15~20m 为宜
原因分析	1. 图方便、省工，仅弹出一侧墙身线。 2. 以结构层地面标高为砌筑标高参考，忽视结构 1m 线、皮数杆的作用。 3. 图快，省工，私自取消门窗洞口对角线、控制线相交处标识。 4. 引测点、仪器存在问题或引测时未充分考虑房间内坡度等因素影响
防治措施及通用做法	1. 砌体施工时必须弹出墙身两侧边线。 2. 墙体砌筑到一步架高度后必须测设结构 1m 线，作为标高依据。 3. 门洞口必须采用对角线标识，房间内控制线相交处以红油漆标识，砌筑前检查弹线表达内容完整和清晰性。 4. 放线施工前校核仪器精准，弹线时充分考虑室内其他如坡度等问题影响

工程质量缺陷照片	 图 1.4.1-1 仅有一条墙身线	 图 1.4.1-2 无结构 1m 线
工程实例照片	 图 1.4.1-3 墙身线及控制线清晰、易辨	 图 1.4.1-4 砌体放线标准图

1.4.2 砌块、砂浆原材料控制不当

通病现象	1. 砌块缺棱掉角、有裂纹、表面层裂、大小尺寸偏差大。 2. 砌块强度不符合设计及规范要求。 3. 砌块、砂浆进场后无覆盖防雨水措施。 4. 砂浆强度低、有结块，干混砂浆现场拌制未立水灰比标识，加水和储运随意。 5. 砂浆拌制过程中添加"砂浆王"等可使砂浆强度降低且明令禁止的添加剂
规范标准及相关规定	•《砌体结构工程施工质量验收规范》GB 50203—2011 　4.0.7　在砂浆中掺入的砌筑砂浆增塑剂、早强剂、缓凝剂、防冻剂、防水剂等砂浆外加剂，其品种和用量应经有资质的检测单位检验和试配确定。所用外加剂的技术性能应符合国家现行有关标准《砌筑砂浆增塑剂》JG/T 164、《混凝土外加剂》GB 8076、《砂浆、混凝土防水剂》JC 474 的质量要求。 　9.1.2　砌筑填充墙时，轻骨料混凝土小型空心砌块和蒸压加气混凝土砌块的产品龄期不应小于 28d，蒸压加气混凝土砌块的含水率宜小于 30%
原因分析	1. 砌块供货厂家产品质量不符合要求，强度不符合要求，缺棱掉角，尺寸不一。 2. 加气混凝土砌块龄期不足 28d 即开始出厂使用，砌块强度低且易破损。 3. 砌块进场运输或搬运过程中颠簸、震荡严重，造成材料破损。 4. 砂浆放置时间过长、受潮导致强度降低、结块，拌制砂浆无称量，以眼观为主。 5. 为获得更省力的砂浆和易性和延长砂浆初凝时间，砂浆中添加"砂浆王"

防治措施及通用做法	1. 材料厂家招标前先进行实地考察，亦可随机抽选样品做相关检测，产品质量满足要求的厂家方可进入供货商选择范围。 2. 材料进场严格进行进场验收、检测，不符合要求的产品坚决退场。 3. 对搬运工人做好交底、教育，切勿野蛮搬运，现场管理人做好监督、检查工作。 4. 砌筑前对砌块进行筛选，切勿使外观不符合要求的砌块直接上墙。 5. 强度低、有结块或添加"砂浆王"的砂浆做废料处理，不得砌筑使用。 6. 干混砂浆现场拌制必须在搅拌场地旁立水灰比标识，且需严格按照标识操作
工程质量缺陷照片	 图 1.4.2-1　加气块进场后无防雨水措施堆放　　图 1.4.2-2　砂浆搅拌未立水灰比标识牌，加水随意
工程实例照片	 图 1.4.2-3　加气块质量外观优良　　图 1.4.2-4　灰砂砖质量优良

1.4.3　导墙与打底砖施工不当

通病现象	1. 导墙与打底高度不符合图纸及规范要求，过高或过低。 2. 导墙与打底偏位。 3. 有防水要求的位置未浇筑混凝土导墙或浇筑导墙前对地面未进行凿毛处理。 4. 打底砌筑质量差，稳定性差；导墙混凝土成型质量差
规范标准及相关规定	•《砌体结构工程施工质量验收规范》GB 50203—2011 　9.1.6　在厨房、卫生间、浴室等处采用轻骨料混凝土小型空心砌块、蒸压加气混凝土砌块砌筑墙体时，墙底部宜现浇混凝土坎台，其高度宜为150mm（注意：混凝土坎台高度由原规范"不宜小于200mm"修改为"宜为150mm"）。

原因分析	1. 施工随意，未拉尺控制高度。 2. 墙身线偏位或不清晰造成施工偏差、导墙模板支设不牢固造成浇筑时墙体偏位。 3. 忽视有防水要求位置导墙的作用，随意施工。 4. 砌筑随意或混凝土振捣不到位
防治措施及通用做法	1. 严格按照图纸及规范要求施工，导墙与打底高度 150mm，或以设计要求高度为准。 2. 施工前确认墙身线清晰、准确，施工时严格参照墙身线施工，浇筑混凝土前检查确认模板支设是否牢固。 3. 明确施工要求，有防水要求部位需浇筑混凝土导墙，否则需拆除返工处理。 4. 加强监督、监管，在检查、确认导墙与打底施工质量后方可进行上部墙体砌筑，不符合要求部分及时返工
工程质量缺陷照片	 图 1.4.3-1　设备房墙体底部未浇筑　　图 1.4.3-2　导墙施工质量差，墙体底部 　　　　　　　混凝土导墙　　　　　　　　　　　　　　渗水
工程实例照片	 无防水要求墙体设置实心砖或灰砂砖导墙　　　　C20砼防水反坎 　　　　　　　　　　　　　　　　　　　　　　墙体下方设置混凝土防水反坎 图 1.4.3-3　打底高度及成型质量符合要求　　图 1.4.3-4　导墙与地面接合紧致

1.4.4　砌筑砖缝砂浆不饱满，砂浆与砖粘结不良

通病现象	1. 砌体水平、竖向灰缝砂浆饱满度低于 80%，甚至出现瞎缝。 2. 砌筑时采用缩口铺灰，锁扣缝深度甚至达 20mm 以上。 3. 砌筑完成数日后，砌块与砂浆仍无较好的粘结
规范标准及相关规定	·《砌体结构工程施工质量验收规范》GB 50203—2011 5.1.7　采用铺浆法砌筑砌体，铺浆长度不得超过 750mm；当施工期间气温超过 30℃时，铺浆长度不得超过 500mm。 5.1.12　竖向灰缝不应出现瞎缝、透明缝和假缝。 5.2.2　砌体灰缝砂浆应密实饱满，砖墙水平灰缝的砂浆饱满度不得低于 80%；砖柱水平灰缝和竖向灰缝饱满度不得低于 90%。

规范标准及相关规定	9.3.2　填充墙砌体的砂浆饱满度及检验方法应符合表9.3.2的规定。

9.3.2　填充墙砌体的砂浆饱满度及检验方法应符合表9.3.2的规定。

表9.3.2　填充墙砌体的砂浆饱满度及检验方法

砌体分类	灰缝	饱满度及要求	检验方法
空心砖砌体	水平	≥80%	采用百格网检查块体底面或侧面砂浆的粘结痕迹面积
	垂直	填满砂浆，不得有透明缝、瞎缝、假缝	
蒸压加气混凝土砌块、轻骨料混凝土小型空心砌块砌体	水平	≥80%	
	垂直	≥80%	

原因分析

1. 砂浆配比存在问题，和易性差，砌筑时挤浆费劲，操作者用大铲或瓦刀铺刮砂浆后，使底灰产生空穴，砂浆不饱满。

2. 砌筑时，为了省去刮缝工序，采取了大缩口的铺灰方法，使砌体砖缝缩口深度达20mm以上，既降低了砂浆饱满度，又增加了勾缝工作量。

3. 用干砖砌墙，使砂浆早期脱水而降低强度，且与砖的粘结力下降，而干砖表面的粉屑又起隔离作用，减弱了砖与砂浆层的粘结。

4. 用铺浆法砌筑，有时因铺浆过长，砌筑速度跟不上，砂浆中的水分被底砖吸收，使砌上砖层与砂浆失去粘结

防治措施及通用做法

1. 严格控制砂浆配比，确保良好的和易性是确保砂浆饱满度和提高粘结强度的关键。

2. 改进砌筑方法。不宜采取铺浆法或摆砖砌筑时，应推广"三一砌砖法"，即使用大铲，一块砖、一铲灰、一挤揉的砌筑方法。

3.（蒸压灰砂砖）当采用铺浆法砌筑时应严格按照规范要求控制铺浆长度。

4. 严禁用干砖砌墙，砌筑前1~2d应将砖浇水湿润（加气混凝土砌块应在砌筑当天喷水湿润）

工程质量缺陷照片

图1.4.4-1　砌块未浇水湿润

图1.4.4-2　灰缝不饱满，透明缝

工程实例 照片	 图 1.4.4-3 铺灰控制得当	 图 1.4.4-4 灰缝均匀饱满

1.4.5 门窗等预留孔洞施工质量缺陷

通病现象	1. 过梁搁置长度不足 240mm。 2. 门、窗等较大预留洞口未做混凝土抱框或构造柱（以设计要求为准）。 3. 门、窗洞口无抱框或构造柱时未留置固定门窗预制混凝土砌块。 4. 洞口尺寸过大或过小、洞口偏位，造成后续施工不必要的填塞或剔凿
规范标准及 相关规定	•《砌体结构工程施工质量验收规范》GB 50203—2011 3.0.11　设计要求的洞口、沟槽、管道应于砌筑时正确留出或预埋，未经设计同意，不得打凿墙体和在墙体上开凿水平沟槽。宽度超过 300mm 的洞口上部，应设置钢筋混凝土过梁。不应在截面长边小于 500mm 的承重墙体、独立柱内埋设管线。 •《建筑抗震设计规范》（2016 年版）GB 50011—2010 7.3.10　门窗洞处不应采用砖过梁；过梁支承长度，6~8 度时不应小于 240mm，9 度时不应小于 360mm。 •《砌体填充墙结构构造 12G614-1》17 页，门洞口做法 •《非承重砌块墙体设计规范》SJG 13—2004 4.5.1-3　重型门安装 重型门（厂房门、车库门、人防门、门洞宽度大于 1.5m 的安全门和防火门等）安装时，应在预留门洞的两侧现浇 C20 细石混凝土构造柱，并在构造柱上预埋钢板（每隔 600mm 左右预埋一块），然后将金属门框与预埋钢板焊接固定，最后用聚合物水泥砂浆严密填塞门框周边缝隙
原因分析	1. 预制过梁制作尺寸计算错误，导致过梁长度不够。 2. 砌体施工技术交底不到位，班组对预留洞口施工内容不清晰。 3. 忽视抱框、构造柱、预制混凝土块对门窗等的固定作用，私自取消。 4. 未依照定位放线精确控制门窗洞口尺寸，留置随意
防治措施及 通用做法	1. 预制过量长度 $L =$ 洞口长 $+2×240mm$。 2. 严格根据规范及施工图纸要求施工，不明确洞口做法的，参考相关规范、图集及设计说明。 3. 未留置混凝土块的须返工处理，并确保混凝土块与墙体结合紧密。 4. 严格按照图纸及施工放线对洞口进行定位并精确控制预留洞口尺寸

工程质量 缺陷照片	 图 1.4.5-1　用灰砂砖替代预制 混凝土块	 图 1.4.5-2　窗洞口过大且用灰 砂砖填塞
工程实例 照片	 图 1.4.5-3　预制混凝土块	 图 1.4.5-4　门洞口混凝土边框成型优良

1.4.6　墙体与混凝土柱（墙）拉结钢筋施工不当

通病现象	1. 植筋成型后易松动，拉拔实验不合格。 2. 拉结筋钢筋规格、数量、间距不符合设计及规范要求，端部无弯钩。 3. 拉结筋伸入墙内长度不满足要求或要求沿墙全长贯通的未全长贯通。 4. 拉结筋从构造柱处断开，未连接贯通
规范标准及 相关规定	·《砌体结构工程施工质量验收规范》GB 50203—2011 ·《砌体填充墙结构构造》（12G614-1）11 页、12 页、13 页 ·《建筑抗震设计规范》（2016 年版）GB 50011—2010 13.3.4　钢筋混凝土结构中的砌体填充墙，尚应符合下列要求： 3　填充墙应沿框架柱全高每隔 500~600mm 设 2φ6 拉筋，拉筋伸入墙内的长度，6、7 度时宜沿墙全长贯通，8、9 度时应全长贯通。 ·《非承重砌块墙体设计规范》SJG 13—2004 4.4.1　砌块墙体应与钢筋混凝土柱或剪力墙拉结。拉结方式可采用沿柱或剪力墙的高度方向每隔 600mm 后植热轧或冷轧钢筋网片，网片钢筋的直径宜为 1/2 灰缝厚度，且不宜大于 φ6。灰缝钢筋应进行镀锌或等效的防腐措施。钢筋伸入砌体内的长度不应小于墙长的 1/5 且不小于 700mm。后植钢筋的锚固长度不宜小于 60mm
原因分析	1. 植筋深度不够，植筋前钻孔未清理，孔内灰尘多，严重影响植筋效果。 2. 技术交底未交底到位或未交底，现场检查不够严格，未及时指正。 3. 图快、图方便，不重视拉结筋对墙体稳固性的作用

防治措施及通用做法	1. 重新对班组进行技术交底，确保技术班组对交底内容充分理解。 2. 植筋孔深度、数量需满足规范和设计要求，钻孔完成后需将孔洞内灰尘清理干净，验收之后方可进入下道工序。 3. 拉结钢筋加工完成后需对长度及端部弯钩检查，合格后方可用于施工。 4. 砌筑过程中加强过程检查，确保拉结筋数量、沿墙铺设长度及贯通构造柱等情况均符合图纸及规范要求
工程质量缺陷照片	 图 1.4.6-1　部分拉结筋间距超过规范要求　　图 1.4.6-2　拉结筋未贯通构造柱
工程实例照片	 图 1.4.6-3　拉结筋间距均匀，　　　图 1.4.6-4　构造柱及截面配筋 　　　　　长度符合要求　　　　　　　　　　示意图

1.4.7　构造柱施工质量缺陷

通病现象	1. 构造柱马牙槎未按规定先退后进，进退尺寸、高度随意，甚至未设马牙槎直接留直槎。 2. 构造柱钢筋植筋深度不够，植筋孔未清理，钢筋外漏长度不够，顶部未植筋，钢筋规格不符合要求。 3. 构造柱钢筋搭接、绑扎不符合图纸、规范要求，纵向钢筋支立不稳，位置不正。 4. 构造柱混凝土存在胀模、蜂窝、麻面、狗洞、烂根、与顶部梁板结合不密实等缺陷
规范标准及相关规定	•《砌体结构工程施工质量验收规范》GB 50203—2011 8.2.3　构造柱与墙体的连接应符合下列规定： 1　墙体应砌成马牙槎，马牙槎凹凸尺寸不宜小于 60mm，高度不应超过 300mm，马牙槎应先退后进，对称砌筑；马牙槎尺寸偏差每一构造柱不应超过 2 处； •《砌体填充墙结构构造》（12G614-1）24 页，构造柱截面及配筋

原因分析	1. 未按照要求控制马牙槎成型质量，进退尺寸、高度随意留置。 2. 未按照图纸及规范要求施工，忽视构造柱钢筋施工质量问题。 3. 构造柱混凝土配合比不符合要求或现场加生水。 4. 构造柱模板加固不到位导致胀模，与墙体接缝不密实，漏浆。 5. 混凝土振捣不到位，与梁、板接合处填塞不密实
防治措施及 通用做法	1. 马牙槎应先退后进，按照规范要求控制进退尺寸及高度。 2. 严格按照图纸施工，确保构造柱植筋质量、钢筋数量、箍筋间距。 3. 配合比不符合要求混凝土做退场处理，混凝土随到随用，切勿搁置时间过长，切勿为方便施工加生水。 4. 构造柱封模前在马牙槎边缘上贴海绵胶条，确保密封性，浇筑不漏浆。 5. 混凝土浇筑前检查确认模板是否加固牢固，存在胀模隐患的需立即整改合格。 6. 严格按照施工要求对混凝土进行振捣，顶部应填塞密实
工程质量 缺陷照片	 图 1.4.7-1　钢筋凌乱，马牙槎 进退尺寸混乱　　图 1.4.7-2　构造柱底部狗洞， 缺陷用劣质砂浆修补
工程实例 照片	 图 1.4.7-3　构造柱样板　　图 1.4.7-4　梁底构造柱设置喇叭口

1.4.8　顶砌施工缺陷

通病现象	1. 顶砌砖采用平铺方式砌筑。 2. 顶砌部分预留位置过大或过小，导致斜砌角度过大或过小。 3. 较长墙体上部顶砌采用同向方式组砌。 4. 顶砌部分未顶紧，砂浆不饱满，未能及时填塞。 5. 顶砌施工完成数日后与梁、板间出现明显缝隙

规范标准及相关规定	•《砌体结构工程施工质量验收规范》GB 50203—2011 　3.0.7　砌筑墙体应设置皮数杆。 　9.1.9　填充墙砌体砌筑，应待承重主体结构检验批验收合格后进行。填充墙与承重主体结构间的空（缝）隙部位施工，应在填充墙砌筑14d后进行。 •《砌体填充墙结构构造》（12G614-1），16页，填充墙与构造柱拉结及填充墙顶部构造详图 　注：小砌块填充墙墙顶与上部结构接触处宜用一皮混凝土砖或混凝土配砖斜砌顶紧
原因分析	1. 为方便施工，私自改顶砖斜砌为平铺。 2. 砌筑过程中未设置皮数杆，未能控制墙体砌筑高度，致使上部预留顶砌高度过大或过小。 3. 为方便施工、节省工序，未预制混凝土三角块。 4. 忽视顶砌部分砂浆密实与否对后续抹灰及装修面层的影响，施工随意。 5. 私自加快施工进度，未待下部墙体沉缩稳定即开始顶砌施工
防治措施及通用做法	1. 根据墙身整体高度排砖，立皮数杆精确控制砌筑高度，顶砌部分预留3/4标准砖高度。 2. 斜顶砖应组砌密实，角度宜为60°左右。 3. 当墙体较长时应采用倒八字双向砌筑，中间部位采用预制三角块放置。 4. 顶砌部分砖块顶紧，砌筑完成后及时检查并对灰缝进行二次填塞，确保密实。 5. 填充墙砌至梁、板底时，待填充墙砌筑完成14d后再补砌顶砖
工程质量缺陷照片	 图1.4.8-1　顶砌砖采用平铺方式　　图1.4.8-2　砖未顶紧，缝隙明显
工程实例照片	 图1.4.8-3　顶砌砖斜砌角度合适，砖缝密实　　图1.4.8-4　墙体顶砌样板 分段墙体中部有预制混凝土三角块

1.4.9 墙体平整度、垂直度差

通病现象	1. 墙体观感存在明显倾斜或墙面凹凸。 2. 经测量后墙体平整度、垂直度不符合规范要求
规范标准及相关规定	•《砌体结构工程施工质量验收规范》GB 50203—2011 3.0.19 正常施工条件下，砖砌体、小砌块砌体每日砌筑高度宜控制在 1.5m 或一步脚手架高度内；石砌体不宜超过 1.2m。 9.3.1 填充墙砌体尺寸、位置的允许偏差及检验方法应符合表 9.3.1 的规定。 表 9.3.1 填充墙砌体尺寸、位置的允许偏差及检验方法 <table><tr><th>项次</th><th colspan="2">项目</th><th>允许偏差（mm）</th><th>检验方法</th></tr><tr><td>1</td><td colspan="2">轴线位移</td><td>10</td><td>用尺检查</td></tr><tr><td rowspan="2">2</td><td rowspan="2">垂直度（每层）</td><td>≤ 3m</td><td>5</td><td rowspan="2">用 2m 托线板或吊线、尺检查</td></tr><tr><td>> 3m</td><td>10</td></tr><tr><td>3</td><td colspan="2">表面平整度</td><td>8</td><td>用 2m 靠尺和楔形尺检查</td></tr><tr><td>4</td><td colspan="2">门窗洞口高、宽（后塞口）</td><td>±10</td><td>用尺检查</td></tr><tr><td>5</td><td colspan="2">外墙上、下窗口偏移</td><td>20</td><td>用经纬仪或吊线检查</td></tr></table>
原因分析	1. 砌筑过程中未拉水平线、垂直线，或拉线时操作不规范造成偏差。 2. 工人砌筑技能不熟练，较长或较高的墙体易出现平整度、垂直度不合格现象。 3. 一次砌筑到顶，墙体两侧不均匀沉降，引起平整度、垂直度较大改变
防治措施及通用做法	1. 砌筑过程中严格遵守施工要求，拉水平线、垂直线砌筑。 2. 当墙体较长或较高时，由技能较为熟练的工人砌筑，砌筑一定高度后检查测量，如出现质量隐患，及时进行整改。 3. 严格控制每日砌筑高度在 1.5m 或一步脚手架高度内，切勿一次到顶
工程质量缺陷照片	 图 1.4.9-1 未拉线砌筑　　　　图 1.4.9-2 仅拉水平线砌筑

工程实例 照片	 图 1.4.9-3 从打底砖开始拉水平线、 垂直线砌筑	 图 1.4.9-4 墙面平整、顺直

1.4.10 疏散通道宽度满足不了消防要求

通病现象	1. 设备区楼梯扶手与墙面或墙面到墙面净宽不满足消防验收要求。 2. 设备区走道墙面到墙面净宽不满足消防验收要求，或因设备及其他固定物品侵占导致净宽不足。 3. 公共区、出入口楼梯扶手与扶手净宽不足。 4. 公共区人行走道净宽不满足要求
规范标准及 相关规定	•《地铁地下车站防火分区、烟气控制与人员疏散系统设计导则》SZDB/Z 100—2014 6.2.2 车站的设备及管理用房区域的安全出口、楼梯、疏散通道应符合下列规定： 1 应至少设置一个与相邻防火分区相通的防火门作为安全出口； 2 地铁车站设备、管理用房区安全出口及楼梯最小净宽度为 1.2m； 3 单面布置房间的疏散通道最小净宽度为 1.2m； 4 双面布置房间的疏散通道净宽度为 1.5m； •《地铁车站消防系统验收评定规程》SZDB/Z 74 —2013 7.2.1 地铁站台和站厅内的疏散通道及疏散距离设计应符合消防设计审核图纸要求。 验收类别：A 类。 验收方法：核对消防设计审核图纸，测量疏散通道宽度，及地铁站台和站厅内任意一点距最近安全出口的距离
原因分析	1. 设计图未计算扶手、墙面装饰面层及设备对疏散通道宽度的侵占，导致净宽度不足。 2. 墙体砌筑偏位严重或装饰层厚度控制较差，侵占疏散通道净宽度。 3. 扶手、栏杆安装时以杆件中心计算宽度，导致净宽度不足
防治措施及 通用做法	1. 根据规范要求修改施工图纸并指导现场施工。 2. 根据现行规范审查图纸及施工现场，如装饰做法影响通道净宽度，及时调整。 3. 根据现场条件修改栏杆施工方案，确保净宽度

工程质量 缺陷照片	 图 1.4.10-1 楼梯扶手内壁到墙面 净宽度不足	 图 1.4.10-2 地铁站内楼梯因扶手 施工不当造成净宽不够
工程实例 照片	 图 1.4.10-3 扣除栏杆侵占，通道 宽度依然满足要求	 图 1.4.10-4 出入口楼梯净宽度 满足要求

第2章　盖挖车站土建工程

2.1　盖挖车站型钢柱（钢管柱）定位、垂直度偏差过大

通病现象	盖挖车站型钢柱或钢管柱加工尺寸偏差较大，影响安装的垂直度，安装施工时平面位置及垂直度偏差大直接影响车站整体质量
规范标准及相关规定	1. 永久钢管柱： •《轨道交通车站工程施工质量验收标准》QGD-006　2005 　6.5.21　钢管柱安装允许偏差应符合表6.5.21的规定。钢管柱中心线偏差控制在5mm内，钢管柱顶面标高偏差控制在0±10mm内，垂直度偏差控制在柱长的1/1000，且≤15mm。 •《地下铁道工程施工及验收规范》（2003年版）GB 50299—1999 　6.2.2　隧道结构支承柱采用钢管柱或钢筋混凝土灌注柱时，位置必须正确，垂直度符合设计要求，其平面位置以线路中线为准，允许偏差为：纵向±25mm、横向±20mm。 　2. 临时格构柱： 　格构柱插入立柱深度不小于3m，插入范围内桩箍筋需进行加密布置。 　格构柱高程误差不大于5cm，平面定位误差不大于2cm，垂直度小于等于1/300基坑开挖深度
原因分析	1. 永久钢管柱： 　1）加工作业平台不平整，焊接定位架定位不准，构件长度方向焊接不顺直，偏差较大； 　2）成孔后桩孔出现较大垂直偏差； 　3）钢管柱吊装不合理造成变形； 　4）钢管柱调垂及定位不准，造成偏斜超标； 　5）钢管柱施工完成后，未均匀回填砂，以及基坑土方开挖过程中，钢管柱土体偏压，造成施工后的钢管柱偏斜。 　2. 临时格构柱： 　1）桩的垂直度误差过大； 　2）定位器检查不仔细； 　3）定位器被碰撞； 　4）格构柱活接头卸下的过早
防治措施及通用做法	1. 永久钢管柱： 　1）加工作业平台调平，焊接定位架定位准确，构件长度方向焊接拉水平线校核顺直。 　2）成孔后桩孔出现较大垂直偏差或弯曲时上下反复扫钻几次，以便削去硬土，如纠正无效，应于孔中局部回填黏土或块石至偏孔处0.5m以上，重新钻进，至岩层成孔时可回填。 　3）钢管柱调垂及定位控制通用做法：①为保证钢管柱安装的垂直度及中心定位，采用HPE工法下放钢管柱；②采用定位架通过调整定位架上下两层工作平台平面水平，达到格构柱垂直度校正的效果。

防治措施及通用做法	4）钢管柱因土方开挖造成偏斜的防治措施：①钢管柱施工完成后，应及时均匀回填砂。②在基坑土方开挖过程中，留够基坑纵坡，防滑坍，同时在钢管柱周边土体均匀开挖，防止偏压。 5）可选用激发制动定位钻机施钻。 2. 临时格构柱： 1）对桩钻孔的垂直度进行检查，尤其是桩顶标高以上要求进行扩孔； 2）仔细检查定位器定位； 3）有专人保护定位完成的定位器，并设专人在混凝土浇筑时对混凝土车辆进行指挥，以免碰撞定位器； 4）严格控制格构柱活接头的卸下时间，并在卸下前向孔内回填砂子
工程质量缺陷照片	 图 2.1-1　钢柱施工位置偏差较大
工程实例照片	 图 2.1-2　定位架进行型钢柱定位　　　图 2.1-3　永久钢管柱

2.2　盖挖车站梁、板外观质量差

通病现象	盖挖法车站施工时，会出现梁板错台、平整度差等质量缺陷
规范标准及相关规定	•《地下铁道工程施工及验收规范》（2003 年版）GB 50299—1999 　6.3.3　钢筋混凝土顶、楼、底板和梁的土方开挖时，必须严格控制高程，并应夯填密实、平整，其允许偏差为：高程 $^{+10}_{\ 0}$ mm；平整度 10mm，并在 1m 范围内不多于一处。

规范标准及相关规定	如遇有软弱或渣土层时，应采取换填或其他加固措施。 　　6.4.1-2　顶、楼板和梁结构不得直接利用地基做模板，如在地基上铺设底模时，其高程、中线、宽度等偏差应符合本规范第5.6.6条规定。 　　5.6.6　顶板结构应先支立支架后铺设模板，并预留10~30mm沉落量，顶板结构模板允许偏差为：设计高程加预留沉落量$^{+10}_{0}$ mm，中线 ±10mm，宽度 $^{+15}_{-10}$ mm
原因分析	1. 直接利用地基做模板，地基面处理不良，地基面上平整度不达标。 　　2. 在处理后的地基上铺设底模时，由于地基处理不密实、不平整。铺设底模的高程、中线、宽度铺设不符合要求；浇筑混凝土时，造成底模变形。 　　3. 底模采用矮支架法施工时，因地基不均匀沉降，造成模板变形、错台。 　　4. 底模采用矮支架法施工时，由于底模、侧模铺设平整度控制不到位，造成错台。 　　5. 混凝土振捣不密实，造成离析产生蜂窝
防治措施及通用做法	1. 在盖挖车站施工中，用于永久结构的梁板，应采用矮支架法施工，便于底、侧模的安装和调整。 　　2. 做好矮支架地基处理，如遇有软弱或渣土层时，应采取换填或其他加固措施。 　　3. 做好坑内降水水位控制，控制地基预留沉降量，防止沉降量超标，影响结构安全及高程。 　　4. 采用矮支架法施工时，应调整好底、侧模的高程和平整度后，方可进行梁板混凝土浇筑
工程质量缺陷照片	 图 2.2-1　顶板和梁结构面错台、污染
工程实例照片	 图 2.2-2　矮支架施工梁板效果

2.3　盖挖车站侧墙外观质量差

通病现象	盖挖逆作法施工侧墙烂根、蜂窝麻面、错台及鼓包、施工冷缝、局部孔洞、表面微裂缝等质量缺陷
规范标准及相关规定	·《混凝土结构工程施工规范》GB 50666—2011 　4.1.2　对模板及支架，应进行设计。模板及支架应具有足够的承载力、刚度和稳定性，应能可靠地承受施工过程中所产生的各类荷载。 　4.1.3　模板及支架应保证工程结构和构件各部分形状、尺寸和位置准确，且应便于钢筋安装和混凝土浇筑、养护。 　8.3.3　混凝土浇筑过程应分层进行，分层浇筑应符合本规范第8.4.6条规定的分层振捣厚度要求，上层混凝土应在下层混凝土初凝之前浇筑完毕。 　8.3.6　柱、墙模板内的混凝土浇筑倾落高度应符合表8.3.6的规定；当不能满足表8.3.6的要求时，应加设串筒、溜管、溜槽等装置。 表8.3.6　柱、墙模板内混凝土浇筑倾落高度限值（m） 表格见下 注：当有可靠措施能保证混凝土不产生离析时，混凝土倾落高度可不受本表限制。 　8.4.6　混凝土分层振捣的最大厚度应符合表8.4.6的规定。 表8.4.6　混凝土分层振捣的最大厚度 表格见下

表8.3.6　柱、墙模板内混凝土浇筑倾落高度限值（m）

条件	浇筑倾落高度限值
粗骨料粒径大于25mm	≤3
粗骨料粒径小于等于25mm	≤6

表8.4.6　混凝土分层振捣的最大厚度

振捣方法	混凝土分层振捣最大厚度
振动棒	振动棒作用部分长度的1.25倍
表面振动器	200mm
附着振动器	根据设置方式，通过试验确定

| 原因分析 | 　1.侧墙烂根、错台及鼓包：
　侧墙模板加固不牢固，预留矮侧墙线形不顺直、立面不垂直，影响侧模支立及封缝，导致烂根、错台鼓包现象。
　2.侧墙施工拆除模板后，外观质量缺陷表现为施工贯通冷缝，其原因为：
　1）部分结构段侧墙出现斜向贯通冷缝，在施工过程中，设置的侧墙浇筑孔数量不足；
　2）工人偷懒造成未及时更换浇筑孔，或者更换浇筑孔的间隔时间过长，导致下层混凝土初凝，均会导致施工冷缝的产生。
　3.侧墙施工拆除模板后，出现大面麻面、局部孔洞、蜂窝等外观质量缺陷原因如下：
　1）混凝土结构施工时，所产生的麻面、局部孔洞及蜂窝主要是由于混凝土振捣不到位所致，同时受混凝土浇筑时自由下落高度过大影响导致离析；
　2）侧墙模板加固完成以后是一个密闭的结构，振捣棒插入困难。同时，在混凝土振捣过程中未设置排气孔或排气口设置数量不足，不满足需要 |

防治措施及 通用做法	1. 侧墙烂根、错台及鼓包防治措施： 1）侧墙支架模板体系施工编制专项施工方案，验算支架模板系统的受力，确定正确和稳固的固定措施； 2）支架模板施工前对施工进行技术交底； 3）支架模板施工过程中加强过程检查，并组织验收，验收合格后方可下道工序施工； 4）混凝土浇筑过程安排专人检查支架模板。 2. 侧墙施工冷缝的防治措施： 1）施工过程中，及时对压入点进行更换，确保混凝土的连续性； 2）增加侧墙浇筑孔，间隔一定距离设置一道浇筑孔，浇筑混凝土时，采用由两边向中间、后由中间转入两边的浇筑顺序； 3）提高更换浇筑孔的间隔时间，加强振捣，以避免产生施工冷缝。 3. 侧墙蜂窝麻面、局部孔洞等外观质量缺陷防治措施： 1）在墙高 2m 处增设一排浇筑孔及排气孔，用于浇筑墙体下部侧墙，同时兼作振捣孔。浇筑至此标高时，浇筑孔采用单向止逆阀进行封闭，排气孔采用钢板焊接封死，再完成上部混凝土浇筑； 2）上部混凝土浇筑时，在浇筑孔两侧设置 2 个排气孔，兼作振捣孔； 3）每组模板上部增设 2 个附着式振捣器，浇筑混凝土时，采用插入式振捣棒配合附着式振捣器完成墙体混凝土的振捣。 4. 侧墙表面微裂缝防治措施： 针对墙体表面产生的温度裂缝，严格控制了模板的拆除时间及后续的养护方法

2.4 盖挖车站梁柱板节点缺陷

通病现象	盖挖车站梁板柱节点施工缝位置混凝土结合不良，节点错台偏位，节点混凝土振捣不密实、烂根等质量缺陷
规范标准及 相关规定	•《混凝土结构工程施工质量验收规范》GB 50204—2015 8.2.1 现浇结构的外观质量不应有严重缺陷。 8.2.2 现浇结构的外观质量不应有一般缺陷。 8.3.1 现浇结构不应有影响结构性能或使用功能的尺寸偏差。 •《混凝土结构工程施工规范》GB 50666—2011 8.4.1 混凝土振捣应能使模板内各个部位混凝土密实、均匀，不应漏振、欠振、过振。 8.4.7 特殊部位的混凝土应采取下列加强振捣措施： 2 后浇带及施工缝边角处应加密振捣点，并应适应延长振捣时间。 3 钢筋密集区域或型钢与钢筋结合区域，应选择小型振捣棒辅助振捣、加密振捣点，并应适当延长振捣时间
原因分析	1. 盖挖车站梁板柱节点施工缝位置混凝土结合不良： 1）施工缝接缝形式选取不当； 2）节点施工缝混凝土面没有凿毛，残渣没有清理干净； 3）混凝土振捣不密实； 4）没有采用补偿收缩混凝土。 2. 节点错台偏位、烂根： 1）永久钢管柱安装时偏位，造成梁板桩节点偏位； 2）测量放样有误；

原因分析	3）节点模板加固不牢； 4）模板制作有误，拼装时接缝不严、错位。 3. 节点混凝土振捣不密实： 1）钢筋较密，混凝土下料困难； 2）钢筋较密，振捣棒振捣困难； 3）混凝土离析、和易性差； 4）混凝土振捣不到位
防治措施及 通用做法	1. 盖挖车站梁板柱节点施工缝位置混凝土结合不良： 1）严控施工缝留设位置，施工缝的位置应留设在结构受剪力较小和便于施工的位置； 2）施工缝混凝土面凿毛，残渣清理干净，必要时涂抹混凝土界面剂； 3）混凝土细致振捣，保证新旧混凝土紧密； 4）采用微膨胀混凝土浇筑，以确保新旧混凝土良好结合。 2. 节点错台偏位： 1）永久钢管柱安装时偏位防治措施见本书 2.1 节； 2）测量建立换手复测和现场复核制度； 3）加强检查，确保模板加固稳定牢固； 4）加强检查，模板按设计要求制作，拼缝涂抹胶水，确保拼缝严密。 3. 梁板柱节点核心区域混凝土振捣不密实： 1）钢筋较密时，采用细石混凝土； 2）采用小直径振捣棒振捣混凝土； 3）加强混凝土浇筑前的质量控制，确保质量符合现场施工要求； 4）对现场振捣工做好交底，确保混凝土振捣到位

2.5　侧墙上部水平接头处有空隙、裂缝

通病现象	盖挖车站盖板、上部分侧墙与后续浇筑侧墙间有收缩裂缝或空隙现象
规范标准及 相关规定	•《地下铁道工程施工及验收规范》（2003 年版）GB 50299—1999 　5.7.5　墙体混凝土左右对称、水平、分层连续灌注，直至墙板交界处间歇 1~1.5h，然后再灌注混凝土。 　9.2.8　防水混凝土应从低处向高处分层连续灌注，如必须间歇时，应在前层混凝土凝结前，将次层混凝土灌注完毕，否则，应留施工缝
原因分析	1. 混凝土振捣时间不足、振捣不到位，影响泛浆和气泡未完全排出，混凝土初凝沉落，形成缝隙。 2. 混凝土浇筑顺序混乱，在新老混凝土面形成的气囊无法排出，造成空隙。 3. 未严格按设计要求安装注浆管或注浆管堵塞，无法回填注浆，导致注浆不密实。 4. 未按设计及工艺要求使用微膨胀混凝土。 5. 施工缝凿毛处理不到位，清理不干净。 6. 混凝土浇筑高度未超过施工缝高度
防治措施及 通用做法	1. 侧墙混凝土施工时的振捣时间和振捣半径应满足工艺要求，并以混凝土开始泛浆和不冒气泡为准。 2. 防水混凝土应从低处向高处分层连续灌注，以防止气囊出现，形成空洞。

防治措施及 通用做法	3.采用掺外加剂的防水混凝土，在接槎处采用微膨胀混凝土进行补充浇筑。 4.侧墙混凝土施工至顶板边墙接槎下 30cm，停止灌注混凝土，待混凝土不再下沉为止，在混凝土初凝前继续进行剩余牛腿处施工，边墙混凝土强度达到 2.5MPa 后，拆除接槎处的牛腿模板，进行人工凿除牛腿混凝土，混凝土凿至距内边墙边缘 2cm 处，最后用同标号砂浆把剩余侧墙面抹平。 5.为保证施工接槎缝密贴无缝隙，施工过程中在边墙上侧接槎缝处设置两道止水条，止水条内边设置注浆管一道，注浆管每 5m 一道在墙面甩出接头，在侧墙混凝土强度达到设计要求后，进行边墙二次回填注浆
工程质量 缺陷照片	 图 2.5-1　侧墙结合处水平施工缝处理
工程实例 照片	 图 2.5-2　盖挖车站侧墙施工

2.6　车站结构顶板、梁裂缝

通病现象	盖挖车站基坑开挖后，顶板和梁出现结构裂缝等现象
规范标准及 相关规定	•《地下铁道工程施工及验收规范》（2003 年版）GB 50299—1999 3.6.1-5　钻孔至设计高程后应空钻清渣，提钻后及时加盖。 4.4.5　清底应自底部抽吸并及时补浆，清底后的槽底泥浆比重不应大于 1.15，沉渣物淤泥厚度不应大于 100mm。 6.3.3　钢筋混凝土顶、楼、底板和梁的土方开挖时，必须严格控制高程，并应夯填密室、平整，其允许偏差为：高程 $^{+10}_{0}$ mm；平整度 10mm，并在 1m 范围内不多于一处。 6.3.5　隧道洞内土方在未完成相应层的隧道结构前，不得继续开挖下层土方
原因分析	1.盖板下的地连墙、围护桩、格构柱桩部分受力构件在施工时沉渣厚度超标，产生不均匀沉降，造成盖板产生应力裂缝。 2.顶盖板、中板在浇筑完成后，因局部软弱或渣土层，造成地基不均匀沉降，导致梁、板沉降裂缝。

原因分析	3.因降水水位不稳定，地基沉降过大等原因，浇筑完成的梁、板过早受力，使梁、板产生裂缝。 4.梁、板施工完成后，在其强度未达到设计及规范要求的强度前，进行其下的土方开挖，导致梁、板过早受力，产生裂缝。 5.混凝土养护龄期未达到，在板上堆载，造成梁、板产生裂缝
防治措施及 通用做法	1.作为盖板下支撑受力的地连墙、围护桩、格构柱桩在施工过程中，严格控制沉渣厚度。 2.地连墙、围护桩、格构柱桩在施工时增加桩底预埋注浆管，对桩底进行压浆加固处理，防止不均匀沉降。 3.严格控制基坑内地下水位降水幅度，对梁、板下软弱地基进行换填处理。 4.在梁板强度达到设计及规范要求后，方可进行其下坑土方开挖。 5.加强梁板混凝土的养护，不要过早在其上面堆载
工程质量 缺陷照片	 图 2.6-1 梁、板裂缝
工程实例 照片	 图 2.6-2 盖挖法施工

2.7 侧墙竖向预留钢筋位置偏差过大

通病现象	盖挖车站侧墙预留钢筋位置偏差大，间距不匀、保护层不符合设计及规范要求
规范标准及 相关规定	•《地下铁道工程施工及验收规范》（2003 年版）GB 50299—1999 5.5.6 钢筋绑扎前应清点数量、类别、型号、直径，锈蚀严重的钢筋应除锈，弯曲变形钢筋应矫正；清理结构内杂物，调直施工缝处钢筋；检查结构位置、高程和模板支立情况，测放钢筋位置后方可进行绑扎。

规范标准及相关规定	6.4.2-1 墙、柱结构预埋件位置应正确，预留钢筋搭接或连接长度符合设计要求，并应采取保护措施
原因分析	1. 侧墙竖向钢筋下料尺寸及角度偏差较大，影响安装质量。 2. 部分侧墙与板同步浇筑处的预留竖向连接钢筋，因预留定位不当，造成位置偏斜及保护层不符合要求。 3. 竖向钢筋预留位置不准确，定位措施不当。 4. 混凝土浇筑及振捣过程中碰撞竖向筋，造成竖向钢筋偏位。 5. 预留竖向钢筋套筒未有效保护，造成上下钢筋连接困难。 6. 侧墙下端钢筋需插入底模以下土体，并采用底模封堵，施工困难，不易定位
防治措施及通用做法	1. 严格控制侧墙竖向下料长度及角度，并精确定位侧墙竖向主筋位置。 2. 采用双层钢筋定位件，对侧墙竖向主筋进行定位固定。 3. 为方便竖向钢筋在侧墙水平施工缝处预留、预埋，在侧墙部位施工缝以下回填砂。 4. 侧模和底模应牢固固定，防止偏移；板、墙混凝土振捣过程中，振捣棒尽量不碰触侧墙竖向钢筋。 5. 测放竖向钢筋位置，调直和微调侧墙预留竖向受力钢筋位置，再进行机械连接。 6. 采取有效措施保护钢筋接头位置
工程质量缺陷照片	 图 2.7-1 侧墙竖向钢筋分布不均
工程实例照片	 图 2.7-2 侧墙竖向钢筋分布均匀

第3章 盾构工程

3.1 管片制作

3.1.1 管片钢筋焊接咬肉、脱焊

通病现象	管片钢筋笼焊接过程中对钢筋造成咬肉、脱焊等现象
规范标准及相关规定	·《盾构法隧道施工与验收规范》GB 50446—2017 条文说明 6.4.3-2 为了防止焊接部位产生夹渣、气孔等缺陷，在焊接区域内应清除钢筋表面锈蚀、油污等。 ·《预制混凝土衬砌管片》GB/T 22082—2008 5.6.3.1 钢筋骨架应在靠模上焊接而成，采用 CO_2 保护焊点焊，保证焊接点牢固，要求至少隔点点焊
原因分析	1. 焊接时 CO_2 焊机电流过大，停留时间过长，对钢筋造成咬伤。 2. 焊接时速度过快或枪头对位不准确，未能在两根需焊接钢筋结合处有效形成焊点，造成虚焊、假焊，钢筋笼受力后脱焊。 3. 钢筋笼吊装过程，骨架变形导致焊点松脱
防治措施及通用做法	1. 采用 CO_2 保护焊机进行焊接，根据焊丝直径选择合适的焊接电流，且焊机电流不得超过额定电流，电弧电压必须与焊接电流合理匹配。 2. 保护气体应有足够的流量并保持层流，及时清除附在导电嘴和喷嘴上的飞溅物。 3. 焊接时枪头对准焊点位置，不得漏焊、假焊及虚焊，把握好焊接时间，以牢固而不伤钢筋为标准。 4. 钢筋骨架在驳运、入模时采用横担式专用工具，以确保骨架不变形。 5. 钢筋骨架的隔离器采用专用塑料支架，应符合厚度、承受力和稳定性等要求
工程质量缺陷照片	图 3.1.1-1 钢筋焊接脱焊 图 3.1.1-2 钢筋焊接烧伤

| 工程实例照片 |

图 3.1.1-3 钢筋笼焊接

图 3.1.1-4 钢筋笼入模检验 |

3.1.2 管片混凝土表面蜂窝、麻面

通病现象	管片浇筑混凝土成形后，侧弧面存在蜂窝、麻面
规范标准及相关规定	·《盾构法隧道施工与验收规范》GB 50446—2017 6.5.3-3 混凝土浇筑成型后，应在混凝土初凝前再次进行压面，不得有漏振和过振。 ·《预制混凝土衬砌管片》GB/T 22082—2008 5.8.4.1 混凝土应连续浇筑成型；根据生产条件选择适当的振捣方式；振捣时间以混凝土表面停止沉落或沉落不明显、混凝土表面气泡不再显著发生、混凝土将模具边角部位充实表面有灰浆泛出时为宜，不得漏振或过振。 6.2 外观质量 管片成品的外观质量应符合表 3 的规定。 表 3 外观质量要求 表格如下

表 3 外观质量要求

序号	项目	项目类别	质量要求
1	贯穿裂缝	A	不允许
2	拼接面裂缝	B	拼接面方向长度不超过密封槽，且宽度小于 0.20mm
3	非贯穿性裂缝	B	内表面不允许，外表面裂缝宽度不超过 0.20mm

规范标准及相关规定	序号	项目	项目类别	质量要求
	4	内、外表面露筋	A	不允许
	5	孔洞	A	不允许
	6	麻面、粘皮、蜂窝	B	表面麻面、粘皮、蜂窝总面积不大于表面积的5%允许修补
	7	疏松、夹渣	B	不允许
	8	缺棱掉角、飞边	B	不应有，允许修补
	9	环、纵向螺栓孔	B	畅通、内圆面平整，不得有塌孔

原因分析

　　1. 模具内腔表面损伤、毛刺、表面清理不干净，存在混凝土粘结，从而影响到成型管片表面光洁，形成蜂窝、麻面。

　　2. 脱模剂产品选择不适当，影响混凝土浇筑时气体排出，成品侧面气泡多。

　　3. 模板拼缝不严，漏浆。

　　4. 混凝土和易性及流动性不足，影响气泡排出及密实，成型管片表面气泡多，出现孔洞及麻面。

　　5. 混凝土浇筑时振动力不足、浇筑速度过快、振动时间不足，造成成品气泡多

防治措施及通用做法

　　1. 保证管片内腔表面光洁，清理干净。

　　2. 选择优质脱模剂，利于排出气泡。

　　3. 采用合适方式封堵模板拼缝，确保不漏浆。

　　4. 优化配合比，提高混凝土的和易性、流动性和排气性，使混凝土密实，减少气泡，杜绝孔洞和麻面。

　　5. 选择附着式振捣方式，振动力充足，浇筑时下料量均匀、匀速。在模具浇筑到80%时暂停下料，振动20~30s后把模具浇筑满，再持续振动。保证单个模具下料振动时间达到5~6min

工程质量缺陷照片

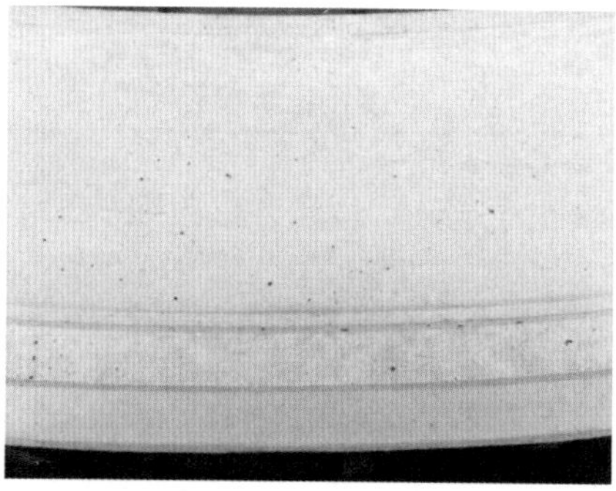

图 3.1.2-1　管片侧弧面气泡

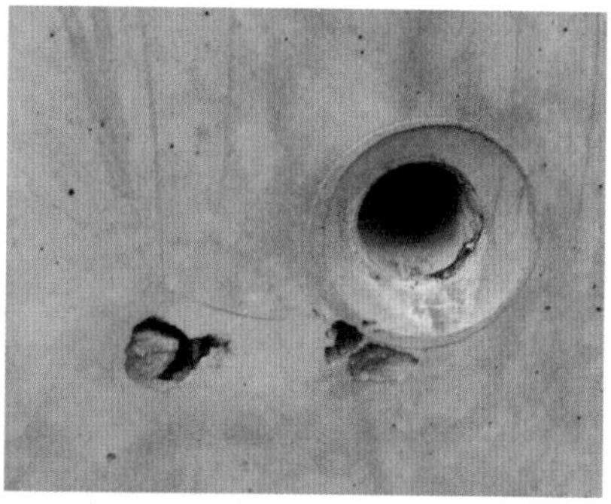

图 3.1.2-2　管片侧弧面孔洞

工程实例照片	 图 3.1.2-3　管片模具检校清理	 图 3.1.2-4　管片混凝土振捣

3.1.3　管片掉角飞边

通病现象	管片因脱模剂漏刷、运输过程中磕碰等原因造成掉角飞边等现象

<table>
<tr>
<td rowspan="20">规范标准及相关规定</td>
<td colspan="3">•《盾构法隧道施工与验收规范》GB 50446—2017
　　6.6.2-4　钢筋混凝土管片外观质量不应有严重缺陷；当出现一般缺陷时，应采取技术措施进行处理，管片外观质量缺陷等级划分应符合表 6.6.2-1 的规定。
表 6.6.2-1　钢筋混凝土管片外观质量缺陷等级划分</td>
</tr>
<tr><td>名称</td><td>缺陷描述</td><td>缺陷等级</td></tr>
<tr><td>露筋</td><td>管片内钢筋未被混凝土包裹面外露</td><td>严重缺陷</td></tr>
<tr><td>蜂窝</td><td>混凝土表面缺少水泥砂浆而形成石子外露</td><td>严重缺陷</td></tr>
<tr><td rowspan="2">孔洞</td><td>混凝土中出现深度和最大长度均超过保护层厚度的孔穴</td><td>严重缺陷</td></tr>
<tr><td>混凝土中有少量深度或最大长度未超过保护层厚度的孔穴</td><td>一般缺陷</td></tr>
<tr><td rowspan="2">夹渣</td><td>混凝土内夹有杂物且深度达到或超过保护层厚度</td><td>严重缺陷</td></tr>
<tr><td>混凝土内夹有少量杂物且深度小于保护层厚度</td><td>一般缺陷</td></tr>
<tr><td>疏松</td><td>混凝土局部不密实</td><td>严重缺陷</td></tr>
<tr><td rowspan="2">裂缝</td><td>从管片混凝土表面延伸至内部且超过设计给出的允许宽度或深度的裂缝</td><td>严重缺陷</td></tr>
<tr><td>其他少量不影响管片结构性能或使用功能的裂缝</td><td>一般缺陷</td></tr>
<tr><td rowspan="2">预埋部位缺陷</td><td>管片预埋件松动</td><td>严重缺陷</td></tr>
<tr><td>预埋部位存在少量麻面、掉皮或掉角</td><td>一般缺陷</td></tr>
<tr><td rowspan="2">外形缺陷</td><td>外弧面混凝土破损到密封槽位置</td><td>严重缺陷</td></tr>
<tr><td>存在少量且不影响结构性能或使用功能的棱角磕碰，翘曲不平或飞边凸肋等</td><td>一般缺陷</td></tr>
<tr><td rowspan="2">外表缺陷</td><td>密封槽及平面转角部位的混凝土有剥落缺损</td><td>一般缺陷</td></tr>
<tr><td>其他部位的混凝土表面有少量麻面、掉皮、起砂或少量气泡等</td><td>一般缺陷</td></tr>
</table>

	·《预制混凝土衬砌管片》GB/T 22082—2008 6.2　外观质量 管片成品的外观质量应符合表3的规定。		

表3　外观质量要求

规范标准及相关规定	序号	项目	项目类别	质量要求
	1	贯穿裂缝	A	不允许
	2	拼接面裂缝	B	拼接面方向长度不超过密封槽，且宽度小于0.20mm
	3	非贯穿性裂缝	B	内表面不允许，外表面裂缝宽度不超过0.20mm
	4	内、外表面露筋	A	不允许
	5	孔洞	A	不允许
	6	麻面、粘皮、蜂窝	B	表面麻面、粘皮、蜂窝总面积不大于表面积的5%，允许修补
	7	疏松、夹渣	B	不允许
	8	缺棱掉角、飞边	B	不应有，允许修补
	9	环、纵向螺栓孔	B	畅通、内圆面平整，不得有塌孔

原因分析	1. 模具边角脱模剂漏刷，造成混凝土粘模、掉边。 2. 强度低于规范要求：吸盘脱模时应不低于15MPa，其他方式脱模，应不低于20MPa，管片出厂时的混凝土强度不低于设计强度。 3. 在入水养护、出水运输、堆码存储及翻片出货过程中发生磕碰

防治措施及通用做法	1. 模具边角脱模剂涂刷均匀，不漏刷。 2. 严格按规范要求，混凝土高于脱模起吊强度后才能脱模起吊。 3. 在管片的养护、存储及出货运输过程中，采用垫块、隔木的方式，防止管片与硬物、管片与管片之间形成碰撞接触

工程质量缺陷照片	图3.1.3-1　管片磕碰掉边	图3.1.3-2　管片缺角掉边

工程实例照片	 图 3.1.3-3　管片运输过程中隔木保护　　图 3.1.3-4　管片存放时方木保护

3.1.4　管片浅表微裂纹

通病现象	管片成品外弧面因过振、蒸养温度控制等原因造成浅表微裂纹
规范标准及相关规定	•《预制混凝土衬砌管片》GB/T 22082—2008 6.2　外观质量 管片成品的外观质量应符合表3的规定。 **表3　外观质量要求** {表见下}

表3　外观质量要求

序号	项目	项目类别	质量要求
1	贯穿裂缝	A	不允许
2	拼接面裂缝	B	拼接面方向长度不超过密封槽，且宽度小于0.20mm
3	非贯穿性裂缝	B	内表面不允许，外表面裂缝宽度不超过0.20mm
4	内、外表面露筋	A	不允许
5	孔洞	A	不允许
6	麻面、粘皮、蜂窝	B	表面麻面、粘皮、蜂窝总面积不大于表面积的5%，允许修补
7	疏松、夹渣	B	不允许
8	缺棱掉角、飞边	B	不应有，允许修补
9	环、纵向螺栓孔	B	畅通、内圆面平整，不得有塌孔

原因分析	1. 管片外弧面混凝土粗骨料少，浆体过多。 2. 压面次数少于2次或收面时间过早，产生收缩裂纹。 3. 蒸养出模后管片表面温度与环境温差过大。 4. 蒸养升降温速度过快，恒温过高。 5. 管片养护时间过短

防治措施及 通用做法	1. 严格控制混凝土入模坍落度、振捣力及时间，防止因过振造成骨料下沉，管片外弧面浆体过多，形成收缩裂缝。 2. 混凝土浇筑成型后至开模前，应覆盖保湿；管片浇筑成型后，在初凝前再次进行压面。 3. 蒸养出模后管片表面温度与环境温度差大于20℃时，管片应在室内车间进行降温，直至管片表面温度与环境温差不大于20℃。 4. 管片若采用蒸养，应经试验确定混凝土养护制度。管片应进行预养护，升温速度不宜超过15℃/h，降温速度不宜超过20℃/h，恒温最高温度不宜超过60℃。 5. 管片在贮存阶段应进行保湿养护，养护时间满足设计要求
工程质量 缺陷照片	 图 3.1.4-1 管片浅表微裂纹
工程实例 照片	 图 3.1.4-2 管片混凝土收光　　　　图 3.1.4-3 管片水养

3.1.5 管片预埋件安装不规范

通病现象	管片预埋件销孔移位，滑槽凹陷等现象
规范标准及 相关规定	•《预制混凝土衬砌管片》GB/T 22082—2008 7.2 外观质量、尺寸偏差、水平拼装 外观质量、尺寸偏差、水平拼装检验方法与检验工具见表6。 表6 检验方法与检验工具

序号	检验项目		检验方法	量具分 度值/mm
1	外观 质量	贯穿裂缝	用20倍读数放大镜测量，精确至 0.01mm	0.01

	序号	检验项目		检验方法	量具分度值/mm
规范标准及相关规定	2	外观质量	拼接面裂缝	用20倍读数放大镜测量，精确至0.01mm	0.01
	3		非贯穿性裂缝	用20倍读数放大镜测量，精确至0.01mm	0.01
	4		内、外表面露筋	观察	—
	5		孔洞	观察、测量孔洞深度和长度	—
	6		麻面、粘片、蜂窝	用钢卷尺（或钢直尺）测量，精确至1mm	≤1
	7		疏松、夹渣	观察	—
	8		环、纵向螺栓孔	目测，用螺栓穿孔进行试验	—
	9		缺棱掉角、飞边	观察	—
	10	尺寸偏差	宽度	用游标卡尺在内外表面端部及中部测量各三点，精确至0.1mm	≤0.05
	11		厚度	用游标卡尺在两个侧面端部及中部测量各三点，取6点的平均值，精确至0.1mm	≤0.05
	12		钢筋保护层厚度	用钢筋保护层厚度测定仪进行测量，在内弧面和外弧面各测量三点，精确至1mm。有争议时通过凿开混凝土保护层用深度游标卡尺进行	≤0.5
	13	水平拼装	内径	用钢卷尺测量在同一测量断面上测量间隔约45°的四个方向直径，计算平均值，精确至1mm	≤1
	14		纵、环向缝间隙	用塞尺测量，每环与环、块与块测定一个最大值，精确至0.1mm	≤0.05

原因分析	1. 螺栓销棒安装不紧，后顶装置在模具振动时失去顶置力。 2. 滑槽预埋时，顶固、锁紧卡件失去约束力，造成滑槽移位、上浮
防治措施及通用做法	1. 在安装螺栓孔销棒时，必须按型号配对安装，以免造成安装不匹配。 2. 安装时应将销棒完全压入模具底板手孔内，并检查PVC管松动情况及后顶紧装置受力情况。 3. 滑槽预埋：按模具型号分类安装槽道，并按滑槽孔位安装在模具底板固定螺钉上。 4. 塑料卡件必须与钢筋笼紧密配合，如空隙较大，需另行选择钢筋笼压紧位置

工程质量缺陷照片	
	图 3.1.5-1　管片销孔移位　　　图 3.1.5-2　预埋滑槽凹陷
工程实例照片	
	图 3.1.5-3　管片 PVC 管安装　　　图 3.1.5-4　管片滑槽预埋

3.2　盾构掘进与管片拼装

3.2.1　洞门凿除或进出洞时出现涌水、流砂

通病现象	盾构机进出洞前，洞门凿除出现涌水、流砂现象
规范标准及相关规定	·《地下铁道工程施工及验收规范》（2003 年版）GB 50299—1999 8.1.6　盾构掘进采用井点降水和地基加固时，应根据地质和地面环境等条件确定实施方法，并按相应的有关规定施工。 ·盾构始发、到达端头加固设计一般要求：加固后土体的强度 $q \geqslant 0.8\text{MPa}$，渗透系数 $K \leqslant 10^{-6}\text{cm/s}$，加固完成时间必须在盾构始发、到达之前 28d
原因分析	1.盾构进出洞期间，盾构机掌子面前降水不到位。 2.盾构进出洞端头加固不密实
防治措施及通用做法	1.洞门凿除前，对洞门区域的加固效果进行观察孔试验，观察孔应合理分布且不少于 3 个。 2.盾构进出洞期间，可对盾构机正面进行降水，若采取降水措施时必须确保降水到位。

防治措施及通用做法	3. 对施工现场进行规划布置，设置洞门凿除紧急安全通道和防护措施，并在施工期间明确标明，任何人员和物品不得堵塞紧急通道。凿除洞门前，准备注浆材料（双液浆、聚氨酯等）并调试好注浆泵，一旦洞门涌水流砂立即使用注浆泵对漏水漏砂处进行强制封堵。竖井内安装好具有足够排污能力的排污泵，发生漏水和漏砂时，通过排污泵将其排除到竖井外
工程质量缺陷照片	 图 3.2.1-1　洞门凿除涌水、流砂　　　图 3.2.1-2　涌水、流砂车站内封堵
工程实例照片	 图 3.2.1-3　地面注浆加固　　　　图 3.2.1-4　端头加固取芯

3.2.2　洞门预埋钢环脱落

通病现象	洞门预埋钢环脱落出现涌砂、漏水、涌水等现象
规范标准及相关规定	•《地下铁道工程施工及验收规范》（2003 年版）GB 50299—1999 　8.3.1　盾构在工作竖井内组装和进出工作竖井前，应安装基座和导轨，并对隧道洞口土体进行加固和完成封门施工。 • 洞门预埋钢环设计一般要求：预埋件制作精度直径允许偏差 8mm；预埋件安装误差 ±10mm；预埋钢环中的钢筋与内衬墙主筋搭接焊接，两端焊接高度不小于 6mm，长度不小于 30mm
原因分析	1. 未焊接锚固钢筋。 2. 锚固钢筋焊接不牢固，钢环下部混凝土振捣不密实。 3. 洞门钢环与导轨定位不准
防治措施及通用做法	1. 洞门钢环制作时严格按设计预埋锚固钢筋。 2. 洞门钢环安装时，保证钢环锚固钢筋和主体钢筋有效连接，采用焊接方式加固，焊缝长度满足设计及规范要求，并加强混凝土浇筑质量控制。 3. 确保洞门钢环与导轨定位准确并与出洞姿态一致

工程质量 缺陷照片	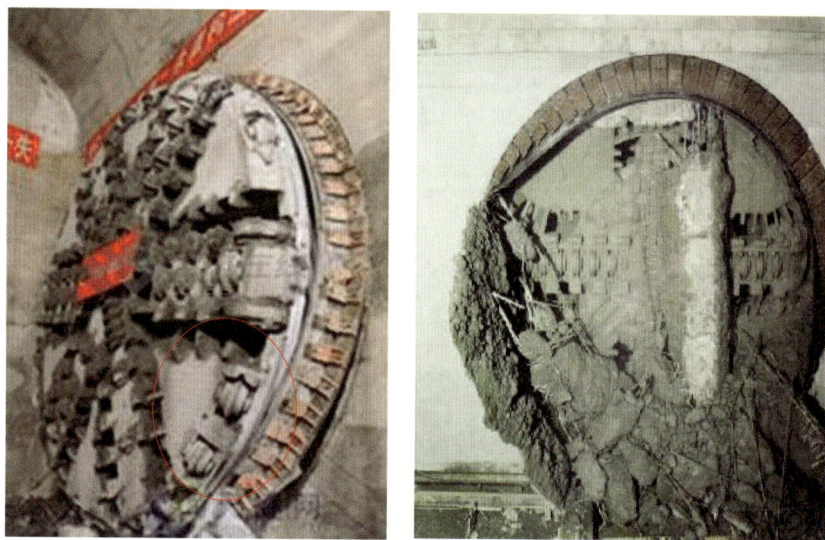 图 3.2.2-1　钢环与洞门密封脱落
工程实例 照片	 图 3.2.2-2　钢环拼装试验　图 3.2.2-3　钢环锚固钢筋　图 3.2.2-4　盾构机安全出洞

3.2.3　盾构始发进洞后栽头

通病现象	盾构始发进洞后因始发架高程、姿态控制等原因造成"栽头"的现象
规范标准及 相关规定	•《地下铁道工程施工及验收规范》（2003 年版）GB 50299—1999 　8.3.1　盾构在工作竖井内组装和进出工作竖井前，应安装基座和导轨，并对轨道洞口土体进行加固和完成封门施工。 　8.3.2　盾构基座应有足够强度、刚度和精度，并满足盾构装拆和检修需要。基座导轨高程、轨距及中线位置应正确，并固定牢固
原因分析	1. 盾构在始发时由于盾构机还在始发架上，不能对其进行过大的纠偏。 2. 由于始发架与洞门环之间存在一定差值，盾构机脱离始发架由于自重往下掉。 3. 盾构机分区油压不均，下部油缸压力无法满足盾构机抬头要求
防治措施及 通用做法	1. 在洞门钢环内焊接导轨与始发架连接、防止始发时盾构机"栽头"。 2. 确保软弱地层加固效果，将始发架的安装高程抬高 2cm，盾构重心出始发架后尽早建立土压平衡。 3. 始发前调试好盾构机分区油压是否正常

工程质量 缺陷照片	 图 3.2.3-1 盾构始发 -2 环盾构姿态"栽头"趋势
工程实例 照片	 图 3.2.3-2 始发架和导轨　　　　　图 3.2.3-3 盾构正常始发

3.2.4 盾构推进轴线偏差超限

通病现象	盾构推进因测量、纠偏不及时等原因导致轴线偏差超限
规范标准及 相关规定	•《地下铁道工程施工及验收规范》（2003 年版）GB 50299—1999 　8.4.1 盾构掘进中，必须保证正面土体稳定，并根据地质、线路平面、高程、坡度、胸板等条件，正确编组千斤顶。 　8.4.4 盾构掘进中应严格控制中线平面位置和高程，其允许偏差均为 ±50mm。发现偏离应逐步纠正，不得猛纠硬调。 •《盾构法隧道施工与验收规范》GB 50446—2017 　7.7.4 纠偏时应控制单次纠偏量，应逐环和小量纠偏，不得过量纠偏
原因分析	1. 因测量导向系统数据输入错误或在测量换站时正负号、小数点等错误而导致施工测量出现差错，或施工测量误差过大。 　2. 盾构掘进过程中发现盾构姿态偏离设计轴线但纠偏不及时，或纠偏不到位。 　3. 在掘进过程中地质条件发生变化（如进入上软下硬地层或进入淤泥质软弱地层）。 　4. 盾构机本身机械故障等设备原因导致盾构推进力不均衡

防治措施及通用做法	1. 始发前检查导向系统，确保导向系统正常。 2. 导向系统数据需多人复核无误后，方可上传。 3. 每20环必须进行管片姿态的测量，比对导向系统数据，出现较大误差时，检查测量工序是否存在错误。 4. 盾构机换站必须采用人工换站，作业完成后必须加测管片姿态，并形成文字记录。 5. 进洞前、始发100m、每掘进500m、出洞前必须进行联系测量及盾构机姿态测量，线路长度大于1.5km时必须加测陀螺定向
工程质量缺陷照片	 图 3.2.4-1　盾构接收轴线偏位导致盾尾管片位置突变
工程实例照片	 图 3.2.4-2　贯通测量校核　　　　图 3.2.4-3　盾构参数控制

3.2.5　掘进面土体失稳、地面沉陷

通病现象	盾构掘进过程中出现掘进面土体失稳、地面沉陷
规范标准及相关规定	•《地下铁道工程施工及验收规范》（2003年版）GB 50299—1999 8.4.1　盾构掘进过程中，必须保证正面土体稳定，并根据地质、线路平面、高程、坡度、胸板等条件，正确编组千斤顶。 •一般设计要求：地面沉降控制值30mm
原因分析	1. 由于盾构选型时开口率偏小进土不畅、刀盘磨损、推进油缸内泄漏、正面平衡压力设定过大等原因导致仓压控制、参数控制异常。 2. 持续掘进不畅，引起超挖，出现地面沉降，当超挖量严重过大时会导致地面沉陷。 3. 地质不稳定、土体刚度不够（软硬不均及砂土），在掘进过程中易导致土体失稳，地面沉降

防治措施及 通用做法	1. 优化掘进参数：对推进中的参数即对刀盘油压、土舱压力、推进速度、压浆压力、压浆量、盾构坡度、盾构姿态及管片拼装作分析。对隧道上覆土地质条件、地面荷载设计坡度及转弯半径、轴线偏差及盾构姿态等选取合理的参量，以指导施工。 　　2. 土舱压力设定：根据实际施工经验，盾构机切口前方 1.5D + H（D 为盾构机外径，H 为盾构中心至地面高度）范围内地面的沉降情况与土压力设定值密切相关，所以盾构前方地面沉降监测结果可直接反映土压力设定值与自然土压力的吻合程度。 　　3. 同步注浆及二次注浆将管片与土体之间空隙填满，预防地面沉降。 　　4. 当出现轻微沉陷未坍塌时，增加监测频率，计算沉降率，同时通过注浆加固周围土体。当出现地面塌陷时，先进行低标号混凝土回填，再进行周围土体加固；地表注浆前先在盾壳周围注聚氨酯，防止浆液凝固盾壳和刀盘
工程质量 缺陷照片	 图 3.2.5-1　地表沉陷　　　　图 3.2.5-2　地表塌陷
工程实例 照片	 图 3.2.5-3　地表注浆加固　　　图 3.2.5-4　地表混凝土回填

3.2.6　拱部注浆不密实

通病现象	由于地下水、配合比不满足要求及浆液特性等原因导致拱部注浆不密实
规范标准及 相关规定	•《地下铁道工程施工及验收规范》（2003 年版）GB 50299—1999 　　8.7.4　注浆时壁后空隙应全部充填密实，注浆量应控制在 130%~180%。壁孔注浆宜从隧道两腰开始，注完顶部再注底部，当有条件时也可多点同时进行。注浆后应将壁孔封闭。 •《盾构法隧道施工与验收规范》GB 50446—2017 　　10.2.5　同步注浆和即时注浆的注浆量充填系数应根据地层条件、施工状态和环境要求确定，充填系数宜为 1.30~2.50

原因分析	1.盾构隧道所在地层地下水丰富、渗透性强，导致同步注浆浆液初凝前被稀释。 2.同步注浆浆液配合比不满足要求，初凝时间过长、填充效果差。 3.同步注浆液浆本身特性决定了液浆在注入后不会快速收紧凝固，而是具有一定流动性，并且为了避免注浆时压力过大导致浆液返流到刀盘、土仓，同步注浆压力不会设定太高，因而拱部位置浆液流向了下部和两侧
防治措施及 通用做法	1.了解所处地层地下水渗透系数，针对性改良同步浆液配合比。 2.根据不同地层做多组同步浆液配合比实验，选择最符合的配合比，并严格执行。 3.确保二次注浆质量，在特殊地层或隧道上方有建（构）筑物等情况时，应注双液浆
工程质量 缺陷照片	 图 3.2.6-1　漏水
工程实例 照片	 图 3.2.6-2　加密监测点　　　　　图 3.2.6-3　注浆效果

3.2.7　管片错台

通病现象	管片拼装时因拼装工艺、操作不当等原因产生的错台
规范标准及 相关规定	•《地下铁道工程施工及验收规范》（2003 年版）GB 50299—1999 8.6.5-1　管片在盾尾内拼装完成时，偏差宜控制为：高程和平面 ±50mm；每环相邻管片高差 5mm，纵向相邻管片高差 6mm。 •《盾构法隧道施工与验收规范》GB 50446—2017 9.3.5　施工中管片拼装允许偏差和检验方法应符合表 9.3.5 的规定。

规范标准及相关规定	表 9.3.5　管片拼装允许偏差和检验方法								
	检验项目	允许偏差						检验方法	检验数量	
		地铁隧道	公路隧道	铁路隧道	水工隧道	市政隧道	油气隧道		环数	点数
	衬砌环椭圆度（‰）	±5	±6	±6	±8	±5	±6	断面仪、全站仪测量	每10环	—
	初砌环内错台（mm）	5	6	6	8	5	8	尺量	逐环	4点/环
	衬砌环间错台（mm）	6	7	7	9	6	9	尺量	逐环	

注：本表中市政隧道包括给水排水隧道、电力隧道等

原因分析	1. 拼装手操作水平不高，施工操作不当。 2. 盾尾间隙过小，管片选型不当。 3. 管片螺栓紧固不到位、复紧不及时。 4. 盾构纠偏过急，注浆压力过大
防治措施及通用做法	1. 加强操作手技能培训，考核上岗，严格执行设备"三定"。 2. 每环实测盾尾间隙，根据盾构姿态和轴线拟合情况及盾尾间隙做好管片选型。 3. 管片螺栓紧固必须到位，并根据现场实际情况做好螺栓复紧工作。 4. 盾构纠偏时应遵循"勤纠少纠，动中纠偏"的原则，同时控制好同步注浆压力
工程质量缺陷照片	 图 3.2.7-1　管片错台严重
工程实例照片	 图 3.2.7-2　管片拼装质量满足规范、设计要求

3.2.8 管片崩角裂缝、破损、漏筋

通病现象	管片在施工场地内运输、拼装及修补过程中发生崩角裂缝、破损、漏筋
规范标准及相关规定	• 《地下铁道工程施工及验收规范》（2003年版）GB 50299—1999 8.11.4-2 表面应平整，无缺棱、掉角、麻面和露筋。 8.12.2-2 结构表面应无渗漏裂缝，无缺棱、掉角，管片接缝严密。 • 《盾构法隧道施工及验收规范》GB 50446—2017 9.3.1 管片不得有内外贯穿裂缝、宽度大于0.2mm的裂缝及混凝土剥落现象
原因分析	1. 运输、吊装、堆放过程中发生碰撞。 2. 拼装时管片与盾尾发生磕碰或封顶块与邻接块接缝不平。 3. 施工操作不当。 4. 盾构推进，千斤顶受力不均衡、二次注浆压力过大。 5. 修补时未采用高强度弹性材料进行修补，掉块大，深的部位未进行植筋挂网处理
防治措施及通用做法	1. 行车操作要平稳，防止晃动过大，管片使用翻身架或专用吊具翻身，保证管片翻身过程中的平稳，地面堆放管片时上下两块管片之间要垫上垫木。 2. 拼装时将封顶块管片的开口部位留得稍大一些，使封顶块能顺利地插入。 3. 管片拼装时要小心谨慎，动作平稳，减少管片的撞击。 4. 每环管片拼装时都对环面平整情况进行检查，发现环面不平，及时加贴衬垫予以纠正，使后拼上的管片受力均匀，严格控制二次注浆压力。 5. 管片修补时采用专用环氧砂浆进行修补，拱腰隧道水平中心线以上所有破损均不能进行修补，只需采用环保材料环氧树脂进行涂刷即可
工程质量缺陷照片	 图3.2.8-1 管片崩角　　图3.2.8-2 管片开裂　　图3.2.8-3 管片掉块
工程实例照片	 图3.2.8-4 管片漏筋及管片破损刷环氧处理　　图3.2.8-5 管片拼装成型较好

3.2.9 管片裂缝、渗漏

通病现象	管片因预制、拼装、不均匀沉降等原因产生裂纹
规范标准及 相关规定	•《地下铁道工程施工及验收规范》（2003 年版）GB 50299—1999 8.1.2-2　结构表面应无渗漏裂缝，无缺棱、掉角，管片接缝严密。其允许偏差应符合本规范第 8.6.5 条规定。 8.6.5　管片拼装后，应按本规范附录 C 表 C-9 进行记录，并进行检验，其质量应满足设计要求，当设计未做具体要求时，应符合下列规定： 1　管片在盾尾内拼装完成时，偏差宜控制为：高程和平面 ±50mm；每环相邻管片高差 5mm，纵向相邻环管片高差 6mm。 2　在地铁隧道建成后，中线允许偏差为：高程和平面 ±100mm，且衬砌结构不得侵入建筑限界；每环相邻管片允许高差 10mm，纵向相邻环管片允许高差 15mm；衬砌环直径椭圆度小于 5‰； 3　环向及纵向螺栓应全部安装，螺栓应拧紧。 •《盾构法隧道施工及验收规范》GB 50446—2017 9.3.1　管片不得有内外贯穿裂缝、宽度大于 0.2mm 的裂缝及混凝土剥落现象。 9.4.1　当已拼装完成的钢筋混凝土管片表面出现本规范第 6.6.2 条中规定的一般缺陷时，应及时修补。修补后质量应符合验收要求。 6.6.2　钢筋混凝土管片质量应符合下列规定： 1　应按设计要求进行成品的结构性能检验，检验结果应符合设计要求。 2　混凝土强度等级和抗渗等级等性能应符合设计要求。 3　中心注浆孔预埋件应进行抗拉拔试验，试验结果应符合设计要求；当设计无要求时，抗拉拔力不应低于管片自重的 7 倍。 4　钢筋混凝土管片外观质量不应有严重缺陷；当出现一般缺陷时，应采取技术措施进行处理，管片外观质量缺陷等级划分应符合表 6.6.2-1 的规定。

表 6.6.2-1　钢筋混凝土管片外观质量缺陷等级划分

名称	缺陷描述	缺陷等级
露筋	管片内钢筋未被混凝土包裹而外露	严重缺陷
蜂窝	混凝土表面缺少水泥砂浆而形成石子外露	严重缺陷
孔洞	混凝土中出现深度和最大长度均超过保护层厚度的孔穴	严重缺陷
	混凝土中有少量深度或最大长度未超过保护层厚度的孔穴	一般缺陷
夹渣	混凝土内夹有杂物且深度达到或超过保护层厚度	严重缺陷
	混凝土内夹有少量杂物且深度小于保护层厚度	一般缺陷
疏松	混凝土局部不密实	严重缺陷
裂缝	从管片混凝土表面延伸至内部且超过设计给出的允许宽度或深度的裂缝	严重缺陷
	其他少量不影响管片结构性能或使用功能的裂缝	一般缺陷
预埋部位缺陷	管片预埋件松动	严重缺陷
	预埋部位存在少量麻面、掉皮或掉角	一般缺陷

	名称	缺陷描述	缺陷等级
规范标准及相关规定	外形缺陷	外弧面混凝土破损到密封槽位置	严重缺陷
		存在少量且不影响结构性能或使用功能的棱角磕碰、翘曲不平或飞边凸肋等	一般缺陷
	外表缺陷	密封槽及平面转角部位的混凝土有剥落缺损	一般缺陷
		其他部位的混凝土表面有少量麻面、掉皮、起砂或少量气泡等	一般缺陷

原因分析	1. 管片质量存在未检查到的贯穿裂缝。 2. 管片拼装存在缺陷。 3. 隧道出现不均匀沉降，管片受力不均，盾尾间隙过小
防治措施及通用做法	1. 加强对进场管片的检查，对不合格管片进行更换。 2. 加强管片拼装时的质量控制，避免出现管片破损，特殊情况下考虑增大管片软木衬垫厚度来加强管片接触面之间缓冲。 3. 对部分存在空洞地层进行预注浆加固保护
工程质量缺陷照片	 图 3.2.9-1　管片裂纹
工程实例照片	 图 3.2.9-2　管片修补　　　图 3.2.9-3　修补后的管片

3.2.10 管片螺栓松动、缺少螺帽、垫片

通病现象	管片螺栓因管片错台、未进行复紧等原因造成松动，螺帽、垫片缺失
规范标准及相关规定	•《地下铁道工程施工及验收规范》（2003年版）GB 50299—1999 　8.6.4　钢筋混凝土管片拼装成环时，其连接螺栓应先逐片初步拧紧，脱出盾尾后再次拧紧。当后续盾构掘进至每环管片拼装之前，应对相邻已成环的3环范围内管片螺栓进行全面检查并复紧。 　8.6.5-3　环向及纵向螺栓应全部安装，螺栓应拧紧。 •《盾构法隧道施工及验收规范》GB 50446—2017 　9.3.3　螺栓质量及拧紧度应符合设计要求
原因分析	1. 拼装质量不好，导致相邻管片之间错位严重，螺栓无法完全穿进。 2. 螺栓加工质量不好，螺纹的尺寸差，造成螺母松动或无法拧紧。 3. 施工过程中只注意进度，忽视了螺栓拧紧的工作，有时甚至出现螺栓上未套螺母的情况。 4. 未及时进行复紧，尤其是底部和两肩部位的螺栓，复紧难度大，往往漏拧。 5. 临时安装在管片螺栓上的设施拆除后未及时复紧螺栓
防治措施及通用做法	1. 提高管片拼装质量，及时纠正环面不平或环面与隧道轴线不垂直等情况，使每个螺栓都能正确地穿过螺孔，未穿入螺栓的管片，可采用特殊工具对螺栓孔进行扩孔，使螺栓可以穿过，对不能穿过的孔换用小直径、等强度的螺栓。 2. 严格控制螺栓的加工质量，定期抽查，发现问题及时更换。不符合质量要求的螺栓应予以退换。 3. 加强施工管理，做好自检、互检、抽检工作，确保螺栓穿进及拧紧。 4. 螺栓必须三次紧固，并保证复紧后螺栓扭矩达到设计要求。 5. 对所有临时安装于管片螺栓上的设施，安排专人监管拆除后对应螺栓复紧工作，确保每一个螺栓均能套上螺母
工程质量缺陷照片	 图3.2.10-1　管片螺栓松动
工程实例照片	 图3.2.10-2　螺栓复紧　　　　　图3.2.10-3　复紧后的螺栓

3.2.11　轨行区盾构段排水沟边连接螺栓孔未封闭

通病现象	排水沟边连接螺栓孔未封闭，长期浸水导致螺栓腐蚀、断裂
规范标准及相关规定	•《地下防水工程质量验收规范》GB 50208—2011 6.3.18　管片的环向及纵向螺栓应全部穿进并拧紧；衬砌内表面的外露铁件防腐处理应符合设计要求
原因分析	1. 设计图纸未明确规定排水沟两侧螺栓孔需封闭。 2. 水沟面标高与螺栓孔持平，螺栓长期被水浸泡
防治措施及通用做法	1. 设计图纸需明确排水沟附近螺栓孔需进行封闭。 2. 为保证隧道运营后因水量过大导致螺栓浸泡生锈，现场施工水沟面至道床面高度之间所有螺栓孔均应进行封闭
工程质量缺陷照片	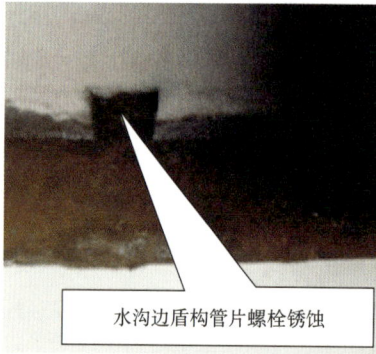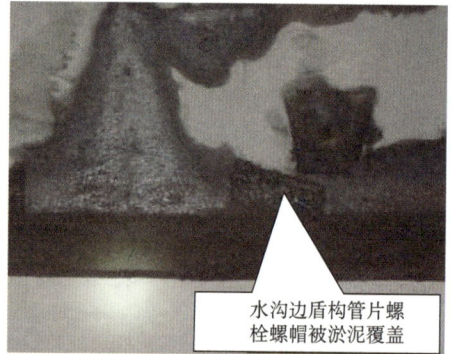 水沟边盾构管片螺栓锈蚀　　水沟边盾构管片螺栓螺帽被淤泥覆盖 图 3.2.11-1　排水沟两侧管片螺栓孔未封堵前
工程实例照片	 图 3.2.11-2　排水沟两侧管片螺栓孔封堵后

3.2.12　管片拱腰以上附着物清理不完全

通病现象	拱顶、拱腰的手孔水泥封堵块因堵漏、漏清等原因未完全清除
相关规定	•运营一般要求：为保证行车运营安全，需对管片附着物进行清理

原因分析	1. 隧道堵漏时手孔封堵块未及时清除。 2. 清除时存在漏清现象。 3. 拱顶破损管片清除，临时嵌缝
防治措施及 通用做法	1. 在堵漏完成且堵漏灌浆材料达到强度后及时清除所有封堵块。 2. 安排专人进行跟踪处理，保证清除完全无残留。 3. 尽量采取其他措施，避免手孔封堵止水
工程质量 缺陷照片	 图 3.2.12-1 拱顶、拱腰的手孔水泥封堵块未清除
工程实例 照片	 图 3.2.12-2 人工清理封堵块　图 3.2.12-3 洒水清理封堵块剩余残渣

3.2.13 成型隧道管片清理不干净

通病现象	成型隧道管片清理不干净
规范标准及 相关规定	• 《地下铁道工程施工及验收规范》（2003 年版）GB 50299—1999 1.0.4 施工现场及周围环境应保持清洁，减少对交通干扰，严格控制地面变形和环境污染，做到文明施工
原因分析	1. 盾构推进时受台车及出土系统影响。 2. 施工管理不到位。 3. 隧道施工过程中污染的管片未及时清洗
防治措施及 通用做法	1. 施工过程严格把控文明施工管理，保持隧道上部清洁度。 2. 按照相关轨行区移交管理办法，盾构区间贯通后组织专业队伍对隧道手孔、缝隙等进行全断面清理。 3. 盾构每推进一个作业循环后，尾部台车拖出后对所有管片进行全断面清理

工程质量缺陷照片	 图 3.2.13-1　成型隧道管片被污染
工程实例照片	 图 3.2.13-2　轨行区移交

3.2.14　泵房排水管开口位置不当导致排水不畅

通病现象	泵房排水管因开口位置不当导致排水不畅,甚至无法排水
规范标准及相关规定	•《铁路隧道工程施工质量验收标准》TB 10417—2003 　8.1.4　衬砌背后设置排水盲管(沟)或暗沟和隧道底设置中心排水盲沟时,应根据坑道的渗水情况,配合衬砌一次施工,施工中应防止混凝土或压浆浆液浸入盲沟内堵塞水路。盲沟、暗沟、泄水槽及其中配置的集水钻孔排水孔(槽)和水管应组成完整的排水系统并应符合设计要求
原因分析	1.测量排水管标高放样错误。 2.联络通道排水管施工未在隧道贯通测量后进行,隧道贯通测量后轨面标高高于设计标高。 3.作业人员未按图施工
防治措施及通用做法	1.排水管施工测量至少经过2人复核后进行施工,形成技术交底下发到作业人员。 2.排水管标高需和贯通测量标高进行比较,出现偏差及时与设计单位沟通,下发设计联系单明确具体施工方案,按照设计联系单进行施工。 3.排水管道开孔时,应遵循"宁低勿高"的原则

| 工程质量缺陷照片 |
图 3.2.14-1　排水管位置过高 |
| 工程实例照片（参考图示） |
图 3.2.14-2　废水泵房排水管设计图　图 3.2.14-3　排水管修改前后位置关系 |

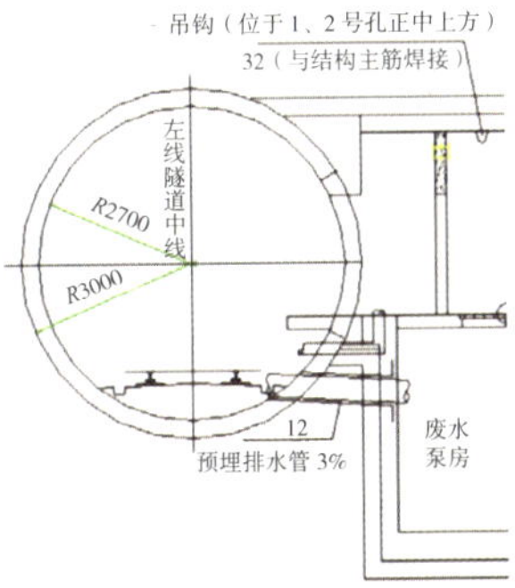

3.2.15　盾构空推段管片上浮

通病现象	盾构空推过程中因管片填充注浆不密实等原因造成管片上浮
规范标准及相关规定	·《地下铁道工程施工及验收规范》（2003 年版）GB 50299—1999 8.4.4　盾构掘进中应严格控制中线平面位置和高程，其允许偏差均为 ±50mm，发现偏离应逐步纠正，不得猛纠硬调
原因分析	1. 空推过程中豆砾石填充不密实。 2. 同步注浆、二次注浆不饱满，存在上浮空间，在上部填充不密实的情况下，浆液和水产生的浮力促使管片上浮
防治措施及通用做法	1. 在盾构空推通过前在矿山法隧道顶部预埋管路，保证管片与矿山法隧道初支间间隙填充密实。 2. 空推过程中在刀盘两侧堆砌袋装豆砾石，开启下部两路同步注浆管进行同步注浆，保证腰部以下区域的豆砾石能被浆液固结。 3. 在盾尾后方 7~8 环进行二次注浆，浆液采取注浆量控制，保证注浆量。在盾尾脱离矿山法隧道后及时在封堵墙附近施作双液浆止水环，并在矿山法隧道内二次注入水泥浆，固结顶部豆砾石。

防治措施及通用做法	4. 螺栓及时进行二次复紧，提高管片整体抗拉浮能力。 5. 及时测量，做到早发现、早处理。 6. 过空推段时，可在管片吊装位置加装钢楔子固定，防止因上部空隙而导致上浮
工程质量缺陷照片	 图3.2.15-1　管片上浮
工程实例照片	 图3.2.15-2　刀盘前方堆载豆砾石　　图3.2.15-3　及时进行二次注浆

3.3　防水工程

3.3.1　管片拼缝渗漏水

通病现象	管片因靴板、盾尾间隙、止水条破损等原因导致拼缝渗漏水
规范标准及相关规定	•《地下铁道工程施工及验收规范》（2003年版）GB 50299—1999 8.8.2　钢筋混凝土管片拼装前应逐块对粘贴的防水密封条进行检查，拼装时不得损坏防水密封条。当隧道基本稳定后应及时进行嵌缝防水处理。 •《盾构法隧道施工与验收规范》GB 50446—2017 11.2.2　防水密封条粘贴应符合下列规定： 1 应按管片型号选用； 2 变形缝、柔性接头等接缝防水的处理应符合设计要求； 3 密封条在密封槽内应套箍和粘贴牢固，不得有起鼓、超长或缺口现象，且不得歪斜、扭曲

原因分析	1. 靴板挤压:盾构机推进油缸靴板面为一整个平面,在推进时会挤压管片止水条,造成止水条被挤压变形或粘结不牢,从而造成渗漏。 2. 盾尾间隙:盾构机在推进过程中控制不好会造成一侧间隙过小,从而影响管片的拼装质量,造成破损和渗水,在挤压力过大的情况下形成管片裂缝。 3. 管片螺栓未拧紧:管片螺栓未按设计要求拧紧,拧紧扭矩不足以将止水条挤压密实,造成拱顶渗漏。 4. 同步注浆时拱顶未填充密实:管片拼装时局部止水条破损,同步注浆时充盈系数偏小或压力不足,导致拱顶未填充密实,拱顶渗漏水。 5. 止水条局部破损:止水条未粘贴牢固,在存放、吊装、运输、拼装的过程中出现脱胶、破损现象,拼装时表面杂物未清理干净,造成管片拼缝渗漏
防治措施及 通用做法	1. 对盾构机靴板进行改造,改造后在掘进过程中对管片止水条无挤压,并确保靴板与管片的接触面积。 2. 加强推进过程中的盾构机姿态控制,确保盾尾间隙尽量均匀。 3. 加强螺栓拧紧扭矩控制。 4. 对成型管片及时进行二次注浆。 5. 加强对止水条粘贴质量控制,严格按照止水条粘贴技术交底施工,对在存放、吊装、运输、拼装的过程中出现脱胶、破损要做返工处理
工程质量 缺陷照片	 图 3.3.1-1 纵缝、环缝渗漏水
工程实例 照片	 图 3.3.1-2 盾尾间隙量测　　　图 3.3.1-3 二次注浆

3.3.2 管片吊装孔渗漏水

通病现象	管片因等注浆质量等原因导致吊装孔渗漏水
规范标准及相关规定	•《地铁设计规范》GB 50157—2013 12.1.5-2 区间隧道及连接通道等附属的隧道结构防水等级应为二级，顶部不得滴漏，其他部位不得漏水；结构表面可有少量湿渍，总湿渍面积不应大于总防水面积的 2/1000，任意 $100m^2$ 防水面积的湿渍不应超过 3 处，单个湿渍的最大面积不应大于 $0.2m^2$
原因分析	1. 同步注浆未填充密实。 2. 二次注浆后封孔效果不好。 3. 管片吊装孔位置外侧预留保护层厚度不足
防治措施及通用做法	1. 加强注浆质量控制，加强管片预制质量控制，保证其保护层厚度。 2. 少量渗水时，可先将吊装孔内清除干净，用速硬微膨胀水泥封满孔，然后快速拧紧堵头。 3. 出水量较大时，可先在吊装孔安装阀门直接压注适量双液浆（水泥–水玻璃），然后加装堵头，封孔材料宜选防水砂浆等材料
工程质量缺陷照片	 图 3.3.2-1 吊装孔渗漏水
工程实例照片	 图 3.3.2-2 注浆针头埋设　　图 3.3.2-3 渗漏注浆

3.3.3 管片螺栓孔渗漏水

通病现象	管片因遗漏防水垫圈、注浆质量等原因导致螺栓孔漏水
规范标准及相关规定	•《地下铁道工程施工及验收规范》（2003 年版）GB 50299—1999 8.8.3 钢筋混凝土管片拼装接缝连接螺栓孔之间应按设计加设防水垫圈。必要时，螺栓孔与螺杆间应采取封堵措施。 •《盾构法隧道施工及验收规范》GB 50446—2008 9.3.7 螺栓孔橡胶密封圈应符合设计要求，不应遗漏，且不宜外露
原因分析	1. 管片有裂缝且裂缝穿过止水带。 2. 注浆时未填充密实。 3. 止水带止水效果不好。 4. 遇水膨胀防水垫圈尺寸与螺栓不匹配
防治措施及通用做法	1. 加强对螺栓安装质量控制。 2. 加强对同步注浆质量控制。 3. 清理干净螺栓孔表面的污染物，找出渗漏的位置，用电钻斜向钻孔，确保钻孔和螺栓孔相通，用快干高强砂浆封闭螺栓孔的根部，钻孔处装上专用注浆针头，用高压灌浆设备向孔内灌浆
工程质量缺陷照片	 图 3.3.3-1 螺栓孔渗漏水
工程实例照片	 图 3.3.3-2 遇水膨胀防水垫圈　　图 3.3.3-3 二次注浆

3.3.4 联络通道及泵房渗漏水

通病现象	联络通道及泵房因止水带漏埋、防水层破损等原因导致渗漏水
规范标准及相关规定	• 《地下工程防水技术规范》GB 50108—2008 8.1.12-3 连接通道与盾构隧道接头应选用缓膨胀型遇水膨胀类止水条（胶）、预留注浆管以及接头密封材料。 • 《地下铁道工程施工及验收规范》（2003 年版）GB 50299—1999 9.5.1-1 止水带宽度和材质的物理性能均应符合设计要求，且无裂纹和气泡
原因分析	1. 暗挖渗漏，初支渗漏未处理。 2. 联络通道与盾构主体结构处外贴式止水带、止水胶、水膨胀止水胶漏埋或定位不准确。 3. 二衬回填注浆不密实。 4. 混凝土振捣不密实
防治措施及通用做法	1. 及时处理初支渗漏点，并做好二衬回填注浆。 2. 在盾构隧道与通道连接处可考虑利用管片注浆孔对围岩进行注浆止水。 3. 加强二衬回填注浆质量检测。 4. 加强混凝土浇筑过程质量管理，保证混凝土浇筑质量
工程质量缺陷照片	 图 3.3.4-1 联络通道洞口位置渗漏水　　图 3.3.4-2 注浆管漏埋
工程实例照片	 图 3.3.4-3 集水井防水层施工　　图 3.3.4-4 施工完成的联络通道

3.3.5 管片防水密封条脱落破损

通病现象	管片防水材料粘贴未按要求涂刷、晾置等原因导致渗漏水
规范标准及相关规定	•《盾构法隧道施工及验收规范》GB 50446—2017 9.3.2 管片防水密封质量应符合设计要求，不得缺损，粘贴应牢固、平整。 9.3.6 粘贴管片防水密封条前应将管片密封槽清理干净，粘贴后的防水密封条应牢固、平整和严密、位置应正确，不得有起鼓、超长和缺口现象
原因分析	1. 未将管片环纵接触面及预留粘结止水带的沟槽清理干净，胶粘剂未按要求涂刷，涂刷后未按要求凉置，防水密封条粘贴后，未用木榔头等敲击，导致粘贴不牢固、不平整。 2. 防水密封条在粘贴好后，遇水受潮。 3. 防水密封条在运输拼装过程中磕碰
防治措施及通用做法	1. 固定人员粘贴防水密封条，专人逐片验收粘贴质量。 2. 加强对管片运输过程保护，运输至拼装现场后，由专人对管片防水粘结质量进行复检。 3. 防水密封条粘贴后，做好管片防潮防雨覆盖的保护措施。 4. 对管片角隅进行保护，防止运输过程刮碰，导致防水密封条脱落
工程质量缺陷照片	 图 3.3.5-1 止水条缺失　　图 3.3.5-2 止水条鼓包
工程实例照片	 图 3.3.5-3 胶粘剂涂刷　　图 3.3.5-4 半成品管片防雨覆盖

3.3.6 盾构空推段渗漏水

通病现象	盾构过空推段时因止水条无法压紧、注浆无法密实等原因导致渗漏水
规范标准及相关规定	•《地铁设计规范》GB 50157—2013 12.1.5-2　区间隧道及连接通道等附属的隧道结构防水等级应为二级，顶部不得滴漏，其他部位不得漏水；结构表面可有少量湿渍，总湿渍面积不应大于总防水面积的 2/1000，任意 $100m^2$ 防水面积的湿渍不应超过 3 处，单个湿渍的最大面积不应大于 $0.2m^2$
原因分析	1. 盾构机依靠盾体与导台的摩擦力压紧管片，摩擦力有限时，止水条无法紧密。 2. 刀盘前是临空面，喷射豆粒石无法填满管片与初支之间的空隙。 3. 同步注浆到一定高度后会从刀盘前流出，导致管片与初支之间存在空隙。 4. 空推一段长度后，管片背后空隙充满地下水，二次注浆无法有效排除，导致管片上浮。 5. 管片螺栓复紧不到位
防治措施及通用做法	1. 严格控制导台精度，空推段预先堆填一定高度和长度的豆粒石。 2. 及时在盾尾喷射豆粒石，填充数量及高度（一般至少达到 2 点、10 点位以上）必须满足约束管片变形、错台的要求。 3. 及时进行同步注浆，注浆量和液面高度（原则上高于 2 点、10 点位以上）满足排干孔隙水要求。 4. 二次注浆前利用吊装孔适当的位置向隧道内开孔泄压排水，防止管片上浮。 5. 在地表具备条件时盾构空推前预先打好注浆孔，空推完成后再行注浆。 6. 盾构机全部进入土体后，增加盾构机总推力，再次复紧空推段管片螺栓
工程质量缺陷照片	 图 3.3.6-1　止水条失效导致管片渗漏水
工程实例照片	 图 3.3.6-2　空推段预先堆填豆粒石　　图 3.3.6-3　空推成型隧道

第4章 区间暗挖隧道工程

4.1 隧道开挖与初期支护

4.1.1 隧道开挖进尺、台阶长度控制不规范

通病现象	单次开挖进尺过大，导致初期支护不及时；台阶法施工时，台阶错开长度过大
规范标准及相关规定	•《地下铁道工程施工及验收规范》（2003年版）GB 50299—1999 7.5.13 隧道开挖循环进尺，在土层和不稳定岩体中为0.5~1.2m；在稳定岩体中为1~1.5m。 7.5.17 隧道台阶法施工，一次循环开挖长度，稳定岩体不应大于4m，土层和不稳定岩体不应大于2m。 •一般要求：台阶错开长度要求一般为不超过1倍洞径
原因分析	1. 盲目追求进度，单次开挖进尺过大。 2. 上台阶过短，工序间相互干扰严重，机械设备的工作效率大大受阻，施工进度缓慢。 3. 上台阶过长，初支未及时封闭，影响施工安全
防治措施及通用做法	1. 严格按规范及设计要求控制单次开挖进尺。 2. 合理安排工序，上下台阶有序开挖。 3. 仰拱施工采用栈桥，不影响掌子面开挖施工。 4. 初期支护及时封闭成环
工程质量缺陷照片	 图 4.1.1-1 开挖进尺过大导致掌子面塌方

工程实例照片		
	图 4.1.1-2 上下台阶有序开挖，仰拱使用栈桥	图 4.1.1-3 台阶法施工

4.1.2 隧道超欠挖量超标

通病现象	隧道断面轮廓平整度较差，凹凸不平
规范标准及相关规定	·《地下铁道工程施工及验收规范》（2003 年版）GB 50299—1999 7.5.14 隧道应按设计尺寸严格控制开挖断面，不得欠挖，其允许超挖值应符合表 7.5.14 规定。 表 7.5.14 隧道允许超挖值（mm） (见下表)

表 7.5.14 隧道允许超挖值（mm）

隧道开挖部位	岩层分类							
	爆破岩层						土质和不需爆破岩层	
	硬岩		中硬岩		软岩		平均	最大
	平均	最大	平均	最大	平均	最大		
拱部	100	200	150	250	150	250	100	150
边墙及仰拱	100	150	100	150	100	150	100	150

注：超挖或小规模坍方处理时，必须采用耐腐蚀材料回填，并做好回填注浆

原因分析	1. 钻眼的偏差是产生超欠挖的主要原因，其中包括开眼偏差、方向偏差、岩石内的附加偏差等。 2. 爆破设计参数选择不合理，其中包括掏槽方式不合理，周边眼的间距不合理，周边的装药结构和药量控制不当等。 3. 测量放线。地质条件、现场管理等方面的原因
防治措施及通用做法	1. 在开挖过程中，随着围岩节理裂隙的变化，钻孔位置和角度、周边眼的参数等要做相应的调整。 2. 提高钻孔和测量放线精度。 3. 采取合理爆破技术。 4. 加强施工管理和组织施工

工程质量 缺陷照片	 图 4.1.2-1　隧道超欠挖
工程实例 照片	 图 4.1.2-2　光面爆破　　　　图 4.1.2-3　炮孔精确布置 图 4.1.2-4　聚能水压爆破光面爆破

4.1.3　超前预注浆加固效果不理想

通病现象	超前预注浆后，围岩裂隙水充填效果差，软弱和破碎围岩加固效果不理想，造成开挖风险大
规范标准及 相关规定	·《地下铁道工程施工及验收规范》（2003 年版）GB 50299—1999 7.3.11　注浆过程中应根据地质、注浆目的等控制注浆压力。注浆结束后应检查其效果，不合格者应补浆。注浆浆液达到设计强度后方可进行开挖
原因分析	1.注浆方式和注浆工艺选择不当。 2.注浆压力未根据岩性、施工条件等因素在现场试验确定。 3.注浆效果检查不到位，未采取补浆处理

防治措施及通用做法	1. 注浆采用双控指标（注浆量、注浆压力），并通过现场工艺性试验确定注浆压力。 2. 加强临时封面厚度，或增加工字钢横撑于拱架前方，确保临时封面稳定。 3. 注浆后，应检查止水效果和围岩加固效果，如不合格应补浆
工程质量缺陷照片	 图 4.1.3-1　超前预注浆效果差，导致开挖后漏水
工程实例照片	 图 4.1.3-2　超前预注浆施工　　图 4.1.3-3　隧道注浆加固后效果图

4.1.4　超前小导管施工不规范

通病现象	超前小导管施工间距、长度、注浆量等施工方面不符合设计要求
规范标准及相关规定	•《地下铁道工程施工及验收规范》（2003 年版）GB 50299—1999 　7.3.2　导管和管棚安装前应将工作面封闭严密、牢固，清理干净，并测放出钻设位置后方可施工。 　7.3.3　导管采用钻孔施工时，其孔眼深度应大于导管长度；采用锤击或钻机顶入时，其顶入长度不应小于管长的 90%。 　7.3.5　导管和管棚注浆应符合下列规定： 　1　注浆浆液宜采用水泥或水泥砂浆，其水泥浆的水灰比为 0.5~1，水泥砂浆配合比为 1：0.5~3； 　2　注浆浆液必须充满钢管及周围的空隙并密实，其注浆量和压力应根据试验确定
原因分析	1. 钻孔位置不准确，导致开挖后小导管侵限，注浆不饱满。 2. 注浆浆液水灰比不满足要求。 3. 注浆管的布置角度及深度不满足要求。 4. 注浆压力未根据岩性、施工条件等因素在现场试验确定

防治措施及通用做法	1．测量准确放样，并按设计要求外插角钻孔。 2．注浆采用双控指标，即通过现场工艺性试验，按设计所给控制指标调整水灰比及注浆压力，检测注浆土体无侧限抗压强度，确定适用的注浆指标。 3．钻孔时采用自制或专用角度仪控制钻孔角度。 4．钻孔时深度必须大于导管长度
工程质量缺陷照片	 图 4.1.4-1　小导管施工不规范导致开挖后拱顶塌方　图 4.1.4-2　安设角度不符合设计要求
工程实例照片	 图 4.1.4-3　超前小导管施工规范

4.1.5　系统锚杆安设不规范

通病现象	系统锚杆安设长度、布置数量、注浆量、打孔角度等不符合设计要求
规范标准及相关规定	•《地下铁道工程施工及验收规范》（2003 年版）GB 50299—1999 　7.6.15　锚杆应在初期支护结构喷射混凝土后及时安装。 　7.6.16　锚杆钻孔孔位、孔深和孔径等应符合设计要求，允许偏差为：孔位 ±150mm。孔深，水泥砂浆锚杆 ±50mm，楔缝式锚杆 $^{+30}_{0}$ mm，胀壳式锚杆 $^{+50}_{0}$ mm；孔径，水泥砂浆锚杆应大于杆体直径 15mm，楔缝式锚杆应符合设计要求，胀壳式锚杆应小于杆体直径 1~3mm。 　7.6.17　锚杆安装应符合下列要求： 　1　安装前应将孔内清理干净； 　2　水泥砂浆锚杆杆体应除锈、除油，安装时孔内砂浆应灌注饱满，锚杆外露长度不应大于 100mm

原因分析	1. 锚杆锚入岩层深度不足,拉拔力不满足设计要求。 2. 开挖后直接施作锚杆,导致拱顶掉块。 3. 砂浆(药卷)不饱满,孔内空气未排净或孔内杂物未清理。 4. 锚杆打设角度不符合要求
防治措施及 通用做法	1. 钻锚杆孔前,应根据设计要求和围岩情况,定出孔位,做出标记。 2. 锚杆安装时应做好:锚杆原材料型号、规格、品种及锚杆各部件质量和技术性能符合设计要求。保证锚杆孔位、孔径、孔深及布置形式符合设计要求。孔内积水和岩粉应吹洗干净。 3. 在Ⅳ、Ⅴ级围岩及特殊地质围岩中开挖隧道,应先喷混凝土,再安装锚杆,并应在锚杆孔钻完后及时安装锚杆杆体。锚杆尾端的托板应紧贴壁面,未接触部位必须楔紧。锚杆杆体露出岩面的长度不应大于喷射混凝土的厚度
工程质量 缺陷照片	 图4.1.5-1　打设角度及深度不满足 设计要求　　图4.1.5-2　系统锚杆未安装锚垫板
工程实例 照片	 图4.1.5-3　锚杆打设

4.1.6　钢筋网片施工不规范

通病现象	钢筋网片安装平整度不够,搭接长度及牢固度不够
规范标准及 相关规定	•《地下铁道工程施工及验收规范》(2003年版) GB 50299—1999 7.6.6　钢筋网铺设应符合下列规定: 1　铺设应平整,并与格栅或锚杆连接牢固; 2　钢筋格栅采用双层钢筋网时,应在第一层铺设好后再铺第二层; 3　每层钢筋网之间应搭接牢固,且搭接长度不应小于200mm

原因分析	1. 钢筋网片铺设不平整，导致初支面凹凸不平。 2. 钢筋网片未按设计要求全环（拱顶）施作，导致初支开裂。 3. 钢筋网片搭接长度不足
防治措施及 通用做法	1. 欠挖部位处理完成后再铺设钢筋网片，铺设时拉线辅助。 2. 严格按设计要求铺设钢筋网片。 3. 每循环钢筋网片铺设后，端头预留 200mm 长，以便下一循环搭接。 4. 加强钢筋网片加工质量
工程质量 缺陷照片	 图 4.1.6-1　钢筋网片铺设不及时　　　图 4.1.6-2　钢筋网片搭接不合格
工程实例 照片	 图 4.1.6-3　钢筋网片加工　　　　图 4.1.6-4　钢筋网片安装

4.1.7　格栅钢架施工不规范

通病现象	格栅钢架安装底部悬空，连接板连接不牢固，拱架安装垂直度不满足规范要求等
规范标准及 相关规定	• 《地下铁道工程施工及验收规范》（2003 年版）GB 50299—1999 　7.6.1　钢筋格栅和钢筋网宜在工厂加工。钢筋格栅第一榀制作好后应试拼，经检验合格后方可进行批量生产。 　7.6.5　钢筋格栅安装应符合下列规定： 　1　基面应坚实并清理干净，必要时应进行预加固。 　2　钢筋格栅应垂直线路中线，允许偏差为：横向 ±30mm，纵向 ±50mm，高程 ±30mm，垂直度 5‰。 　3　钢筋格栅与壁面应楔紧，每片钢筋格栅节点及相邻格栅纵向必须分别连接牢固

原因分析	1.拱架焊接质量差，弧度及半径不符合图纸要求，导致安装困难。 2.部分开挖面侵限导致拱架无法安装。 3.拱架连接板联结不牢固，安装松动。 4.拱架悬空。 5.拱架间距过大，不满足设规范及设计要求
防治措施及 通用做法	1.拱架加工采用固定模具，在第一榀拱架制作好后试拼并经监理检查合格后再批量生产。 2.拱架安装前先处理开挖面侵限，再安装拱架。 3.拱架安装时，拱脚及拱顶测量定位，确保拱架垂直度满足要求。 4.隧道下部开挖后，及时接长拱架，控制隧道下部单次循环进尺
工程质量 缺陷照片	采用砖块垫， 不牢固　　　拱架接头 脱空 拱架基础 悬空　　　采用石块垫， 不牢固 图 4.1.7-1　拱架施工不规范
工程实例 照片	图 4.1.7-2　拱架试拼　　图 4.1.7-3　拱架加工 采用固定模具　　图 4.1.7-4　拱架安装后 效果图

4.1.8 锁脚锚管（杆）施工不规范

通病现象	锁脚锚管（杆）施工长度不够，未注浆，与钢架连接不牢固等
规范标准及相关规定	•《铁路隧道工程施工安全技术规程》TB 10304—2009 　7.6.4　钢架节段及钢架之间应及时连接牢固，防止倾倒，钢架背后的空隙必须用喷射混凝土充填密实，严禁背后填充片石等其他材料；钢架安装完成后应及时施作锁脚锚杆（管），并与之连接牢固，钢架底脚严禁悬空或置于虚渣上。 　7.6.5　采用分部法开挖的隧道，下部开挖后钢架应及时接长、落底，严禁钢架底脚悬空以及两侧同时开挖接长，且应根据围岩情况控制开挖长度，底脚应增设锁脚锚杆（管）
原因分析	1. 锁脚锚管未按要求进行注浆。 2. 锚杆打设位置及打设角度误差太大。 3. 锁脚锚杆打设长度不足。 4. 锁脚锚杆与钢架连接不牢固
防治措施及通用做法	1. 锁脚锚管必须进行注浆，检查时敲击锚杆管壁，检查是否注浆。 2. 锚管打设角度及位置位于紧贴钢架两侧，角度向下倾斜15°左右。 3. 锚杆与钢架采用L形钢架帮焊联结。 4. 锚杆（锚管）应按照设计数量施工
工程质量缺陷照片	 图 4.1.8-1　锁脚锚管未注浆　　图 4.1.8-2　锁脚锚管与钢架焊接不牢固
工程实例照片	 图 4.1.8-3　锁脚锚管已注浆且采用L形钢架帮焊

4.1.9 喷射混凝土面不平整

通病现象	喷射混凝土面平整度不够,喷射厚度不符合设计要求
规范标准及相关规定	•《地下铁道工程施工及验收规范》(2003年版)GB 50299—1999 7.6.14-3 喷射混凝土应密实、平整、无裂缝、脱落、漏喷、漏筋、空鼓、渗漏水等现象。平整度允许偏差为30mm,且矢弦比不应大于1/6
原因分析	1. 喷射混凝土强度、厚度不够。 2. 光爆效果差,开挖时超挖过大。 3. 未分层喷射,一次喷射厚度过大导致初喷混凝土掉块。 4. 喷射混凝土回填量大,配合比不合理。
防治措施及通用做法	1. 喷射混凝土之前在岩壁上钉钢筋作为厚度标尺,并做好养护工作。 2. 喷射混凝土作业应采用分段、分片、分层依次进行,喷射顺序应自下而上,分段长度不宜大于6m,喷射混凝土时拉水平施工线辅助。 3. 使用合理的喷射混凝土,控制回弹量。 4. 配备操作熟练的操作手
工程质量缺陷照片	 图 4.1.9-1 喷射混凝土表面不平整
工程实例照片	 图 4.1.9-2 分层分段喷射混凝土 图 4.1.9-3 喷锚后效果图

4.1.10 开挖后初期支护不及时

通病现象	开挖后未及时施工初期支护
规范标准及相关规定	•《地下铁道工程施工及验收规范》（2003 年版）GB 50299—1999 　7.1.2　隧道喷锚暗挖施工应充分利用围岩自承作用，开挖后及时施工初期支护结构并适时闭合，当开挖面围岩稳定时间不能满足初期支护结构施工时，应采取预加固措施。 　7.5.12　隧道在稳定岩体中可先开挖后支护，支护结构距开挖面宜为 5~10m；在土层和不稳定岩体中，初期支护的挖、支、喷三环节必须紧跟，当开挖面稳定时间满足不了初期支护施工时，应采取超前支护或注浆加固措施
原因分析	1. 迫于工期压力抢进度，初支未及时跟进。 2. 在围岩较好的情况下，凭经验蛮干。 3. 施工工序安排不合理，导致初支滞后
防治措施及通用做法	1. 加强现场管理。合理安排施工工序。 2. 严格按照设计及规范要求控制单循环进尺。 3. 围岩条件差的地段应及时封闭成环
工程质量缺陷照片	 图 4.1.10-1　隧道初支滞后
工程实例照片	 图 4.1.10-2　初支紧跟掌子面

4.1.11　初支背后回填注浆效果不理想

通病现象	初支裂缝、初支渗漏水等
规范标准及相关规定	•《地下铁道工程施工及验收规范》（2003 年版）GB 50299—1999 7.3.10　注浆孔距应经计算确定；壁后回填注浆孔应在初期支护结构施工时预留（埋），其间距宜为 2~5m；高压喷射注浆的喷射孔距宜为 0.4~2m。 7.3.11　注浆过程中应根据地质、注浆目的等控制注浆压力。注浆结束后应检查其效果，不合格者应补浆。注浆浆液达到设计强度后方可进行开挖。 7.6.14-3　喷射混凝土应密实、平整、无裂缝、脱落、漏喷、漏筋、空鼓、渗漏水等现象。平整度允许偏差为 30mm，且矢弦比不应大于 1/6
原因分析	1. 浆液配置不合格。 2. 初支裂缝、渗漏水、预埋注浆管堵塞等原因，导致回填注浆效果不理想。 3. 注浆压力过大，部分浆液回流至拱顶初支背后，导致未封闭的初支发生下沉。 4. 光面爆破效果差，注浆效果未及时检查
防治措施及通用做法	1. 严格按照设计配合比拌制浆液，控制浆液质量。 2. 注浆施工是遵循"先下后上、先洞门后洞内"方向进行，即先进行隧道低处、后高处，先进行拱腰注浆，后进行拱顶部位注浆。 3. 渗漏部位采用快硬水泥或者堵漏剂进行封堵，保证注浆质量。 4. 初支喷混凝土施工时，注意将预埋注浆管尾部用塑料袋封闭，防止注浆管堵塞
工程质量缺陷照片	 图 4.1.11-1　初支背后回填注浆效果不理想
工程实例照片	 图 4.1.11-2　隧道初支回填注浆结束，注浆管已割除

4.1.12 开挖面积水处理不及时

通病现象	开挖掌子面前仰拱存在大面积水
规范标准及相关规定	•《地下铁道工程施工及验收规范》（2003年版）GB 50299—1999 7.1.4 隧道开挖面必须保持在无水条件下施工。采用降水施工时，应按本规范第2章有关规定执行
原因分析	1. 地下水防治措施不到位。 2. 反坡隧道，排水不畅
防治措施及通用做法	1. 采用降水、注浆止水等措施处理。 2. 靠近开挖面位置设临时集水坑，采用水泵抽排方式排水。 3. 在隧道两侧设置临时排水沟
工程质量缺陷照片	 图 4.1.12-1 隧道开挖面积水
工程实例照片	 图 4.1.12-2 设临时集水坑抽排

4.1.13 初支断面侵限

通病现象	初支断面侵限，导致后期二衬施工厚度不足
规范标准及相关规定	·《铁路隧道喷锚构筑法技术规范》TB 10108—2002 4.3.2 喷锚衬砌的内轮廓应比整体式衬砌内轮廓线适当扩大，除考虑施工误差和位移量外，应再预留10cm作为必要时补强用
原因分析	1. 初支变形、沉降导致初支断面侵限。 2. 软弱围岩未预留初支沉落量，导致初支断面侵限。 3. 施工过程中控制不严，欠挖未处理，导致初支断面侵限
防治措施及通用做法	1. 隧道开挖采用光面爆破，初支及时封闭。 2. 根据监测结果，预留沉降量。 3. 初支前检查超欠挖，欠挖部位处理完成后再进行初支
工程质量缺陷照片	 图 4.1.13-1 初支钢架侵限
工程实例照片	 图 4.1.13-2 隧道初支

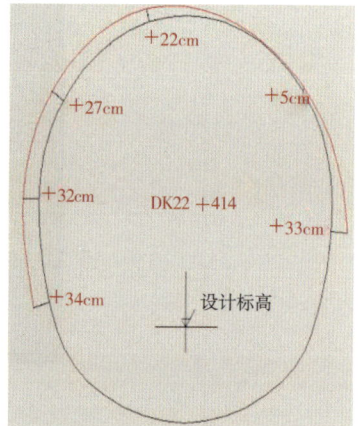

124

4.1.14 由硬岩向软岩过渡时，超前加固和超前支护措施不到位

通病现象	对前方围岩了解不足，超前支护不到位，导致开挖出现塌方等问题
规范标准及相关规定	•《地下铁道工程施工及验收规范》（2003 年版）GB 50299—1999 7.1.2 隧道喷锚暗挖施工应充分利用围岩自承作用，开挖后及时施工初期支护结构并适时闭合，当开挖面围岩稳定时间不能满足初期支护结构施工时，应采取预加固措施
原因分析	1. 未进行超前地质预报，对前方围岩了解不足。 2. 侥幸心理，对安全质量认识不足
防治措施及通用做法	1. 采用超前地质预报及超前水平钻孔方式，探明前方地质。 2. 严格按设计要求施作超前加固和超前支护措施
工程质量缺陷照片	 图 4.1.14-1 超前加固和超前支护措施不到位导致隧道掌子面塌方
工程实例照片	 图 4.1.14-2 隧道超前支护

4.2 隧道防水及二衬

4.2.1 防水板铺设质量不合格

通病现象	防水板铺设搭接长度、焊缝质量、松紧度等不合格，防水板有局部破损等
规范标准及相关规定	•《地下铁道工程施工及验收规范》（2003 年版）GB 50299—1999 7.7.4 防水层塑料卷材铺贴应符合下列规定： 1 卷材应沿隧道环向由拱顶向两侧依次铺贴，其搭接长度为长、短边均不应小于 100mm。 2 相邻两幅卷材接缝应错开，错开位置距结构转角处不应小于 600mm。 3 卷材搭接处应采用双焊缝焊接，焊缝宽度不应小于 10mm，且均匀连续，不得有假焊、漏焊、焊焦、焊穿等现象
原因分析	1. 热塑性圆垫圈与防水板未焊接，或焊接时烧坏。 2. 热塑性圆垫圈质量达不到设计的质量要求。 3. 拆除的临时仰拱工字钢接头没有抹平处理，容易造成防水板损坏。 4. 焊接二次衬砌钢筋对防水板不进行防护，造成防水板损坏。 5. 防水板固定点数量不足，导致防水板铺设过松或过紧
防治措施及通用做法	1. 挂设防水板前，仰拱预埋钢筋采用塑料管套在钢筋头上，防止钢筋头损坏防水板，焊接钢筋时在其周围用石棉水泥板进行遮挡，以免溅出火花烧坏防水板，灌筑二衬混凝土时输送泵管不得直接对着防水板，避免混凝土冲击防水板导致防水板滑脱、下滑。 2. 二次衬砌钢筋绑扎完成后，要重新进行防水板复查，发现有损坏现象及时进行修补焊接处理，确保防水效果。 3. 确保防水板固定点数量，防水板铺设松紧度合适
工程质量缺陷照片	 图 4.2.1-1 防水板铺设松动　　　图 4.2.1-2 防水板局部破损
工程实例照片	 图 4.2.1-3 防水板铺设

4.2.2 施工缝止水带安装质量不达标

通病现象	施工缝止水带安装过程中发生变形、损坏现象
规范标准及相关规定	•《地下防水工程质量验收规范》GB 50208—2011 5.1.7 中埋式止水带及外贴式止水带埋设位置应准确，固定应牢靠
原因分析	1. 施工缝止水带固定不牢，浇捣防水混凝土时移位或橡胶止水带变形。 2. 止水带损坏。 3. 止水带两侧混凝土振捣不密实，特别是水平止水带下侧混凝土（迎水面）
防治措施及通用做法	1. 止水带一端垂直挡头模板，一端紧贴挡头模板（涂抹上脱模剂）。 2. 采用钢筋卡确保止水带垂直安置在混凝土中。 3. 在施工过程中，注意保护止水带的完好
工程质量缺陷照片	 图 4.2.2-1 施工缝止水带固定不牢
工程实例照片	 图 4.2.2-2 施工缝止水带安装

4.2.3 结构钢筋质量不达标

通病现象	结构钢筋焊接过程中搭接长度不够，焊缝长度达不到要求，焊缝不饱满，有烧筋等
规范标准及相关规定	•《地下铁道工程施工及验收规范》（2003 年版）GB 50299—1999 5.5.5 结构采用钢筋焊接片形骨架时，应按设计要求施焊，其尺寸允许偏差应符合表 5.5.5 规定。

	表5.5.5 钢筋焊接片形骨架尺寸允许偏差值（mm）	
规范标准及相关规定	项目	允许偏差
	钢筋骨架高度	±5
	钢筋骨架宽度	±10
	主筋间距	±10
	箍筋间距	±10
	钢筋网片长和宽	±10
	钢筋网眼尺寸	±10

规范标准及相关规定	5.5.8 钢筋绑扎应用同标号砂浆垫块或塑料卡支垫，支垫间距为1m左右，并按行列式或交错式摆放，垫块或塑料卡与钢筋应固定牢固。 5.5.9 钢筋绑扎搭接长度应满足设计要求，绑扎点应符合下列规定： 1 钢筋搭接时，中间和两端共绑扎三处，并必须单独绑扎后，再和交叉钢筋绑扎； 2 主筋和分布筋，除变形缝处2~3列骨架全部绑扎外，其他可交叉绑扎； 3 主筋之间或双向受力钢筋交叉点应全部绑扎； 4 单肢箍筋和双肢箍筋拐角处与主筋交叉点应全部绑扎，双肢箍筋平直部分与主筋交叉点可交叉绑扎； 5 墙、柱立筋与底板水平主筋交叉点必须绑扎牢固，如悬臂较长时，交叉点必须焊牢，必要时应加支撑； 6 钢筋网片除外围两行钢筋交叉点全部扎外，中间部分交叉点可相隔交错绑扎牢固
原因分析	1.施工单位技术管理部门未向钢筋操作工人进行技术交底或交底不详细，在施工中未能达到设计图纸要求。 2.施工过程中有些工序未按规范要求操作。 3.施工过程中工序自检及整改不到位
防治措施及通用做法	1.钢筋骨架成型施工前要按设计图纸的钢筋数量表核对钢筋类型、级别、尺寸，然后进行下料加工、拼装成型。 2.采用焊接接头时必须按施工条件进行试焊，合格后方可正式施工。 3.钢筋骨架的加工成型应在牢固的工作台上进行，钢筋固定绑扎，钢丝必须扎紧，不得有滑动、折断移位，对重点部位及易变形部位按设计要求施以点焊。 4.成型后的钢筋骨架或网片，必须具有足够的刚度和稳定性，保证在结构中安装及浇筑混凝土时不松动、不变形，钢筋层间距不改变。 5.钢筋骨架中扎筋或支撑筋应按图纸要求配制，不得遗漏或错位。扎筋、支撑筋应保持与主筋垂直，并牢固连接
工程质量缺陷照片	 图4.2.3-1 隧道仰拱二衬钢筋间距偏大　　图4.2.3-2 二衬钢筋层距不满足设计要求

工程实例 照片	 图 4.2.3-3　二衬钢筋绑扎

4.2.4　二衬错台、厚度不足

通病现象	混凝土表面出现上下、左右、前后错台致使表面平整度达不到验收标准要求及厚度达不到设计厚度
规范标准及 相关规定	•《地下铁道工程施工及验收规范》（2003 年版）GB 50299—1999 5.7.1　隧道结构均应采用防水混凝土，其施工除满足本节要求外，尚应符合本规范第 9.2 节的规定。 5.7.9　混凝土终凝后应及时养护，垫层混凝土养护期不得少于 7d，结构混凝土养护期不得少于 14d。
原因分析	1. 开挖断面偏小或预留沉降量不足，为满足净空减少支护和衬砌的厚度。 2. 对欠挖的部分没有进行处理。 3. 二衬台车加工精度不满足设计要求。 4. 二衬施工过程中台车、端头模板加固不当
防治措施及 通用做法	1. 加强开挖净空检查，严格按照设计和规范预留沉降量。 2. 台车模板加工好后一定要试拼以检查错台是否超标。 3. 台车长度不宜过长。 4. 台车及端头模板加固紧密，执行混凝土浇筑工艺要求
工程质量 缺陷照片	 图 4.2.4-1　二衬混凝土错台

工程实例照片	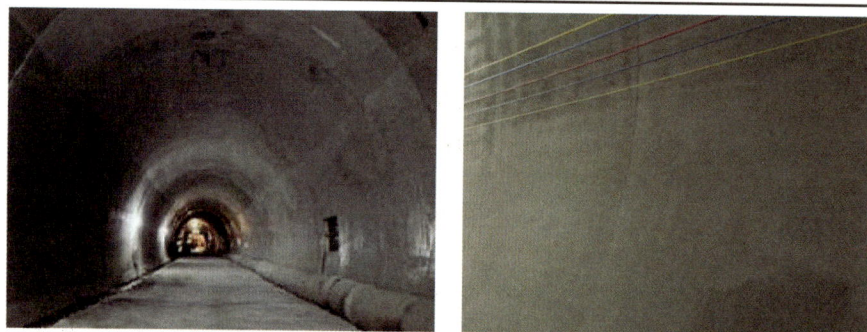

图 4.2.4-2 隧道二衬混凝土施工

4.2.5 二衬结构面出现冷缝、蜂窝、麻面

通病现象	混凝土结构局部出现酥松、砂浆少、石子多、石子之间形成空隙类似蜂窝状的窟窿。混凝土局部表面出现缺浆和许多小凹坑、麻点，形成粗糙面，但无钢筋外露现象
规范标准及相关规定	•《混凝土结构工程施工质量验收规范》GB 50204—2015 8.1.2 现浇结构的外观质量缺陷应由监理单位、施工单位等各方根据其对结构性能和使用功能影响的严重程度按表 8.1.2 确定。 **表 8.1.2 现浇结构外观质量缺陷** 见下表

表 8.1.2 现浇结构外观质量缺陷

名称	现象	严重缺陷	一般缺陷
露筋	构件内钢筋未被混凝土包裹而外露	纵向受力钢筋有露筋	其他钢筋有少量露筋
蜂窝	混凝土表面缺少水泥砂浆而形成石子外露	构件主要受力部位有蜂窝	其他部位有少量蜂窝
孔洞	混凝土中孔穴深度和长度均超过保护层厚度	构件主要受力部位有孔洞	其他部位有少量孔洞
夹渣	混凝土中夹有杂物且深度超过保护层厚度	构件主要受力部位有夹渣	其他部位有少量夹渣
疏松	混凝土中局部不密实	构件主要受力部位有疏松	其他部位有少量疏松
裂缝	裂缝从混凝土表面延伸至混凝土内部	构件主要受力部位有影响结构性能或使用功能的裂缝	其他部位有少量不影响结构性能或使用功能的裂缝
连接部位缺陷	构件连接处混凝土有缺陷或连接钢筋、连接件松动	连接部位有影响结构传力性能的缺陷	连接部位有基本不影响结构传力性能的缺陷
外形缺陷	缺棱掉角、棱角不直、翘曲不平、飞边凸肋等	清水混凝土构件有影响使用功能或装饰效果的外形缺陷	其他混凝土构件有不影响使用功能的外形缺陷

名称	现象	严重缺陷	一般缺陷
外表缺陷	构件表面麻面、掉皮、起砂、沾污等	具有重要装饰效果的清水混凝土构件有外表缺陷	其他混凝土构件有不影响使用功能的外表缺陷

8.3.2 现浇结构的位置和尺寸偏差及检验方法应符合表 8.3.2 的规定。

表 8.3.2 现浇结构位置和尺寸允许偏差及检验方法

项目			允许偏差（mm）	检验方法
轴线位置	整体基础		15	经纬仪及尺量
	独立基础		10	经纬仪及尺量
	柱、墙、梁		8	尺量
垂直度	层高	≤6m	10	经纬仪或吊线、尺量
		>6m	12	经纬仪或吊线、尺量
	全高（H）≤300m		H/30000＋20	经纬仪、尺量
	全高（H）>300m		H/10000 且≤80	经纬仪、尺量
标高	层高		±10	水准仪或拉线、尺量
	全高		±30	水准仪或拉线、尺量
截面尺寸	基础		＋15，－10	尺量
	柱、梁、板、墙		＋10，－5	尺量
	楼梯相邻踏步高差		6	尺量
电梯井	中心位置		10	尺量
	长、宽尺寸		＋25，0	尺量
表面平整度			8	2m 靠尺和塞尺量测
预埋件中心位置	预埋板		10	尺量
	预埋螺栓		5	尺量
	预埋管		5	尺量
	其他		10	尺量
预留洞、孔中心线位置			15	尺量

注：1 检查柱轴线、中心线位置时，沿纵、横两个方向测量，并取其中偏差的较大值。

2 H 为全高，单位为 mm

规范标准及相关规定

原因分析	1. 混凝土配合比不当、搅拌时间不够、下料不当或下料过高，使石子集中造成混凝土离析。 2. 混凝土未分层下料，振捣不实，或漏振，或振捣时间不够。 3. 模板缝隙未堵严，水泥浆流失。 4. 钢筋较密，使用的石子粒径过大或坍落度过小。 5. 模板表面粗糙或黏附水泥浆渣等杂物未清理干净，拆模时混凝土表面被粘坏。 6. 模板未浇水湿润或湿润不够，构件表面混凝土的水分被吸去，使混凝土失水过多出现麻面；模板隔离剂涂刷不匀，或局部漏刷或失效，混凝土表面与模板粘结造成麻面。 7. 混凝土振捣不实，气泡未排出，停在模板表面形成麻点
防治措施及通用做法	1. 混凝土配料时严格控制配合比，经常检查，保证材料计量准确。 2. 混凝土振捣严格按照施工工艺操作。 3. 模板清理干净、模板隔离剂涂刷均匀
工程质量缺陷照片	图 4.2.5-1　混凝土麻面　　　　 图 4.2.5-2　混凝土冷缝
工程实例照片	图 4.2.5-3　混凝土光面

4.2.6　二衬混凝土养护不到位

通病现象	混凝土表面会产生酥松、开裂、泛白、强度不符合设计要求等
规范标准及相关规定	•《混凝土结构工程施工质量验收规范》GB 50204—2015 8.1.2　现浇结构的外观质量缺陷应由监理单位、施工单位等各方根据其对结构性能和使用功能影响的严重程度按表 8.1.2 确定。

规范标准及相关规定				

表 8.1.2 现浇结构外观质量缺陷

名称	现象	严重缺陷	一般缺陷
露筋	构件内钢筋未被混凝土包裹而外露	纵向受力钢筋有露筋	其他钢筋有少量露筋
蜂窝	混凝土表面缺少水泥砂浆而形成石子外露	构件主要受力部位有蜂窝	其他部位有少量蜂窝
孔洞	混凝土中孔穴深度和长度均超过保护层厚度	构件主要受力部位有孔洞	其他部位有少量孔洞
夹渣	混凝土中夹有杂物且深度超过保护层厚度	构件主要受力部位有夹渣	其他部位有少量夹渣
疏松	混凝土中局部不密实	构件主要受力部位有疏松	其他部位有少量疏松
裂缝	裂缝从混凝土表面延伸至混凝土内部	构件主要受力部位有影响结构性能或使用功能的裂缝	其他部位有少量不影响结构性能或使用功能的裂缝
连接部位缺陷	构件连接处混凝土有缺陷或连接钢筋、连接件松动	连接部位有影响结构传力性能的缺陷	连接部位有基本不影响结构传力性能的缺陷
外形缺陷	缺棱掉角、棱角不直、翘曲不平、飞边凸肋等	清水混凝土构件有影响使用功能或装饰效果的外形缺陷	其他混凝土构件有不影响使用功能的外形缺陷
外表缺陷	构件表面麻面、掉皮、起砂、沾污等	具有重要装饰效果的清水混凝土构件有外表缺陷	其他混凝土构件有不影响使用功能的外表缺陷

8.3.2 现浇结构的位置和尺寸偏差及检验方法应符合表 8.3.2 的规定。

表 8.3.2 现浇结构位置和尺寸允许偏差及检验方法

项目			允许偏差（mm）	检验方法
轴线位置	整体基础		15	经纬仪及尺量
	独立基础		10	经纬仪及尺量
	柱、墙、梁		8	尺量
垂直度	层高	≤6m	10	经纬仪或吊线、尺量
		>6m	12	经纬仪或吊线、尺量
	全高（H）≤300m		$H/30000+20$	经纬仪、尺量
	全高（H）>300m		$H/10000$ 且≤80	经纬仪、尺量

规范标准及相关规定	项目		允许偏差（mm）	检验方法
	标高	层高	±10	水准仪或拉线、尺量
		全高	±30	水准仪或拉线、尺量
	截面尺寸	基础	+15，−10	尺量
		柱、梁、板、墙	+10，−5	尺量
		楼梯相邻踏步高差	6	尺量
	电梯井	中心位置	10	尺量
		长、宽尺寸	+25，0	尺量
	表面平整度		8	2m靠尺和塞尺量测
	预埋件中心位置	预埋板	10	尺量
		预埋螺栓	5	尺量
		预埋管	5	尺量
		其他	10	尺量
	预留洞、孔中心线位置		15	尺量

注：1 检查柱轴线、中心线位置时，沿纵、横两个方向测量，并取其中偏差的较大值。
　　2 *H* 为全高，单位为 mm

原因分析	1. 承包人质量意识不严，过程监控不到位。 2. 没有专人负责，质量意识淡薄
防治措施及通用做法	1. 加强质量意识，加大过程控制，责任到人，监控到位。 2. 设置专门养护人员，每天按时浇水养护
工程质量缺陷照片	 图 4.2.6-1　二衬混凝土养护不到位

工程实例照片	

图 4.2.6-2 隧道二衬混凝土养护

4.2.7 二衬结构面出现裂纹

通病现象	混凝土表面出现不规则的干裂			
规范标准及相关规定	·《混凝土结构工程施工质量验收规范》GB 50204—2015 8.1.2 现浇结构的外观质量缺陷应由监理单位、施工单位等各方根据其对结构性能和使用功能影响的严重程度按表8.1.2确定。 表 8.1.2 现浇结构外观质量缺陷			
	名称	现象	严重缺陷	一般缺陷
	露筋	构件内钢筋未被混凝土包裹而外露	纵向受力钢筋有露筋	其他钢筋有少量露筋
	蜂窝	混凝土表面缺少水泥砂浆而形成石子外露	构件主要受力部位有蜂窝	其他部位有少量蜂窝
	孔洞	混凝土中孔穴深度和长度均超过保护层厚度	构件主要受力部位有孔洞	其他部位有少量孔洞
	夹渣	混凝土中夹有杂物且深度超过保护层厚度	构件主要受力部位有夹渣	其他部位有少量夹渣
	疏松	混凝土中局部不密实	构件主要受力部位有疏松	其他部位有少量疏松
	裂缝	裂缝从混凝土表面延伸至混凝土内部	构件主要受力部位有影响结构性能或使用功能的裂缝	其他部位有少量不影响结构性能或使用功能的裂缝
	连接部位缺陷	构件连接处混凝土有缺陷或连接钢筋、连接件松动	连接部位有影响结构传力性能的缺陷	连接部位有基本不影响结构传力性能的缺陷
	外形缺陷	缺棱掉角、棱角不直、翘曲不平、飞边凸肋等	清水混凝土构件有影响使用功能或装饰效果的外形缺陷	其他混凝土构件有不影响使用功能的外形缺陷
	外表缺陷	构件表面麻面、掉皮、起砂、沾污等	具有重要装饰效果的清水混凝土构件有外表缺陷	其他混凝土构件有不影响使用功能的外表缺陷

	项目		允许偏差（mm）	检验方法
轴线位置	整体基础		15	经纬仪及尺量
	独立基础		10	经纬仪及尺量
	柱、墙、梁		8	尺量
垂直度	层高	≤6m	10	经纬仪或吊线、尺量
		>6m	12	经纬仪或吊线、尺量
	全高（H）≤300m		$H/30000+20$	经纬仪、尺量
	全高（H）>300m		$H/10000$ 且≤80	经纬仪、尺量
标高	层高		±10	水准仪或拉线、尺量
	全高		±30	水准仪或拉线、尺量
截面尺寸	基础		+15，−10	尺量
	柱、梁、板、墙		+10，−5	尺量
	楼梯相邻踏步高差		6	尺量
电梯井	中心位置		10	尺量
	长、宽尺寸		+25，0	尺量
表面平整度			8	2m靠尺和塞尺量测
预埋件中心位置	预埋板		10	尺量
	预埋螺栓		5	尺量
	预埋管		5	尺量
	其他		10	尺量
预留洞、孔中心线位置			15	尺量

规范标准及相关规定	8.3.2 现浇结构的位置和尺寸偏差及检验方法应符合表8.3.2的规定。 **表8.3.2 现浇结构位置和尺寸允许偏差及检验方法** 注：1 检查柱轴线、中心线位置时，沿纵、横两个方向测量，并取其中偏差的较大值。 2 H为全高，单位为mm
原因分析	1. 温差导致混凝土干缩裂缝。 2. 仰拱虚渣清理不干净，致使沉降不均匀而产生裂缝。 3. 仰拱和边墙结合部位因应力集中而开裂。 4. 拆模时间太早，衬砌强度不足以支撑自身自重而开裂。 5. 混凝土早期养护不及时；混凝土配合比中水泥用量过大
防治措施及通用做法	1. 严格控制仰拱虚渣，浇筑仰拱时，必须清理到新鲜基岩面。 2. 严格控制拆模时间，且要求出渣车经过刚浇筑完成的二衬里程时慢行。减少出渣车对二衬的扰动。

136

防治措施及 通用做法	3. 采用高性能外加剂以大幅降低混凝土的用水量及水泥用量，采用细度模数 2.7 以上的中砂或粗砂。 4. 加强施工过程中的养护，掺加外掺料的混凝土持续养护 14d。 5. 严格控制混凝土施工工艺，衬砌施作时间应在围岩变形基本稳定之后再施作，在混凝土泵送过程中，控制好浇筑速度，两侧对称分层浇筑，在浇筑过程中加强振捣，提高混凝土的密实性和均质性，减少内部的气泡，增强混凝土的抗裂性。混凝土拆模时的强度必须符合设计或规范要求，未经实验人员同意不得随意拆模
工程质量 缺陷照片	 图 4.2.7-1　二衬混凝土出现裂纹　　图 4.2.7-2　混凝土表面出现不规则裂纹
工程实例 照片	 图 4.2.7-3　隧道二衬混凝土观感良好

4.2.8　二衬拱顶回填不密实

通病现象	衬砌背后存在空洞
规范标准及 相关规定	•《地下铁道工程施工及验收规范》（2003 年版）GB 50299—1999 7.7.7-2　混凝土灌注至墙拱交界处，应间歇 1~1.15h 后方可继续灌注。
原因分析	1. 对超挖未按施工规范进行回填。 2. 衬砌时拱顶灌注混凝土不饱满，振捣不够。 3. 泵送混凝土在输送管远端由于压力损失、坡度等原因造成空洞。 4. 拱顶设注浆孔数量不足
防治措施及 通用做法	1. 控制好开挖质量，控制超挖。 2. 衬砌灌注混凝土施工时，拱顶设置溢浆管，检查拱顶混凝土灌注的饱满度。 3. 衬砌表观适当增加拱部混凝土灌注口，保证混凝土灌注饱满、密实。在拱顶设注浆孔进行注浆，充填空洞

工程质量缺陷照片	
	图 4.2.8-1　衬砌背后空洞
工程实例照片	
	图 4.2.8-2　衬砌背后填充　　　　图 4.2.8-3　二衬拱顶回填注浆

4.2.9　施工缝渗漏水

通病现象	环向施工缝、变形缝、出现渗漏水
规范标准及相关规定	•《地下防水工程质量验收规范》GB 50208—2011 5.1.7　中埋式止水带及外贴式止水带埋设位置应准确，固定应牢靠
原因分析	1. 环向施工缝、变形缝处理存在质量缺陷，止水条、止水带安设不规范。 2. 施工缝凿毛处理不符合要求。 3. 混凝土施工捣固不密实。 4. 防水板破损、穿孔、焊接不严密
防治措施及通用做法	1. 表面混凝土质量核验，保证已浇筑的混凝土强度。 2. 施工缝必须凿毛，用水清洗干净。 3. 加强施工缝连接强度。 4. 防水措施、止水带安装符合设计及施工规范要求。 5. 必要时对洞身地层、衬砌背后实施防水注浆处理
工程质量缺陷照片	 图 4.2.9-1　施工缝漏水

工程实例 照片	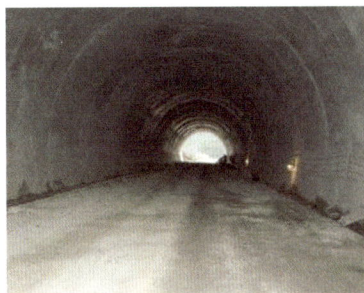 图 4.2.9-2 隧道施工二衬施工缝浇筑效果较好

4.2.10 结构面堵漏痕迹明显

通病现象	结构面堵漏过程中，混凝土出现色泽不一样

规范标准及 相关规定	•《混凝土结构工程施工质量验收规范》GB 50204—2015 8.1.2 现浇结构的外观质量缺陷应由监理单位、施工单位等各方根据其对结构性能和使用功能影响的严重程度按表 8.1.2 确定。

表 8.1.2 现浇结构外观质量缺陷

名称	现象	严重缺陷	一般缺陷
露筋	构件内钢筋未被混凝土包裹而外露	纵向受力钢筋有露筋	其他钢筋有少量露筋
蜂窝	混凝土表面缺少水泥砂浆而形成石子外露	构件主要受力部位有蜂窝	其他部位有少量蜂窝
孔洞	混凝土中孔穴深度和长度均超过保护层厚度	构件主要受力部位有孔洞	其他部位有少量孔洞
夹渣	混凝土中夹有杂物且深度超过保护层厚度	构件主要受力部位有夹渣	其他部位有少量夹渣
疏松	混凝土中局部不密实	构件主要受力部位有疏松	其他部位有少量疏松
裂缝	裂缝从混凝土表面延伸至混凝土内部	构件主要受力部位有影响结构性能或使用功能的裂缝	其他部位有少量不影响结构性能或使用功能的裂缝
连接部位缺陷	构件连接处混凝土有缺陷或连接钢筋、连接件松动	连接部位有影响结构传力性能的缺陷	连接部位有基本不影响结构传力性能的缺陷
外形缺陷	缺棱掉角、棱角不直、翘曲不平、飞边凸肋等	清水混凝土构件有影响使用功能或装饰效果的外形缺陷	其他混凝土构件有不影响使用功能的外形缺陷
外表缺陷	构件表面麻面、掉皮、起砂、沾污等	具有重要装饰效果的清水混凝土构件有外表缺陷	其他混凝土构件有不影响使用功能的外表缺陷

原因分析	1. 堵漏工艺选择不合适，工艺流程操作不当。 2. 施工时所用防水堵漏材料用量过多。 3. 混凝土表面被污染。 4. 注浆嘴清理不彻底
防止措施及 通用做法	1. 用电磨机打磨混凝土表面痕迹。 2. 用砂纸磨光达到理想效果，使其平顺且色泽与原混凝土色泽相近。 3. 混凝土表面在露出的瞬间进行必要的处置；优先使用技术好、责任心强的混凝土工。 4. 防止混凝土表面被污染，特别是修补过程中带来的人为污染。 5. 同一个结构宜使用同品牌水泥，通过工艺实验选择最佳配合比
工程质量 缺陷照片	 图 4.2.10-1　结构面堵漏痕迹明显
工程实例 照片	 图 4.2.10-2　结构面堵漏痕迹处理

第 5 章　区间高架工程

5.1　桥梁下部结构

5.1.1　钻孔灌注桩坍孔

通病现象	表现为钻进过程中，排出的泥浆中不断出现气泡或泥浆突然漏失、孔内水位突然下降，出渣量显著增加而不增加进尺，钻孔负荷显著增加
规范标准及相关规定	•《城市桥梁工程施工与质量验收规范》CJJ 2—2008 10.3.2　钻孔施工应符合下列规定： 1　钻孔时，孔内水位宜高出护筒底脚 0.5m 以上或地下水位以上 1.5~2m。 2　钻孔时，起落钻头速度应均匀，不得过猛或骤然变速。孔内出土，不得堆积在钻孔周围。 3　钻孔应一次成孔，不得中途停顿。钻孔达到设计深度后，应对孔位、孔径、孔深和孔形等进行检查。 4　钻孔中出现异常情况，应进行处理，并应符合下列要求： 1）坍孔不严重时，可加大泥浆相对密度继续钻进，严重时必须回填重钻
原因分析	1. 护筒的长度不够，或出现跑浆（水）现象。 2. 泥浆的比（容）重及浓度不足。 3. 钻进（成孔）速度过（太）快，在孔壁中来不及形成泥膜。 4. 用造孔机械在护筒底部造孔时触动了孔周围的土壤。 5. 成（造）孔机械的机械力过大，致使护筒与土层之间的黏附力减弱。 6. 钻孔过程穿过软弱地层或岩溶地层时控制措施不当或不利；地层异常，有空洞、溶洞等；土层过于松软；吊入钢筋骨架时碰撞孔壁
防治措施及通用做法	1. 施工现场在埋设灌注桩的钢护筒时，护筒埋设长度应符合规范要求，并注意（保持）护筒安装垂直度。 2. 严格控制钻进过程中的泥浆比重，并根据不同地质地层随时做出调整；当中断成孔作业时，要着重监视漏水、跑浆的情况。 3. 在钻孔法的成孔施工中，钻孔速度不应过快，如果孔壁未形成有效泥浆膜，施工中将易出现孔壁坍塌的质量事故。 4. 清孔时注意补浆（水），保证孔内水头高度
工程质量缺陷照片	 图 5.1.1-1　护筒长度过短、护筒底部土质为软基或不密实造成的坍孔

工程实例 照片	 图 5.1.1-2　成桩质量良好的钻孔灌注桩

5.1.2　钻孔倾斜

通病现象	表现为钻进过程中锤绳（钻杆）倾斜
规范标准及 相关规定	·《城市桥梁工程施工与质量验收规范》CJJ 2—2008 10.3.2　钻孔施工应符合下列规定： 　　1　钻孔时，孔内水位宜高出护筒底脚 0.5m 以上或地下水位以上 1.5 ~ 2m。 　　3　钻孔应一次成孔，不得中途停顿。钻孔达到设计深度后，应对孔位、孔径、孔深和孔形等进行检查。 　　4　钻孔中出现异常情况，应进行处理，并应符合下列要求： 　　3）钻孔偏斜、弯曲不严重时，可重新调整钻机在原位反复扫孔。钻孔正直后继续钻进。发生严重偏斜、弯曲、梅花孔、探头石时，应回填重钻
原因分析	1. 地质原因：相邻两种地层的硬度相差较大，钻头在软层一边进尺速度较快，在硬岩层一边进尺速度较慢，从而在钻头底部形成进尺速度差，导致钻头趋向软地层方向。 2. 设备因素：提吊中心、转盘中心、孔中心不在同一铅垂直上。 3. 场地因素：钻机就位支垫不稳固，造成在钻进过程中发生平面位移或不均匀沉降而出现钻机偏斜且又未及时调整。 4. 操作不当，钻进控制参数不合理造成钻杆摆动过大而又及时调整。 5. 地面不平整导致机械倾覆。 6. 孤石等障碍
防治措施及 通用做法	1. 钻进设备安装符合质量要求。 2. 场地及钻机就位符合规范要求。 3. 根据设计的地质柱状图选择钻进工艺参数，如在钻进过程中发现地质情况与设计不符时及时做出参数调整。 4. 通过软硬不均地层时采用轻压慢转。 5. 钻进砂层时要特别注意控制泥浆性能及钻头转数。 6. 定期校正钻杆的垂直度。 7. 必要时在钻架上增设导向架

5.1.3 缩孔

通病现象	表现为灌注过程中混凝土液面上升不均匀，或钢筋笼下不去，钻孔钻进时卡钻，提钻困难
规范标准及相关规定	•《城市桥梁工程施工与质量验收规范》CJJ 2—2008 10.3.2 钻孔施工应符合下列规定： 1 钻孔时，孔内水位宜高出护筒底脚 0.5m 以上或地下水位以上 1.5~2m。 2 钻孔时，起落钻头速度应均匀，不得过猛或骤然变速。孔内出土不得堆积在钻孔周围。 3 钻孔应一次成孔，不得中途停顿。钻孔达到设计深度后，应对孔位、孔径、孔深和孔形等进行检查。 4 钻孔中出现异常情况，应进行处理，并应符合下列要求： 4）出现缩孔时，可提高孔内泥浆量或加大泥浆相对密度采用上下反复扫孔的方法，恢复孔径。
原因分析	1. 砂层钻进泥浆性能差（如黏度太小、含砂量大等），不能起到护壁作用。 2. 在某一孔段进尺速度极不均衡或重复钻进。 3. 在非稳定层段（如砂层）钻进过程中反复抽吸造成孔壁局部失稳。 4. 钻进速度太快引起塌孔。 5. 软土地质地层成孔后未能及时灌注混凝土造成缩孔。 6. 岩溶地质地层填充不满造成的扩孔。 7. 土层太软，如淤泥质地层。 8. 钻头补焊不及时，地层中有软塑土，遇水膨胀使孔径缩小
防治措施及通用做法	1. 保证泥浆的性能及水头压力以满足护壁要求。 2. 采取合理的钻进工艺，严禁片面追求进尺而盲目钻进。 3. 在黏性土层中钻进，每钻进一个钻杆回次，重复进行扫孔。 4. 软土地质成孔后及时安排灌注混凝土。 5. 岩溶地质采取有效措施填充溶腔

5.1.4 桩钢筋笼上浮

通病现象	表现在灌注混凝土时，钢筋笼发生上浮
规范标准及相关规定	•《城市桥梁工程施工与质量验收规范》CJJ 2—2008 10.3.4 吊装钢筋笼应符合下列规定： 1 钢筋笼宜整体吊入孔。需分段入孔时，上下两段应保持顺直。接头应符合本规范第 6 章的有关规定。 2 应在骨架外侧设置控制保护层厚度的垫块，其间距竖向宜为 2m，径向圆周不得少于 4 处。钢筋笼入孔后，应牢固定位。 3 在骨架上应设置吊环。为防止骨架起吊变形，可采取临时加固措施，入孔时拆除。 4 钢筋笼吊放入孔应对中、慢放，防止碰撞孔壁。下放时应随时观察孔内水位变化，发现异常应立即停放，检查原因

原因分析	1. 由于混凝土灌注过程导管埋深较大，其上层混凝土因灌注时间较长，已接近初凝，表面形成硬壳，混凝土与钢筋笼有一定的握裹力，如此时导管底端未及时提到钢筋笼底部以上，混凝土在导管流出后将以一定的速度向上顶升，同时也带动钢筋笼上升。 2. 导管刮碰钢筋笼，提升时带动导管一起提升。 3. 钢筋笼顶部未采取防浮措施。 4. 混凝土浇筑过快。 5. 导管埋深过大，没有及时提升导管
防治措施及通用做法	1. 发生钢筋笼上升现象时，立即停止灌注混凝土，并准确计算导管埋深和已浇混凝土面的标高，提升导管后再进行浇筑，上浮现象即消失。 2. 钢筋笼初始位置定位准确，并与孔口固定牢固。加快混凝土灌注速度，缩短灌注时间，或掺外加剂，防止混凝土顶层进入钢筋笼时流动性变小，混凝土接近笼时，控制导管埋深在 1.5~2.0m。 3. 混凝土灌注过程中严控导管居中，在提升时防止导管碰触钢筋笼。 4. 在下放完成的钢筋笼顶部采取有效措施防止上浮

5.1.5 桩夹泥夹砂断桩

通病现象	灌注桩的混凝土层之间，夹有泥浆或钻渣层。如存在于部分截面，为夹泥；整个截面有夹泥层或混凝土有一层完全离析，基本无水泥浆粘结时，为断桩。夹泥、断桩使桩身混凝土不连续，无法承受弯矩和地震引起的水平剪切力，使桩报废
规范标准及相关规定	•《城市桥梁工程施工与质量验收规范》CJJ 2—2008 10.3.6 灌注水下混凝土过程中，发生断桩时，应会同设计、监理根据断桩情况研究处理措施
原因分析	1. 灌注水下混凝土时，混凝土的坍落度过小。集料级配不良，粗骨料颗粒太大，灌注前或灌注中混凝土发生离析；或导管进水等使桩身混凝土产生中断。 2. 灌注中发生堵塞导管又未能处理好，或灌注中发生导管卡挂钢筋笼、埋导管、严重坍孔，处理不良时，都会演变为桩身严重夹泥，混凝土桩身中断的严重事故。 3. 清孔不彻底或灌注时间过长，首批混凝土已初凝，而继续灌入的混凝土冲破顶层与泥浆相混，或导管进水，一般性灌注混凝土中坍孔，均会在两层混凝土中产生部分中央有泥浆渣土的截面。 4. 导管拆卸或提升时操作不当导致导管底口埋置过浅
防治措施及通用做法	1. 混凝土坍落度严格按设计和规范要求控制，尽量延长混凝土初凝时间。 2. 导管在使用前应做密闭性试验，确认合格后方可投入使用；导管在安装过程中密封胶圈不得遗漏。 3. 灌注混凝土前，检查混凝土罐车、搅拌机等设备是否正常，并有备用的设备，确保混凝土能连续灌注。 4. 随灌混凝土上升提升导管。做到连灌、勤测、勤拔管，随时掌握导管埋入深度 2~6m，避免导管埋入过深或过浅。 5. 采取措施，避免导管卡、挂钢筋笼，避免出现堵导管、埋导管、灌注中坍孔、导管进水等状况的发生。 6. 灌注混凝土时选择温度较低时间进行

5.1.6 桥墩表面质量缺陷

通病现象	主要表现为混凝土表面颜色不一致，有色差，表面粗糙、光洁度差，有蜂窝、麻面、水纹、砂痕、模板拼接缝明显等现象
规范标准及相关规定	•《城市桥梁工程施工与质量验收规范》CJJ 2—2008 11.1.2 柱式墩台施工应符合下列规定： 1 模板、支架除应满足强度、刚度外，稳定计算中应考虑风力影响。 2 墩台柱与承台基础接触面应凿毛处理，清除钢筋污锈。浇筑墩台柱混凝土时，应铺同配合比的水泥砂浆一层。墩台柱的混凝土宜一次连续浇筑完成
原因分析	1. 混凝土配合比不合理，混凝土和易性差，灌注时产生离析和泌水。 2. 振捣不密实。 3. 混凝土一次下料过多，没有分段、分层浇筑。 4. 模板缝隙未堵好，或模板支设不牢固，振捣混凝土时模板移位，造成严重漏浆
防治措施及通用做法	1. 混凝土配料时严格控制配合比，经常检查，保证材料计量准确。 2. 混凝土振捣严格按照施工工艺操作，注意振捣棒移动间距，分层厚度不大于30cm，振捣棒不要触碰模板、钢筋及预埋件。 3. 模板清理干净，模板隔离剂涂刷均匀
工程质量缺陷照片	 图 5.1.6-1 蜂窝　　　　图 5.1.6-2 露石
工程实例照片	 图 5.1.6-3 墩柱质量良好

5.1.7 墩柱混凝土表面的裂缝

通病现象	主要表现为墩柱顶面及侧面约 30cm 范围内裂缝数量及宽度较 30cm 以下部分均有所增加，墩柱越高的时候该现象越明显，且随着时间的推移，裂缝有增加的趋势
规范标准及相关规定	•《混凝土结构工程施工质量验收规范》GB 50204—2015 8.2.2 现浇结构的外观质量不应有一般缺陷。 对已经出现的一般缺陷，应由施工单位按技术处理方案进行处理。对经处理的部位应重新验收
原因分析	1.混凝土配合比不合理，用水量过大及砂率过大；原材料中集料含泥量偶尔过大，导致收缩量增大。 2.混凝土浇筑时操作不当，振捣不足或过振。振捣不足导致塑性收缩裂缝和沉降收缩裂缝增加，过振导致干燥收缩裂缝和碳化收缩裂缝增加。 3.混凝土坍落度较大，混凝土浇筑过程中在振捣棒的作用下，产生沉缩裂缝。 4.养护不到位，出现干缩裂缝。 5.混凝土内外温差过大造成的裂纹
防治措施及通用做法	1.控制拆模时间，混凝土浇筑完毕模板拆除完成后及时予以覆盖并洒水湿润养护。 2.严格控制混凝土坍落度在设计值范围内。 3.尽量增加石子用量，砂率不应过大，并选用级配良好的砂子，粗骨料避免使用砂岩，因为砂岩遇水膨胀，失水有一定的收缩。 4.严格控制砂、石含泥量，含泥量越小收缩开裂的可能性越小。避免使用细度大的水泥，因为太细的水泥水化快，水化收缩量大，易开裂。 5.灌注时选择温度较低时间进行
工程质量缺陷照片	 图 5.1.7-1　墩柱裂缝
工程实例照片	 图 5.1.7-2　墩柱质量良好　　　图 5.1.7-3　墩柱养护

5.2 桥梁上部结构

5.2.1 梁板表面质量缺陷

通病现象	梁两侧模板拆除后发现侧面气泡多、粗糙，模板接缝错台、混凝土有黑色油污、不光洁，混凝土表面有皱纹拼缝漏浆，接缝错位，梁的线形不顺直，梁板顶面厚度增加，浮浆过厚，表面松散
规范标准及相关规定	•《城市桥梁工程施工与质量验收规范》CJJ 2—2008 13.3.1　构件预制应符合下列规定： 1　场地应平整、坚实，采取必要的排水措施。 3　模板应根据施工图设置起拱。预应力混凝土梁、板设置起拱时，应考虑梁体施加预应力后的上拱度，预设起拱应折减或不设，必要时可设反拱
原因分析	1. 模板本身纵向不顺直，包括钢模和木模。 2. 制作木模板的材料较差，钢模板或木模板刚度不够，混凝土浇筑过程中变形过大。 3. 隔离剂不好或涂刷不均匀。 4. 模板拼接不严实，嵌缝处理不好。 5. 底模不清洁，有污染、杂物，影响混凝土的流动和密实
防治措施及通用做法	1. 梁的侧模在制作时要做到顺直。 2. 侧模强度和刚度要进行验算，尽量采用刚度较大的截面形式。 3. 在浇筑混凝土时要清扫干净。梁的外露面涉及美观需要，要保证模板表面的平整光洁。 4. 在支架上现浇梁板时，支架必须安装在坚实的地基上，应有足够的支撑面积以保证所浇筑的梁板不下沉并应有排水措施防止地基被水浸泡而使支架下沉。 5. 模板安装后，应检查拼缝处是否有缝隙，若有缝隙，一般采用泡沫装塑料条或胶带条等将缝密封以防漏浆。 6. 底模一定要牢固接缝且平整密贴，预制 T 梁、空心板梁或箱梁的底模最好采用 5mm 的钢板，浇筑混凝土前，将底模清扫干净，并涂以纯净的脱模剂。现浇箱梁宜采用组合钢模板直接作为底模板但缝隙要注意密贴好。 7. 施工中要杜绝使用废机油或其他不纯洁脱模剂
工程质量缺陷照片	 图 5.2.1-1　梁底不顺直、表面气泡　　　图 5.2.1-2　表面污染

工程实例照片	图 5.2.1-3　质量较好预制梁

5.2.2　现浇梁梁体不平整

通病现象	主要表现为梁底、梁体侧面不平整，坑洼不平
规范标准及相关规定	•《城市桥梁工程施工与质量验收规范》CJJ 2—2008 13.1.1　在固定支架上浇筑施工应符合下列规定： 1　支架的地基承载力应符合要求，必要时，应采取加强处理或其他措施。 2　应有简便可行的落架拆模措施。 3　各种支架和模板安装后，宜采取预压方法取消拼装间隙和地基沉降等非弹性变形。 4　安装支架时，应根据梁体和支架的弹性、非弹性变形，设置预拱度。 5　支架底部应有良好的排水措施，不得被水浸泡。 6　浇筑混凝土时应采取防止支架不均匀下沉的措施
原因分析	1. 支架设置在不稳的地基上。 2. 支架完成后，浇筑混凝土前未进行预压，产生不均匀沉降。 3. 梁底侧模支撑格栅铺设不平整不密实，底模与格栅不密贴，梁底模高程控制不准。 4. 梁侧模的纵、横支撑刚度不够，未按侧模的受力状况布置对拉螺栓。 5. 相关设计参数不准确
防治措施及通用做法	1. 支架应设置在经过加固处理的具有足够强度的地基上，地基表面应平整，支架材料和杆件设置应有足够的刚度和强度。支架立杆下宜垫混凝土板块或浇筑混凝土地梁，以增加立柱和基地的接触，支架的布置应根据荷载状况进行计算，支架完成后要进行预压以保证混凝土浇筑后支架不下沉、不变形。 2. 在支架上铺设梁底模格栅要与支架密贴，底模要与格栅垫实，在底模铺设时要考虑预拱度。 3. 梁侧模纵横向支撑，要根据混凝土的侧压力合理布置，并设置足够的对拉螺栓。 4. 支架材料符合要求，进行支架验收
工程质量缺陷照片	图 5.2.2-1　支架基础泡水　　图 5.2.2-2　支架搭设不符合规范

148

图 5.2.2-3　搭设合理的支架系统　　　图 5.2.2-4　外观良好现浇梁

5.2.3　结构钢筋存放及焊接质量不合格

通病现象	施工场地存放的钢筋外表有严重锈蚀、麻坑，钢筋焊接时，焊接长度不够，焊缝表面不平整，有较大的凹陷、焊瘤、焊缝有咬边现象，焊皮未敲掉，两结合钢筋轴线不一致。
规范标准及相关规定	•《城市桥梁工程施工与质量验收规范》CJJ 2—2008 6.3.1　热轧钢筋接头应符合设计要求。当设计无规定时，应符合下列规定： 　1　钢筋接头宜采用焊接接头或机械连接接头。 　2　焊接接头应优先选择闪光对焊。焊接接头应符合国家现行标准《钢筋焊接及验收规程》JGJ 18 的有关规定。 　4　当普通混凝土中钢筋直径等于或小于 22mm 时，在无焊接条件时，可采用绑扎连接，但受拉构件中的主钢筋不得采用绑扎连接
原因分析	1. 钢筋存放未进行下垫上盖，钢筋存放环境潮湿。 2. 施工不细致，焊接长度不足，没有按进场时间先后顺序堆码。 3. 焊接电流过大及操作不到位导致焊缝不符合要求。 4. 钢筋焊接前未进行预弯，导致焊接后两根钢筋轴线不一致
防治措施及通用做法	1. 现场存放的钢筋应进行下垫上盖，防止污染生锈。 2. 严格控制钢筋下料长度，预留焊接长度，单面焊缝长度不小于 10d，双面焊缝长度不小于 5d。 3. 控制焊接电流及焊接速度，严格控制焊缝饱满度，要求焊缝宽度不小于 0.8d，焊缝深度不小于 0.3d。 4. 直线段钢筋焊接时应进行预弯处理，预弯角度约 6°。 5. 钢筋使用按进场时间先后，先进场先使用
工程质量缺陷照片	 图 5.2.3-1　电流过大，焊缝咬边，烧伤主筋　　　图 5.2.3-2　钢筋覆盖不到位导致锈蚀

| 工程实例照片 | |
| | 图 5.2.3-3 焊缝饱满，焊接长度满足要求 图 5.2.3-4 送检合格的钢筋进行标识 |

5.2.4 混凝土养护不规范

通病现象	混凝土表面出现干缩裂纹，松散、起皮及剥落等质量缺陷，混凝土的强度及耐久性无法保证
规范标准及相关规定	•《城市桥梁工程施工与质量验收规范》CJJ 2—2008 7.6.1 施工现场应根据施工对象、环境、水泥品种、外加剂以及对混凝土性能的要求，制定具体的养护方案，并应严格执行方案规定的养护制度。 7.6.2 常温下混凝土浇筑完成后，应及时覆盖并洒水养护。 7.6.3 当气温低于5℃时，应采取保温措施，并不得对混凝土洒水养护。 7.6.4 混凝土洒水养护的时间，采用硅酸盐水泥、普通硅酸盐水泥或矿渣硅酸盐水泥的混凝土，不得少于7d；掺用缓凝型外加剂或有抗渗等要求以及高强度混凝土，不得少于14d。使用真空吸水的混凝土，可在保证强度条件下适当缩短养护时间。 7.6.5 采用涂刷薄膜养护剂养护时，养护剂应通过试验确定，并应制定操作工艺。 7.6.6 采用塑料膜覆盖养护时，应在混凝土浇筑完成后及时覆盖严密，保证膜内有足够的凝结水
原因分析	1.高温干燥时现场缺少养护用水。 2.未采取覆盖养护。 3.养护次数和浇水量不足，造成表面干湿交替。 4.气温低时保温、保湿措施不当。 5.没有制定不同情况下养护方案
防治措施及通用做法	1.对一般混凝土，在浇筑完成后，应在收浆后尽快予以覆盖和洒水养护。对于干硬性混凝土、炎热天气浇筑的混凝土以及桥面等大面积裸露的混凝土，在浇筑完成后应立即加设遮阳棚罩，待收浆后予以覆盖和洒水养生。覆盖时不得损伤或污染混凝土的表面。 2.混凝土有模板覆盖时，应在养护期间常常使模板保持湿润。 3.混凝土的洒水养护时间，一般为7d，可根据空气的湿度、温度和掺用外加剂等情况，酌情延长或缩短。洒水次数，以能保持混凝土表面经常处于湿润状态为度。 4.大体积混凝土及采用普通硅酸盐水泥拌制的混凝土应延长养护时间

工程质量 缺陷照片	 图 5.2.4-1 干缩裂纹
工程实例 照片	 图 5.2.4-2 标准养护

5.2.5 预应力施工不规范

通病现象	千斤顶与压力表没有同时配套校验、压力表的精度不够、校验方法不正确，张拉顺序未按设计要求进行；张拉程序未按规范进行；钢绞线无法穿束，伸长值与设计值差值超出规范要求，钢绞线、钢筋部分丝束断裂或滑丝
规范标准及 相关规定	•《城市桥梁工程施工与质量验收规范》CJJ 2—2008 　8.4.2 张拉设备的校准期限不得超过半年，且不得超过 200 次张拉作业。张拉设备应配套校准，配套使用。 　8.4.3 预应力筋的张拉控制应力必须符合设计规定。 　8.4.4 预应力筋采用应力控制方法张拉时，应以伸长值进行校核。实际伸长值与理论伸长值的差值应符合设计要求；设计无规定时，实际伸长值与理论伸长值之差应控制在 6% 以内。 　8.4.5 预应力张拉时，应先调整到初应力 (σ_o)，该初应力宜为控制应力 (σ_{con}) 的 10%~15%，伸长值应从初应力时开始量测。 　8.4.7 先张法预应力施工应符合下列规定： 　3 预应力筋张拉应符合下列要求： 　3）张拉过程中，预应力筋的断丝、断筋数量不得超过表 8.4.7-2 的规定。

规范标准及相关规定	表8.4.7-2　先张法预应力筋断丝、断筋控制值		
	预应力筋种类	项目	控制值
	钢丝、钢绞线	同一构件内断丝数不得超过钢丝总数量的	1%
	钢筋	断筋	不允许

8.4.8　后张法预应力施工应符合下列规定：
1　预应力管道安装应符合下列要求：
1）管道应采用定位钢筋牢固地固定于设计位置。
4）管道安装就位后应立即通孔检查，发现堵塞应及时疏通。管道经检查合格后应及时将其端面封堵

原因分析

1. 张拉设备未按规定进行校验。
2. 波纹管安装好后在浇筑混凝土时，被振捣棒撞振破裂。
3. 波纹管接头处套接不牢或有空洞。
4. 在预留孔道时，未看清图纸或坐标计算错误使孔道位置设置错误。
5. 在浇筑混凝土时，由于波纹管或其他孔道受到扰动，孔道位置发生变形。
6. 实际使用的预应力钢丝或预应力钢绞线直径偏大，锚具与夹片不密贴，张拉时易发生断丝或滑丝。
7. 预应力束没有或未按规定要求梳理编束，使得钢束长短不一或发生交叉张拉时造成钢丝受力不均匀易发生断丝。
8. 锚夹具的尺寸不准，夹片的误差大，夹片的硬度与预应力筋不配套，易断丝和滑丝，工作夹片与钢绞线相互刮损。
9. 锚圈放置位置不准，支撑垫块倾斜，千斤顶安装不正，会造成预应力钢束断丝。
10. 预应力筋或金属螺旋管生锈

防治措施及通用做法

1. 千斤顶和压力表在进场使用前必须进行检查和校验。
2. 张拉机具要由专人使用和管理，并应经常维护，定期校验。张拉机具长期不使用时，应在使用前全面进行校验。使用时校验期限应视千斤顶情况确定，一般使用超过6个月或200次以及在千斤顶使用过程中出现不正常现象时，均应重新校验。
3. 管道中间接头、管道与锚垫板喇叭口的接头必须做到密封、牢固、不易脱开和漏浆。
4. 混凝土浇筑完成后在混凝土终凝前用高压水冲洗管道，并用通孔器检查管道是否通畅。
5. 先在波纹管内穿入稍细的硬塑料管，浇筑完成后再拔出可预防波纹管堵塞。
6. 将制孔器包括波纹管、钢管、塑料管等，准确牢固地定位，箍筋的位置、间距要合理。
7. 在浇筑混凝土时应防止振捣棒碰撞制孔器，避免孔道上下左右浮动。
8. 张拉前锚夹具需按规范要求进行检验，特别是对夹片的硬度一定要进行测定，不合格的予以调换。
9. 焊接时严禁利用预应力筋作为接地线，不允许发生电焊烧伤波纹管与预应力筋。
10. 检查实际张拉力是否超过设计张拉力

工程质量 缺陷照片	 图 5.2.5-1 预应力管道堵塞	 图 5.2.5-2 钢绞线断丝
工程实例照片	 图 5.2.5-3 正常张拉预应力筋	 图 5.2.5-4 质量较好预应力管道

5.2.6 支座安装不规范

通病现象	支座位置不准确、支座垫石标高控制偏差大、梁底预埋钢板或调平钢板未及时进行防腐处理，支座脱空没有充分受力，支座剪切变形，支座型号用错
规范标准及 相关规定	•《城市桥梁工程施工与质量验收规范》CJJ 2—2008 12.1.2 支座安装平面位置和顶面高程必须正确，不得偏斜、脱空、不均匀受力
原因分析	1. 对垫石浇筑及预埋孔测量放线不准确。 2. 支座产品与设计不符。 3. 预埋钢板未进行防腐处理。 4. 人为因素，责任心不强
防治措施及 通用做法	1. 安装前按设计要求及国家现行标准有关规定对产品进行确认。 2. 安装前对桥台和墩柱盖梁轴线、高程及支座面平整度等进行再次复核。 3. 支座安装在找平层砂浆硬化后进行；粘结时，宜先粘结桥台和墩柱盖梁两端的支座，经复核平整度和高程无误后，挂基准线进行其他支座的安装。 4. 当桥台和墩柱盖梁较长时，应加密基准支座防止高程误差超标。 5. 粘结时先将砂浆摊平拍实，然后将支座按标高就位，支座上的纵横轴线与垫石纵横轴线要对应。 6. 严格控制支座平整度，每块支座都必须用铁水平尺测其对角线，误差超标应及时予以调整。 7. 梁底预埋钢板应提前做好防腐处理，安装完成后应再次进行防腐处理

工程质量 缺陷照片	
	图 5.2.6-1　钢板支垫不到位，局部受力　　　图 5.2.6-2　预埋钢板锈蚀
工程实例照片	
	图 5.2.6-3　盆式橡胶支座　　　　　图 5.2.6-4　支座安装

5.2.7　伸缩缝施工质量不规范

通病现象	伸缩缝施工质量不规范存在高差，伸缩缝橡胶损坏，伸缩缝堵塞，伸缩缝过窄，钢伸缩缝变形，漏埋钢筋，槽口混凝土未凿毛
规范标准及 相关规定	•《城市桥梁工程施工与质量验收规范》CJJ 2—2008 20.4.2　伸缩装置安装前应检查修正梁端预留缝的间隙，缝宽应符合设计要求，上下必须贯通，不得堵塞。伸缩装置应锚固可靠，浇筑锚固段（过渡段）混凝土时应采取措施防止堵塞梁端伸缩缝隙
原因分析	1. 伸缩缝多处于施工后期，对施工工艺质量重视程度不够，未能严格按照桥梁伸缩缝施工工艺指标控制质量。 2. 伸缩装置两侧水泥混凝土和沥青混凝土铺装层结合不好，碾压不密实。 3. 后浇混凝土不密实，导致裂缝，水进入后腐蚀混凝土，最终导致混凝土破坏。 4. 后期维护不到位，桥面铺装老化，杂物堆积在伸缩缝内未及时清理
防治措施及 通用做法	1. 对每一道伸缩装置在浇筑混凝土前一定要经监理进行检查验收，检查重点一是要看预埋筋与主梁钢筋连接的牢固性，防治漏埋钢筋。 2. 要看异型板间距是否满足当时温度时的设计宽度和与两侧路面标高平顺。 3. 检查模板做的是否牢固、严密。 4. 检查浇筑前梁端及原混凝土界面是否洁净，看槽口混凝土是否已作凿毛处理。 5. 为防止混凝土从上部缝口进入型钢内侧沟槽内，在异型钢的上面用胶布封好后方可进行混凝土施工。 6. 混凝土养生到回弹强度不小于 90% 设计值，方可开放交通

工程质量 缺陷照片	 图 5.2.7-1　伸缩缝破坏	 图 5.2.7-2　伸缩缝变形
工程实例 照片	 图 5.2.7-3　伸缩缝线形标准	 图 5.2.7-4　过程严格检查验收

5.2.8　挂篮施工线形控制不规范

通病现象	悬灌梁的自重对挠度和形变的影响、混凝土自身的性质变化引起的误差、施工环境因素对挂篮施工的误差影响、测量仪器导致的误差
规范标准及 相关规定	•《城市桥梁工程施工与质量验收规范》CJJ 2—2008 13.2.5　墩顶梁段和附近梁段可采用托架或膺架为支架就地浇筑混凝土。托架、膺架应经过设计，计算其弹性及非弹性变形
原因分析	1. 混凝土龄期过短，产生的徐变变大，导致变形量出现误差。 2. 张拉应力的变化会引起对锚具的滑移、混凝土的徐变和钢筋的松弛等现象。 3. 混凝土的弹性模量由于材料的配比情况、养护条件等发生变化，使得设计值和实际值之间出现一定的误差，也会导致挂篮施工过程出现偏差
防治措施及 通用做法	1. 提高挂篮的设计要求：挂篮在设计的过程要尽量减轻自身的重量，但是不能降低对其刚度和强度的要求，并且要尽量减小形变量。 2. 采用挂篮施工的测试：通过进行施工测试可为误差控制提供详细的数据资料。 3. 施工前建立统一的高程测量控制网。 4. 在施工过程中要勤观测，勤复核，掌握梁体实时变化情况，才能对梁体结构变化和梁体线形调整提供依据。 5. 确保混凝土养护时间，强度和弹模双控制。 6. 定时进行挠度观测，时间宜在每天上午 9 点以前

| 工程质量缺陷照片 |
图 5.2.8-1　连接处错台 |
| 工程实例照片 |
图 5.2.8-2　连接处良好 |

5.2.9　梁体架设不规范

通病现象	梁缝、错台、错牙、锚固层厚度不足
规范标准及相关规定	•《城市桥梁工程施工与质量验收规范》CJJ 2—2008 13.3.2　构件吊点的位置应符合设计要求，设计无要求时，应经计算确定。构件的吊环应竖直，吊绳与起吊构件的交角小于 60° 时应设置吊梁。 13.3.3　构件吊运时混凝土的强度不得低于设计强度的 75%，后张预应力构件孔道压浆强度应符合设计要求或不低于设计强度的 75%
原因分析	1. 现场梁缝超标主要由两个因素决定：一是 U 梁梁长（最主要因素）；二是垫石坐标（跨度）。 2. 错台和错牙分别是由梁高、垫石标高、梁宽、线路墩顶垫石的平面位置引起的，现场控制也是通过加强对梁宽验收及运用 U 梁匹配。 3. U 梁架设过程中影响锚固层厚度的原因较多，主要是梁高、垫石标高、垫石互差、支座上顶板预埋件倾斜。锚固层在实际中往往是用来调节错台的
防治措施及通用做法	1. 现场解决问题的方法为严格控制箱梁梁长和垫石坐标，并进行箱梁匹配。 2. 现场控制是通过加强对梁宽、梁高验收，桥墩墩顶垫石平面位置、高程的验收，运用 U 梁匹配，梁体测量精调时控制等措施。 3. 现场调节锚固层使 U 梁梁体到达设计空间位置，然后支座灌浆，等强度达到设计要求后，撤除千斤顶，落梁

工程质量 缺陷照片	 图 5.2.9-1　架设完成梁体错台
工程实例 照片	 图 5.2.9-2　架设完成质量良好　　　图 5.2.9-3　架设完成线形良好

5.2.10　高架车站钢结构焊接不规范

通病现象	钢结构焊缝出现气孔、焊瘤、夹渣、咬边等缺陷
规范标准及 相关规定	•《城市桥梁工程施工与质量验收规范》CJJ 2—2008 14.2.5　焊缝连接应符合下列规定： 　1　首次焊接之前必须进行焊接工艺评定试验。 　4　焊接前应进行焊缝除锈，并应在除锈后 24h 内进行焊接。 14.2.6　焊接完毕，所有焊缝必须进行外观检查。外观检查合格后，应在 24h 后按规定进行无损检验，确认合格
原因分析	1. 焊材潮湿或有水分，焊接速度太快，冷却快速，导致出现气孔。 2. 焊接前，清根不彻底，母材或焊接材料化学成分不当，焊接时火焰能率过小等容易出现夹渣。 3. 焊接过程中，火焰能率过大，焊接速度太慢，焊丝焊嘴角度不正确导致熔化金属流淌到金属之外未熔化的母材上形成金属焊瘤
防治措施及 通用做法	1. 焊接前对焊材进行烘干处理。 2. 焊接前对坡口清根彻底，彻底清除坡口处的油污和锈蚀，使用合格的焊接材料，焊接时使用合格的火焰能率和其他焊接工艺参数。 3. 当立焊或仰焊时，应选用比平时小的火焰能率，焊接时焊丝与焊嘴的角度应适当。 4. 采用合格的焊接工艺，对焊工进行焊接考试，选用操作水平高技艺良好的焊工

工程质量缺陷照片	
	图 5.2.10–1　焊接质量缺陷
工程实例照片	
	图 5.2.10–2　焊接质量良好

第6章 轨道工程

6.1 轨排组装

6.1.1 轨枕（扣件）间距不符合设计及规范要求

通病现象	轨排组装后，在检查过程中发现轨枕间距误偏大、轨枕歪斜等现象
规范标准及相关规定	•《地下铁道工程施工及验收规范》（2003 年版）GB 50299—1999 13.4.4 轨枕或短轨（岔）枕安装时，直线段两股钢轨的轨枕或短轨（岔）枕中心线应与线路中线垂直，曲线段应与线路中线的切线方向垂直。 13.4.5 轨枕或短轨（岔）枕安装距离允许偏差为 ±10mm，承轨槽边缘距整体道床变形缝和钢轨普通（绝缘）接缝中心均不应小于 70mm。
原因分析	1. 对于短轨枕轨排组装时轨距块存在离缝，无法把扣件和钢轨夹紧，所以轨排吊装及运输过程中轨枕容易歪斜，在浇筑混凝土前无法保证所有轨枕都与钢轨垂直。 2. 轨排组装交底存在较大误差，现场组装轨排时尺寸误差较大。 3. 现场轨排组装施工人员没有按规范和交底进行施工
防治措施及通用做法	1. 在设计图纸会审须提出厂家施工生产前必须进行钢轨扣件组装试验，轨距块制造公差不能超过 0.5mm；在轨排装运过程中保持轨排平稳；在运输过程中保持轨排稳定，防止作业人员踩踏与其物件碰撞。 2. 复核组装轨排交底数据无误后，交班组按照轨排组装技术交底施工，跟踪检查对存在间距超标轨排及时进行整改。 3. 严格要求作业人员按照规范及交底组装，发现轨枕歪斜的及时用专用工具校正
工程质量缺陷照片	 图 6.1.1-1 轨枕间距过小　　　图 6.1.1-2 轨枕间距过大 图 6.1.1 3 轨距块离缝　　　图 6.1.1 4 轨距块无离缝

工程实例照片	 图 6.1.1-5　方尺方正	 图 6.1.1-6　标准轨距

6.1.2　扣件螺旋锚钉、T 形螺栓扭力过大或不足

通病现象	轨排组装过程中，发现扣件螺旋锚钉、T 形螺栓扭力过大或不足等现象
规范标准及相关规定	·设计要求：不同的扣件，有不同设计要求，一般设计要求整体道床扣件螺钉扭矩为 100~150N·m
原因分析	1. 个别螺栓不达标。 2. 现场施工时，一般采用电动扳手扭紧螺栓，由于电动扳手可控性较差，导致扭矩大小不一。 3. 现场质检人员检查不认真，对不合格的没有下整改令
防治措施及通用做法	1. 作业安装前锚固螺栓外观检查，对不合格的螺栓进行更换。 2. 在正式开工前，先进行试验，确定使用电动扳手紧固螺栓时，使螺栓达到设计扭矩所需的工作时间，然后让施工人员根据试验结果进行施工。 3. 轨排组装完成后，质检人员用扭力扳手进行抽检，对没有达到抽检要求的轨排及时手动扳手进行整改。 4. 电动扳手使用前进行螺钉扭力值检测核查，需使用满足扭力值的电动扳手器具进行螺栓紧固作业
工程质量缺陷照片	 图 6.1.2-1　电动扳手紧固螺栓
工程实例照片	 图 6.1.2-2　人工调整锚栓　　　　图 6.1.2-3　人工调整锚栓

6.1.3 轨距不符合设计及规范要求

通病现象	道床成型后，经常发现轨距不满足设计及规范等现象
规范标准及相关规定	•《地下铁道工程施工及验收规范》（2003年版）GB 50299—1999 施工标准： 13.5.4 与轨距：允许偏差为$^{+2}_{-1}$mm，变化率不应大于1‰。 验收标准： 13.8.4 与轨距：允许偏差为$^{+3}_{-2}$mm，变化率不应大于1‰
原因分析	1. 由于扣件和钢轨等材料有一定的误差，导致轨距不满足规范及设计要求。 2. 施工过程中，由于碰撞等原因导致轨枕歪斜，以至于轨距不满足规范及设计要求。 3. 轨道精调时，调整轨排的顶撑用力过大，待道床成型，顶撑拆除后，发现轨距不满足规范及设计要求
防治措施及通用做法	1. 材料进场时，严格控制材料质量及精度，对于不满足要求的产品，严禁使用。 2. 轨排组装过程中，检查轨距块是否离缝，一经发现，立即更换轨距块。 3. 轨排组装完成后，质检员进行抽检，对于不合格的轨排，及时进行整改。 4. 在精调过程中，防止对轨排顶撑用力过大，位移轨枕产生轨距块离缝及时整改。 5. 混凝土浇筑前，对作业人员进行交底，混凝土浇筑过程中严禁振捣器碰触轨枕与钢轨
工程质量缺陷照片	图 6.1.3-1 轨距块离缝　　 图 6.1.3-2 无规矩拉杆轨排
工程实例照片	图 6.1.3-3 安装轨距拉杆　　 图 6.1.3-4 轨检小车

6.1.4　轨底坡不符合设计及规范要求

通病现象	一般短轨枕道床成型后，发现轨底坡不符合设计及规范要求等现象
规范标准及相关规定	•《地下铁道工程施工及验收规范》（2003年版）GB 50299—1999 13.8.4-6　标准轨底坡：1/30~1/50
原因分析	1.支撑架刚度不够，产生变形，支撑架控制精度不足，对控制工艺不熟悉。 2.轨排架设时，支撑架歪斜，支撑架安装固定不牢。 3.电动扳手扭矩过大或过小，支撑架扣板设置不合理，导致钢轨与支撑架承轨槽离缝。 4.支撑架在施工中反复使用，长期持续荷载作用，支撑架变形已难以满足轨底坡的规范要求。 5.轨底坡检查仪器精度误差大，检测方法不科学
防治措施及通用做法	1.编制详细的作业指导书，加强技能培训。 2.提高钢轨支撑架的整体刚度，减小支撑架变形引起的控制误差。 3.优化了轨底坡卡件设置工艺，取消扣板连接，在承轨台上设置钢轨轨底倒模，让轨底完全密贴在承轨台上。 4.提高轨底坡检测水平。 5.提高现场施工人员和技术人员质量意识，轨底坡检测合格后方可浇筑道床混凝土。 6.轨底坡检查增加检测仪频次，核查校验检测标准值
工程质量缺陷照片	 图6.1.4-1　支撑架安装错误　　图6.1.4-2　轨底坡不良
工程实例照片	 图6.1.4-3　轨底坡支撑架正确安装　　图6.1.4-4　轨底坡良好

6.2 道岔

6.2.1 道岔尖轨不密贴

通病现象	在道岔施工完成后，发现有道岔尖轨不密贴等现象
规范标准及相关规定	•《地下铁道工程施工及验收规范》（2003 年版）GB 50299—1999 13.5.5-4 转辙器必须扳动灵活，曲尖轨在第一连接杆处的动程不应小于152mm；尖轨与基本轨密贴，其间隙不应大于 1mm。尖轨的尖端处轨距允许偏差为 ±1mm。
原因分析	1. 道岔在施工过程中，遭到损伤，导致尖轨不密贴。 2. 道岔组装时，没有锁住尖轨
防治措施及通用做法	1. 对施工人员进行技术交底培训，在施工过程中做好对道岔保护。 2. 道岔组装完成后，由质检人员检查尖轨是否用钩锁器或其他工具锁住。 3. 道岔组装完成后，调试尖轨是否密贴，如果不密贴，及时进行调整。 4. 在扳道岔时，一人锁紧尖轨与基本轨之间的夹轨器，另一人检查是否锁紧
工程质量缺陷照片	 图 6.2.1-1 尖轨未锁
工程实例照片	 图 6.2.1-2 钢丝锁住尖轨图　　　图 6.2.1-3 钩锁器锁住尖轨

6.2.2 滑床板与支撑垫板间隙过大

通病现象	在道岔施工过程中，发现滑床板与支撑垫板间隙过大等现象
规范标准及相关规定	• 《地下铁道工程施工及验收规范》（2003年版）GB 50299—1999 13.5.5-6 轨面应平顺，滑床板在同一平面内。轨撑与基本轨密贴，其间隙不应大于0.5mm
原因分析	1. 支撑垫板存在坡度或倾斜，导致滑床板与支撑垫板间隙过大。 2. 没有安装滑床板吊架，导致滑床板与支撑垫板不接触。 3. 道岔精调不到位，导致滑床板与支撑垫板差值变大
防治措施及通用做法	1. 道岔施工前，检查支撑垫板是否带坡度。 2. 滑床板吊架提升完成后，质检员用塞尺检查是否有空隙。 3. 用万能道尺核查控制点位数据，整改其误差值
工程质量缺陷照片	 图 6.2.2-1 滑床板过高，尖轨翘起被破坏
工程实例照片	 图 6.2.2-2 滑床板吊架 图 6.2.2-3 道岔成型照片

6.2.3 道岔各部位几何尺寸不符合设计及规范要求

通病现象	在验收时，发现道岔各部位存在几何尺寸不符合设计及规范要求等现象
规范标准及相关规定	• 《地下铁道工程施工及验收规范》（2003年版）GB 50299—1999 13.8.5-1　里程位置：允许偏差为±20mm。 13.8.5-2　导曲线及附带曲线：导曲线支距允许偏差为2mm；附带曲线用10m弦量正矢为2mm
原因分析	1. 道岔组装时，使用的仪器存在误差。 2. 道岔组装完成后，静置时间过长，导致轨道几何尺寸发生变化，且浇筑前没有进行检查。 3. 混凝土浇筑过程中，由于机械碰撞导致道岔几何尺寸出现偏差
防治措施及通用做法	1. 在道岔施工前，对所使用的仪器全部进行校核，保证其精度在规定的误差范围内。 2. 道岔精调完成后，应立即组织人员进行浇筑成型，如果静置时间过长，应重新精调报检。 3. 混凝土浇筑时，应严禁振捣棒等施工器具接触道岔及道岔支撑架等，如若发生碰撞，及时派精调人员进行复核
工程质量缺陷照片	 图6.2.3-1　混凝土浇筑破坏道岔状态
工程实例照片	 图6.2.3-2　精调

6.2.4 转辙机坑及区间泵房前后有积水

通病现象	施工完成后，转辙机坑及区间泵房前后存在积水现象
规范标准及相关规定	•《地下铁道工程施工及验收规范》（2003年版）GB 50299—1999 13.6.4 道床混凝土初凝前应及时进行面层及水沟的抹面，并将钢轨、轨枕或短轨（岔）枕及接触轨预制底座、扣件、支撑架等表面灰浆清理干净，抹面允许偏差为：平整度3mm，高程 $_{5}^{0}$ mm
原因分析	1. 转辙机坑内渗水没有封堵，水沟纵坡不符合要求。 2. 转辙机坑旁边没有预留集水井。 3. 土建施工错误，泵房排水管高出道床面，导致水很难流进泵房
防治措施及通用做法	1. 土建对底板渗漏水封堵。 2. 道岔混凝土浇筑时，应派专人对转辙机坑水沟进行封堵，按照纵坡设计要求设置好标高，控制其坡度达到排水要求。 3. 混凝土浇筑前，质检员应检查是否预留集水井。 4. 转辙机坑道床面应高于其他道床面，防止水流进转辙机坑。 5. 水沟浇筑前应复核区间泵房是否在最低点，浇筑时保证泵房位于水沟最低处。 6. 及时抽排泵房积水
工程质量缺陷照片	 图 6.2.4-1 区间道床被淹　　图 6.2.4-2 区间泵房满水 图 6.2.4-3 转辙机有积水照片

工程实例照片	 图 6.2.4-4 道床无积水道床图	 图 6.2.4-5 区间泵房无积水
	 图 6.2.4-6 转辙机无积水照片	

6.3 道床

6.3.1 轨道几何尺寸超标

通病现象	在道床施工完成后，发现轨道规矩、轨底坡、水平、高低、前后几何尺寸超标等现象
规范标准及相关规定	•《地下铁道工程施工及验收规范》（2003 年版）GB 50299—1999 13.8.4-1 轨道中心线：距基标中心线允许偏差为 ±3mm。 13.8.4-2 轨距：允许偏差为 $^{+3}_{-2}$ mm，变化率不大于 1‰
原因分析	1. 轨道精调时，使用的仪器存在误差。 2. 轨排精调完成后，静置时间过长，导致轨道规矩、轨底坡、水平、高低、前后几何尺寸发生变化，且浇筑前没有进行检查。 3. 混凝土浇筑过程中，由于机械碰撞导致轨道几何尺寸出现偏差。 4. 轨距块离缝过大，道床成型后，经过轨道车运行，导致轨距变大
防治措施及通用做法	1. 在精调前，对所使用的仪器全部进行校核，保证其精度在要求的误差范围内。 2. 轨道精调完成后，应立即组织人员进行浇筑成型，如果静置时间过长，应进行重新精调报检。

防治措施及通用做法	3. 混凝土浇筑时,应严禁振捣棒等施工器具接触轨排及轨排支撑架等,如若发生碰撞,及时派精调人员进行复核。 4. 发现轨距块离缝后,及时更换合适的轨距块
工程质量缺陷照片	 图 6.3.1-1 单腿支撑无轨距拉杆
工程实例照片	 图 6.3.1-2 双腿支撑架精调　　　　图 6.3.1-3 轨检小车精调

6.3.2 轨枕缺边掉角

通病现象	在施工现场经常发现轨枕缺边掉角现象
规范标准及相关规定	•《地下铁道工程施工及验收规范》(2003 年版)GB 50299—1999 13.7.1 混凝土轨枕、短轨(岔)枕及接触轨混凝土底座等预制构件制作应方正、平整、棱角直顺,不得有蜂窝麻面,强度应符合设计要求
原因分析	1. 在预制生产过程中,模板拆除过早、养护不到位导致轨枕损伤,缺边掉角。 2. 轨枕在吊运过程中,防护不当导致轨枕破损。 3. 轨排组装完成后,在吊运轨排时,导致轨枕损伤。 4. 道床浇筑时,振捣棒碰撞到轨枕,导致轨枕破损
防治措施及通用做法	1. 在生产过程中,应严格执行操作规范,混凝土养护到位到时,未达到拆模强度时禁止模板拆除,若有轨枕破损,应及时进行修补。 2. 轨枕或轨排在吊运过程中,应严格执行操作规程,轻起轻落。 3. 对混凝土工进行技术培训,培训合格后方能上岗作业;混凝土浇筑时,严禁振捣棒接触轨枕

图 6.3.2-1　轨枕掉角

| 工程质量缺陷照片 | |
| 工程实例照片 | |

图 6.3.2-2　轨排吊装　　　　　　　图 6.3.2-3　轨排吊装

6.3.3　道床侧面外观质量问题

通病现象	在道床施工完成后，发现道床侧面存在缺棱掉角、蜂窝麻面等现象
规范标准及相关规定	·《地下铁道工程施工及验收规范》(2003年版)GB 50299—1999 13.8.2-1　混凝土强度应符合设计规定，并应无蜂窝、麻面和漏振。表面清洁、平整度允许偏差为3mm，变形缝直顺，在全长范围内允许偏差为10mm
原因分析	1.在模板未清理干净情况下，便进行混凝土浇筑，导致拆模时道床面不平整。 2.混凝土浇筑时，施工人员未振捣到位，导致道床侧面出现蜂窝麻面。 3.在道床混凝土未达到设计强度前，模板被拆除，导致道床缺棱掉角。 4.进场的商品混凝土性能不满足要求或未进行性能检测
防治措施及通用做法	1.在模板安装前，应对模板进行清理，并涂脱模剂。 2.混凝土浇筑时，混凝土应对模板处进行合理振捣，保证无过振漏振。 3.在混凝土没有达到设计强度前，严禁拆模，且拆模时不得野蛮施工，应按规范要求进行拆模。 4.在商品混凝土进场时，专业技术人员对其进行性能检测合格后方可使用

工程质量 缺陷照片	 图 6.3.3-1　道床侧面蜂窝麻面
工程实例 照片	 图 6.3.3-2　模板刷脱模剂　　　　　图 6.3.3-3　无蜂窝道床

6.3.4　混凝土伸缩缝施工不规范

通病现象	在道床成型后，发现很多伸缩缝不垂直线路中心
规范标准及 相关规定	·根据设计要求，道床伸缩缝应与线路中心垂直
原因分析	1.模板没有安装到位，伸缩缝成型不好。 2.模板安装不牢，导致混凝土浇筑时位移。 3.模板安装完成后，意外被人为破坏且没有及时整改。 4.混凝土浇筑完成后，拆除伸缩缝模板时，伸缩缝垂直度被破坏
防治措施及 通用做法	1.模板安装完成后，必须经过质检员检查合格后方能施工下一道工序。 2.在后期施工过程中，若伸缩缝模板遭到破坏，应及时通知模板工进行整改，并对破坏人员进行处罚。 3.混凝土浇筑完成后，在混凝土初凝前拆除伸缩缝模板，若有破坏之处，抹面工及时进行修补。 4.伸缩缝填塞灌料要饱满，线形要美观

工程质量缺陷照片	
	图 6.3.4-1 伸缩缝不垂直
工程实例照片	
	图 6.3.4-2 不锈钢伸缩缝板　　　图 6.3.4-3 伸缩缝成品

6.3.5 道床裂缝

通病现象	在道床施工完成后，经常发现道床上存在一些不同程度的裂缝
规范标准及相关规定	• 根据设计及施工要求，道床和轨枕表面光滑平整无裂缝
原因分析	1. 混凝土浇筑前，轨枕没有冲洗湿润，导致道床与轨枕剥离。 2. 混凝土浇筑时，轨枕周围振捣不密实。 3. 混凝土浇筑时过振漏振，且抹面不及时。 4. 混凝土凝固后，没有及时进行养生或养生时间不够，导致道床开裂。 5. 道床混凝土没有达到设计要求强度，便拆除轨排支撑架或遭到轨道车碾压。 6. 混凝土配合比不合理
防治措施及通用做法	1. 混凝土浇筑前，施工值班人员检查轨枕是否湿润。 2. 混凝土浇筑时，振捣人员应加强对轨枕四周振捣，保证混凝土振捣密实。 3. 应对混凝土工进行技术交底培训，培训合格后方能上岗作业，且保证混凝土振捣应按照规范进行，抹面及时。 4. 混凝土浇筑后，应及时进行养护，且保证养护时间达到设计及规范要求。 5. 在混凝土没有达到设计及规范的要求强度前，严禁拆除轨排支撑架和轨道车通行。 6. 按照设计优化配合比，满足使用要求

工程质量 缺陷照片	 图 6.3.5-1　道床表面裂缝　　　图 6.3.5-2　轨枕与道床开裂
工程实例 照片	 图 6.3.5-3　成品道床

6.3.6　道床（承轨台）蜂窝麻面

通病现象	在道床成型后，发现道床上个别处存在蜂窝麻面
规范标准及 相关规定	• 《地下铁道工程施工及验收规范》（2003 年版）GB 50299—1999 13.8.2-1　混凝土强度应符合设计规定，并应无蜂窝、麻面和漏振。表面清洁、平整度允许偏差为 3mm，变形缝直顺，在全长范围内允许偏差为 10mm
原因分析	1. 混凝土浇筑时，少振、漏振或过振。 2. 抹面时，抹面工不小心在振捣过后的混凝土上洒水。 3. 在抹面完成后，遭到施工人员不小心破坏
防治措施及 通用做法	1. 做好技术交底。 2. 浇筑混凝土时按照技术要求分层振捣到位。 3. 现场施工员值班时应监督抹面人员严禁洒水。 4. 在抹面完成后，道床未凝固前，严禁施工人员踩踏，如若发现，及时进行修补，并对踩踏人员进行处罚

工程质量 缺陷照片	 图 6.3.6-1　道床表面坑洼不平
工程实例 照片	 图 6.3.6-2　支撑架放置在轨枕　　　图 6.3.6-3　合格成品道床

6.3.7　钢轨、扣件污染

通病现象	在验收时，经常发现钢轨、扣件被污染
规范标准及 相关规定	·根据设计及施工要求，在施工过程中，应保持钢轨、扣件的整洁
原因分析	1.混凝土浇筑时没有对扣件和钢轨进行保护。 2.混凝土浇筑过程中，钢轨扣件被污染后，没有及时清理污染物。 3.其他单位作业施工时，没有对钢轨和扣件进行保护
防治措施及 通用做法	1.混凝土浇筑前，应用塑料袋包裹扣件，钢轨用薄膜包裹，且浇筑时用雨布进行覆盖。 2.混凝土浇筑过程中，一旦发现钢轨和扣件被污染，及时用水冲或抹布清理干净。 3.在其他单位施工前，对其进行交底培训，防止对钢轨扣件造成污染

工程质量缺陷照片	
	图 6.3.7-1　混凝土污染扣件　　　　图 6.3.7-2　钢轨被油污染
工程实例照片	
	图 6.3.7-3　钢轨、扣件三层保护

6.3.8　轨缝过大或偏小

通病现象	在施工有缝线路时，发现轨缝过大或偏小
规范标准及相关规定	•《地下铁道工程施工及验收规范》（2003 年版）GB 50299—1999 13.8.4-7　轨缝：允许偏差为 $^{+1}_{\ 0}$ mm
原因分析	1. 技术人员配轨时出现错误，导致轨缝不满足规范要求。 2. 轨排组装人员施工时组装错误。 3. 在轨排运输过程中，轨排发生错位，轨排对接不上以致轨缝超出规范要求。 4. 焊轨时，施工人员对不合格的轨缝没有及时进行调整
防治措施及通用做法	1. 技术人员配轨应经过复核无误后，才能进行交底。 2. 做好技术交底，加强对现场施工人员技能培训。 3. 通过计算，计算出轨排通过小曲线半径时的偏移量，然后制作配套的轨排转向架。 4. 焊轨人员及时对不合格的轨缝进行调整
工程质量缺陷照片	
	图 6.3.8-1　轨缝过大

工程实例照片	
	图 6.3.8-2　无缝对接

6.3.9　水沟施工不规范、外观不好

通病现象	在水沟完成后，发现水沟沟底不平顺，坡度控制不好，外观线形不顺直，水沟积水等
规范标准及相关规定	•《地下铁道工程施工及验收规范》（2003 年版）GB 50299—1999 13.8.2-3　水沟直（圆）顺；沟底坡与线路坡度一致并平顺，流水畅通，允许偏差为：位置 ±10mm；垂直度 3mm
原因分析	1. 模板安装不牢固，导致混凝土浇筑时跑模胀模。 2. 水沟沟底不平顺，放线标高坡度控制不好且积水。 3. 模板安装没有拉线或者安装完成后被踩踏碰坏，导致水沟不平顺
防治措施及通用做法	1. 采用新型水沟模板，模板架设在钢轨上，使模板随钢轨变化，控制好纵向线形坡度。 2. 模板安装完成后，混凝土浇筑前检查是否安装牢固，对松动位移模板及时整改校正。 3. 在混凝土浇筑过程中防止作业人员踩踏，浇筑过程中防止混凝土集中堆积挤压模板改变线形
工程质量缺陷照片	
	图 6.3.9-1　水沟模板歪斜

工程实例 照片	 图 6.3.9-2　新型模板　　　　图 6.3.9-3　成型水沟 图 6.3.9-4　水沟模板安装示意图

6.3.10　铜端子安装质量不达标

通病现象	在道床成型后，发现铜端子焊接不符合设计及规范要求
规范标准及 相关规定	·根据设计要求，埋入式端子上表面高于混凝土表面 3~5mm，地铁道床排流端子有两种形式，分为埋入式端子和铜牌端子，两者设计要求埋深不同。埋入式端子要求上表面高于混凝土面 3~5mm；铜牌端子要求铜牌高于混凝土面 3~5cm，防止埋入式杂散端子上表面没入混凝土
原因分析	1. 焊工焊接时没有按照规定高度进行焊接，导致端子高度不符合设计要求。 2. 混凝土浇筑前，没有对端子进行保护，导致端子被污染。 3. 混凝土浇筑时，混凝土工没有按规定进行浇筑，导致端子高度不符合设计要求。 4. 与钢筋焊接不牢、偏移，焊接质量不达标
防治措施及 通用做法	1. 端子焊接施工前，制作控制端子高度的工装来进行施工。 2. 混凝土浇筑前，用塑料袋包裹端子。 3. 抹面时，抹面工及时处理端子周围的道床高度。 4. 与钢筋焊接牢固，控制好焊接质量。 5. 混凝土浇筑过程中分层进行，防止集中造成位移尺寸变化

工程质量 缺陷照片	 图 6.3.10-1　端子过高　　　图 6.3.10-2　端子焊接长度不够
工程实例 照片	 图 6.3.10-3　端子焊接成品 图 6.3.10-4　铜牌焊接成品

6.3.11　浮置板套筒安装不规范

通病现象	钢弹簧浮置板道床浇筑完成后，发现浮置板套筒定位不准确，高低误差大等现象
规范标准及 相关规定	·根据设计要求，隔振器外套筒安放位置公差 ±5mm

原因分析	1. 在浮置板钢筋绑扎时，由于钢筋绑扎的误差，导致隔振筒方向偏移。 2. 基底误差较大，导致隔振筒高低不一。 3. 吊装、运输过程中存在偏差
防治措施及通用做法	1. 通过木楔隔振筒把隔振筒固定在轨枕之间，在钢筋绑扎完成后取出木楔。 2. 在基底浇筑完成后，测量隔振筒位置的标高，根据测量结果，在隔振筒下方垫不同厚度的珍珠棉，使隔振筒高度基本一致。 3. 装运过程中做好保护。 4. 在混凝土浇筑前对钢套筒进行校核。 5. 根据放出的隔振器中心位置把隔振筒分类放好，根据设计图纸把观察筒放在指定位置。隔振筒安放位置误差为 ±5mm
工程质量缺陷照片	 图 6.3.11-1　套筒偏移
工程实例照片	 图 6.3.11-2　基底垫珍珠棉　　　　图 6.3.11-3　浮置板套筒定位

6.3.12　钢弹簧浮置板整体道床隔振器定位不准确，影响减振效果

通病现象	钢弹簧浮置板整体道床隔振器定位不准确，影响减振效果
规范标准及相关规定	• 根据设计要求，隔振器外套筒安放位置公差 ±5mm
原因分析	1. 施工时，隔振器外筒施工误差较大，导致隔振器定位不准确。 2. 定位销漏装或安装偏差大

防治措施及通用做法	1. 在道床混凝土浇筑前，检查隔振器外筒的位置是否在规范范围内，不满足时用专用工具在不破坏轨道状态及隔振器外筒的前提下，进行调整并固定，以满足设计要求。 2. 制作一个和隔振器外筒相配套的圆盘，并在圆盘中心开一个和定位销大小一致的圆孔，然后用相配套的电钻打孔，打孔完成后根据设计要求检查是否满足要求再安装定位销
工程质量缺陷照片	 图 6.3.12-1　无限位孔
工程实例照片	 图 6.3.12-2　水平限位器钻孔

6.3.13　基底清理不干净，道床基底凿毛不均匀

通病现象	基底清理不干净，道床基底凿毛不均匀，造成新旧混凝土面结合不牢
规范标准及相关规定	• 根据设计要求，矩形及马蹄形隧道灌注道床混凝土前，应将隧道内铺底混凝土凿毛；凿坑宽度和深度为 5mm，纵横间距不大于 100mm，凿毛后用水冲洗干净，灌注前保持铺底混凝土湿润
原因分析	1. 基底浮浆没有彻底清理，后期施工时，浮浆块掉落，基底被污染。 2. 由于基底凿毛采用人工凿毛，尺寸控制误差较大，导致基底凿毛不均匀。 3. 基底凿毛或膨胀螺栓安装后，没有对基底进行清洗
防治措施及通用做法	1. 基底凿毛前，用电钻把浮浆块凿除以后，再进行凿毛。 2. 由于人工凿毛误差较大，采用凿毛机进行凿毛。 3. 在所有基底工程施工完成后，用水对基底进行冲洗

工程质量缺陷照片	

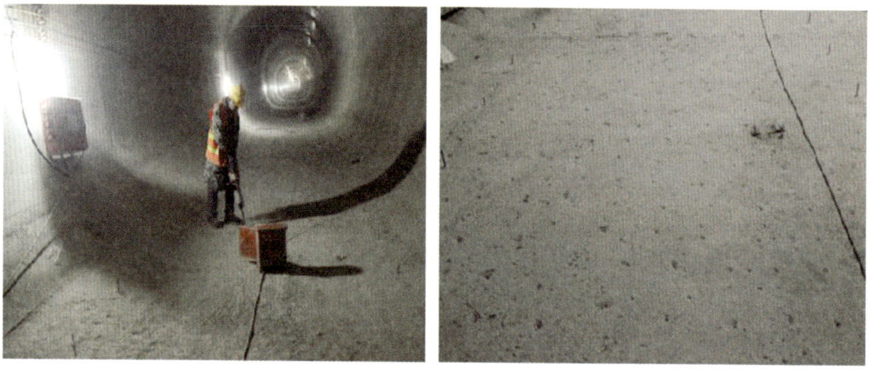

图 6.3.13-1　人工凿毛、间距不均匀

工程实例照片	

图 6.3.13-2　凿毛机凿毛

6.3.14　过轨预埋管遗漏或位置不准确

通病现象	道床施工完成后，管线专业发现过轨预埋管有遗漏或位置不对准确现象
规范标准及相关规定	·根据设计要求及施工标准，过轨预埋管线位置偏差不应偏离超过一个轨枕空隙
原因分析	1. 设计预埋管位置出现变化，没有及时告知施工单位。 2. 管线安装工安装管线不牢固，导致混凝土浇筑时管线发生偏移。 3. 管线安装完成后，被其他施工人员破坏，导致管线完全被混凝土淹没。 4. 管线材质易被破坏
防治措施及通用做法	1. 在土建施工完成后，设计单位应统计完所有管线后再出图纸，如果仍有遗漏，应把管线里程重新调整，然后再告知施工单位。 2. 用三道钢丝把管线固定在钢筋上，如果还有晃动，继续用钢丝加固，保证管线不晃动。 3. 混凝土浇筑前，检查管线是否有破坏，如有破坏，及时用钢丝进行重新固定。 4. 提前与设计沟通，采用镀锌钢管或开槽的方式

工程质量 缺陷照片	 图 6.3.14-1　过轨管线遭到破坏
工程实例 照片	 图 6.3.14-2　扎丝固定　　　　　图 6.3.14-3　开槽

6.4　钢轨焊接

6.4.1　钢轨焊接接头有伤损

通病现象	钢轨焊接接头出现伤损现象
规范标准及 相关规定	《钢轨焊接　第 1 部分：通用技术条件》TB/T 1632.1—2014 　6.2.1　焊接接头经外形精整后，以焊缝为中心的 1m 范围内，轨顶面的表面不平度应满足：在任意 200mm 区段内不大于 0.2mm；设计速度 $v > 160$km/h 时，在任意 100mm 区段内不宜大于 0.1mm。（母材表面未打磨区域的凹坑不做表面不平度的要求）。 　6.2.2　焊接接头及其附近钢轨表面不应有裂纹、明显压痕、划伤、碰伤、电极灼伤、打磨灼伤等伤损。对母材的打磨深度宜小于 0.5mm
原因分析	1.钢轨打磨过度。 2.焊轨未完成前，遭到重物打击，导致焊头出现伤损
防治措施及 通用做法	1.钢轨打磨时，当肉眼无法识别打磨平整度时，每打磨一次后，借助仪器检查一次。 2.焊轨完成后，在没有达到强度的接头处由专人看管

工程质量 缺陷照片	 图 6.4.1-1　焊轨时敲打导致损伤
工程实例 照片	 图 6.4.1-2　钢轨打磨

6.4.2　焊接接头外观尺寸超标

通病现象	焊接接头外观尺寸超标
规范标准及 相关规定	•《钢轨焊接 第 1 部分：通用技术条件》TB/T 1632.1—2014 　6.2.1　焊接接头经外形精整后，以焊缝为中心的 1m 范围内，轨顶面的表面不平度应满足：在任意 200mm 区段内不大于 0.2mm；设计速度 $v > 160$km/h 时，在任意 100mm 区段内不宜大于 0.1mm。（母材表面未打磨区域的凹坑不做表现不平度的要求）。 　6.2.2　焊接接头及其附近钢轨表面不应有裂纹、明显压痕、划伤、碰伤、电极灼伤、打磨灼伤等伤损。对母材的打磨深度宜小于 0.5mm
原因分析	1. 钢轨打磨过度。 2. 焊轨未完成前，遭到重物打击，导致焊头出现伤损。 3. 接头相错。 4. 焊接头无损探伤检测不达标

防治措施及通用做法	1. 在粗打磨剩余 3mm 时就开始精打磨。 2. 焊轨完成后，在没有达到强度的接头处由专人看管。钢轨打磨时，当肉眼无法识别打磨平整度时，每打磨一次后，借助检测仪器检查一次。 3. 焊接前用手摸一下接头是否对正。 4. 对焊接头无损探伤检测不达标的进行切割重新焊接
工程质量缺陷照片	 图 6.4.2-1　焊接时接头相错过大　　图 6.4.2-2　焊轨时敲打导致损伤
工程实例照片	 图 6.4.2-3　钢轨接头打磨　　图 6.4.2-4　钢轨接头平整度检测

6.5　碎石道床

6.5.1　碎石道床顶面不够宽，砟肩高度不足、底砟过高

通病现象	在有砟道床验收时，发现碎石道床顶面不够宽，砟肩高度不足、底砟过高现象
规范标准及相关规定	•《地铁设计规范》GB 50157—2013 7.4.2-3　正线无缝线路地段有砟道床的肩宽不应小于 400mm，有缝线路地段道床肩宽不应小于 300mm。无缝线路曲线半径小于 800m、有缝线路曲线半径小于 600m 的地段，曲线外侧道床肩宽应加宽 100mm，砟肩应堆高 150mm。道床边坡均应采用 1：1.75。 7.4.2-4　车场线有砟道床的道床肩宽不应小于 200mm，曲线半径不大于 300m 的曲线地段，曲线外侧道床肩宽加宽 100mm，道床边坡均应采用 1：1.5

原因分析	1. 底砟铺设前，没有进行基底标高测量，随意摊铺。 2. 底砟摊铺后，没有进行碾压捣固。 3. 有砟道床施工时，施工人员没有按照规范及设计尺寸要求施工 4. 道床施工完成后，被人踩踏，导致道砟掉落。 5. 捣固不密实，导致列车通过后，两侧道砟掉落
防治措施及 通用做法	1. 在底砟铺设前，需进行基底测量，然后根据测量结果进行摊铺。 2. 底砟摊铺后，及时进行捣固，捣固完成后进行平整并再次进行测量，符合施工要求。 3. 编制详细的作业指导书，加强对现场施工人员技能培训。 4. 道床施工完成后，严禁人员踩踏，做好道床成品保护工作。 5. 派专人进行监督捣固，且道床施工完成后，进行压道，然后再进行捣固
工程质量 缺陷照片	 图 6.5.1-1　底砟摊铺不规范　　　　图 6.5.1-2　砟肩高度不够
工程实例 照片	 图 6.5.1-3　捣固　　　　　　　图 6.5.1-4　补砟

第 7 章　建筑装饰工程

7.1　地面工程

7.1.1　地面浇筑垫层不平整、空鼓

通病现象	地面浇筑不平整，有人为性踩踏脚印或凹陷、空鼓
规范标准及相关规定	·《建筑地面工程施工质量验收规范》GB 50209—2010 4.9.10　找平层与其下一层结合牢固，不得有空鼓
原因分析	1. 四周未弹水平标高线或水平线不准，未打垫层完成面标高水平控制墩，造成平整度偏差。 2. 地面清理不干净，浇水太少，未湿透，造成局部空鼓。 3. 成品保护不到位，浇筑垫层未达到一定强度，上人或人力车通行作业，造成人为性踩踏脚印或凹陷
防治措施及通用做法	1. 根据水平标准线在四周墙、柱上弹出垫层的上平标高控制线，按线拉水平线抹找平墩（60mm×60mm，与垫层完成面同高），间距双向不大于2m。 2. 将基层余泥、尘土清理干净，浇水湿透，用水泥浆扫刷。 3. 用铁锹铺混凝土，厚度略高于找平墩，随即用平板振捣器振捣；混凝土振捣密实后，以墙柱上的水平控制线和找平墩为标志，检查平整度，高的铲掉，凹处补平；用水平刮杠刮平，然后表面用木抹子搓平。 4. 加强成品保护，浇筑完毕后的12h以内对混凝土加以覆盖并保湿养护，一般养护期不得少于7d
工程质量缺陷照片	 图 7.1.1–1　垫层未达到强度上人作业　　图 7.1.1–2　水平控制出现偏差
工程实例照片	 图 7.1.1–3　垫层完成面水平标控制墩

7.1.2 水泥砂浆压光地面泛砂、起灰

通病现象	地面水泥砂浆压光面泛砂、发白、干后起灰
规范标准及相关规定	·《建筑地面工程施工质量验收规范》GB 50209—2010 5.3.4 水泥砂浆面层的体积比（强度等级）必须符合设计要求；且体积比应为1:2，强度等级不应小于 M15
原因分析	1. 水泥砂浆的配合比达不到设计有关要求，砂的粒径过细或砂的含泥量过大，影响粘结力，引起地表面起砂。 2. 水泥砂浆地面铺设时，基层过于干燥，不浇水湿润或湿润不足，因此水泥砂浆铺设后，砂浆中的水分很快地被基层吸收，造成砂浆失水过快，使水泥颗粒的水化作用不充分，降低面层强度。 3. 地面压光表面粗糙，光洁度差，颜色发白，水泥的胶结性能较差，不坚实。 4. 未在压光后 24h 左右进行洒水养护，养护周期未达到 7d 上人走动或施工作业
防治措施及通用做法	1. 水泥砂浆配合比按设计相关要求，地面砂浆不用易干缩细砂，采用中砂，砂含泥量不大于 3%，一般不低于 1:2，水灰比为 1:（0.3~0.4），其稠度不大于3.5cm。 2. 第一遍抹压：在搓平后立即用铁抹子轻轻抹压一遍直到出浆为止，面层均匀，与基层结合紧密牢固；第二遍抹压：当面层砂浆初凝后（上人有脚印但不下陷），用铁抹子把凹坑、砂眼填实抹平，注意不得漏压，以消除表面气泡、孔隙等缺陷。 3. 压光地面层施工前，要先浇适量水湿润，杜绝表面的压光时间过早，造成砂浆表面的孔隙和气泡等缺陷；第三遍抹压：当面层砂浆终凝前（上人有轻微脚印），用铁抹子用力抹压把所有抹纹压平压光，达到面层表面密实光洁。 4. 养护时间在压光后 24h 左右进行洒水养护，每天不少于 2 次，严禁上人，养护期不得少于 7d，在养护期间严禁地面上人及施工作业
工程质量缺陷照片	 图 7.1.2-1 压光面强度低、泛砂　　图 7.1.2-2 水泥胶结性差、颜色发白
工程实例照片	 图 7.1.2-3 第一遍抹压效果

7.1.3 大理石、花岗石石材色差大

通病现象	石材色差
规范标准及相关规定	·《建筑地面工程施工质量验收规范》GB 50209—2010 ·《天然花岗石建筑板材》GB/T 18601—2009 5.3.1 同一批板材的色调应基本调和，花纹基本一致
原因分析	1. 同一区域使用的石材材料产地不同或批次不同，造成观感、颜色深浅不一致。 2. 施工铺装时不同批次材料铺装或不按排版图编号铺装。 3. 同批次材料用量计划不足用量不够，不同批次混用
防治措施及通用做法	1. 选择同一地区、同一色系、同一批次的原料，并统计同批次同色系材料量。 2. 对同批次石材大板材料进行一次选色，计算切割出材率及出材量，按排版图区域用量进行安排。 3. 对色差不明显或小偏差色泽的石材可采用排版进行浅深渐变自然过渡方法铺贴
工程质量缺陷照片	 图 7.1.3-1 颜色深浅不一致
工程实例照片	 图 7.1.3-2 无色差效果图　　7.1.3-3 无色差铺贴完成效果

7.1.4　地面大理石铺贴后返水、返锈、湿渍，防护质量不合格

通病现象	石材铺贴后防护不到位，出现黄斑、锈斑、返水、泛碱、湿渍
规范标准及 相关规定	·《建筑装饰装修工程质量验收规范》GB 50210—2001 　8.2.5　饰面板表面应平整、洁净、色泽一致，无裂痕和缺损。石材表面应无泛碱等污染
原因分析	1. 石材防护浸刷防护材料质量不合格，浸刷不到位，未进行六面防护涂抹，未能防止石材中铁质成分与水接触后发生氧化，生成锈斑。 　2. 铺贴时水泥砂浆中的氢氧化钙等碱性物质在湿作业时容易和水分一起进入石材内部的空隙，与石材中的部分矿物质发生化学反应，产生水结晶体使石材产生白花、水斑。 　3. 石材加工、运输、安装保护不到位与含铁物质接触后被污染生成锈斑、黄斑、污渍等。 　4. 离壁沟防水未做好，基层水通过未做好防护石材返水、返锈
防治措施及 通用做法	1. 使用合格防水剂，认真做好六面体防护，涂刷防护剂前，石材要保持干净干燥，六面体防护剂做完48h后再铺贴。 　2. 石材铺贴结合层用的水泥砂浆采用粗砂，浅色石材可采用32.5MPa白水泥或益胶泥铺贴，施工中断裂修复或者切割后的石材应补刷防护剂。 　3. 石材包装运输采用木箱，材料堆放时严禁与铁或易锈金属一起，室外材料石材堆放要做好防水保护，避免金属与石材接触造成金属锈蚀污染。 　4. 做好离壁沟防水及保证排水顺畅
工程质量 缺陷照片	 图 7.1.4-1　石材铺后返水　　　图 7.1.4-2　石材铺贴后返锈
工程实例 照片	 图 7.1.4-3　切割后补刷防护剂　　　图 7.1.4-4　石材铺贴效果

7.1.5 石材踢脚线安装接口错位

通病现象	石材踢脚线安装接口错位、线形不一致
规范标准及相关规定	·《建筑地面工程施工质量验收规范》GB 50209—2010 ·《建筑装饰装修工程质量验收规范》GB 50210—2001 8.2.8 饰面板上的孔洞应套割吻合，边缘应整齐。 表8.2.9 饰面板安装的允许偏差和检验方法（摘录）：勒脚上口直线允许偏差2mm
原因分析	1. 石材踢脚线厂家加工尺寸大小偏差过大、厚薄不一，线形形状不一致。 2. 石材踢脚线安装时接口未试对拼，安装后接口错位
防治措施及通用做法	1. 严格检查进场石材踢脚线材料尺寸大小、板材厚度、线形是否一致，必须达到设计要求方可使用。 2. 安装前接头先试对拼，检查线形是否一致，如形状一致，材料厚薄有小偏差，可垫基层或调挂件，保持表面线形平顺一致，接口顺直
工程质量缺陷照片	 图 7.1.5-1 踢脚线线形不一致　　 图 7.1.5-2 踢脚线接口错位
工程实例照片	 图 7.1.5-3 踢脚线接口平顺效果　　 图 7.1.5-4 踢脚线整体粘贴效果

7.1.6 地砖铺贴平整度偏差不达标

通病现象	地砖铺贴平整度偏差超标
规范标准及相关规定	·《建筑装饰装修工程质量验收规范》GB 50210—2001 表 8.2.9　饰面板安装的允许偏差和检验方法
原因分析	1. 施工操作不当，铺贴不平整。 2. 材料质量不合格，翘曲、厚薄不匀。 3. 铺贴后产品保护不到位，未到 24h 保护期就进行下道工序施工或人为踩踏
防治措施及通用做法	1. 施工中应严格选材，不使用翘曲的不合格材料。 2. 铺砌时，砖的背面朝上抹粘结砂浆，铺砌到已刷好的水泥浆找平层上，砖上楞略高出水平标高线，找正、找直、找方后，砖上面垫木板，用橡皮锤拍实，顺序从内退着往外铺砌，做到加砖砂浆饱满、相接紧密、坚实。 3. 铺贴时用 2m 水平尺检查或用三角塞控制平整度。 4. 铺贴好的地砖区域进行封闭养护，做好严禁上人踩踏警示标志，确保达到 48h 保养期才进行上人进行其他作业
工程质量缺陷照片	 图 7.1.6-1　砖面高差平整度不达标
工程实例照片	 图 7.1.6-2　铺贴时用三角塞控制平整度方法

7.1.7 地砖铺装地面局部空鼓

通病现象	地面地砖铺贴局部空鼓、起拱
规范标准及 相关规定	•《建筑装饰装修工程质量验收规范》GB 50210—2001 8.3.5 满粘法施工的饰面砖工程应无空鼓、裂缝
原因分析	1. 地面基层清理不干净、有污渍浮灰。 2. 地砖铺贴前地面浇水湿润不够、瓷砖未用水浸泡。 3. 水泥砂浆质量不达标、粘结层砂浆稀、铺贴时水泥素浆已干，配比不当、施工粘结不实造成空鼓。 4. 瓷砖铺贴养护期未到期，过早上人行走或重压，造成空鼓
防治措施及 通用做法	1. 地面瓷砖铺贴前先将铺贴区域工作面上的油污、灰尘和松散物清理干净。 2. 铺贴前进行浸水晾干后达到外干内湿，表面无水迹再进行铺贴。 3. 粘结层砂浆使用 1：2.5 水泥砂浆体积比，粘结层一般 20~30 mm 厚，杜绝粘结层过厚。 4. 养护期内应架板，禁止在面上行走，72h 后方可上人作业
工程质量 缺陷照片	 图 7.1.7-1 瓷砖铺贴后空鼓、起拱
工程实例 照片	 图 7.1.7-2 瓷砖铺贴效果

7.1.8　卫生间防水渗漏

通病现象	卫生间防水渗漏
规范标准及相关规定	• 《城市公共厕所设计标准》CJJ 14—2016 • 《建筑地面工程施工质量验收规范》GB 50209—2010 　4.9.3　有防水要求的建筑地面工程，铺设前必须对立管、套管和地漏与楼板节点之间进行密封处理，并应进行隐蔽验收。排水坡度应符合设计要求。 　4.10.11　厕浴间和有防水要求的建筑地面必须设置防水隔离层。楼层结构必须采用现浇混凝土或整块预制混凝土板，混凝土强度等级不应小于C20；房间的楼板四周除门洞外应做混凝土翻边，高度不应小于200mm，宽同墙厚，混凝土强度等级不应小于C20。施工时结构层标高和预留孔洞位置应准确，严禁乱凿洞。 　4.10.13　防水隔离层严禁渗漏，排水的坡向应正确、排水通畅
原因分析	1. 防水层涂刷厚度不足。 2. 预留洞管道安装后封堵不严实，松动、开裂，造成防水层破坏渗漏。 3. 地漏的安装不是在地面装修面的最低处，防水层与地漏口形成了存水、洼兜，造成渗水到管根、墙角等
防治措施及通用做法	1. 严格把关，地面墙面防水层涂刷完成干透后进行切片验收，确保厚度。 2. 解决管根渗水问题，在排水立管上加设止水环、给水立管加装套管，管道四周密封材料填实。 3. 进行二次闭水不少于24h试验，保证防水层密封验收合格后方进行面饰铺贴。 4. 在地漏下边设一个110mm×50mm的大小头漏斗，其安装高度与结构板找平层上板面相平，做防水前的找平层向地漏方向找坡，保证地漏是排水最低点
工程质量缺陷照片	 图 7.1.8-1　穿楼板管道封堵不合格　　图 7.1.8-2　防水层涂刷不均匀，厚度不达标
工程实例照片	 图 7.1.8-3　防水层涂刷合格效果　　图 7.1.8-4　闭水试验

7.1.9 卫生间地面排水不畅顺

通病现象	卫生间地面排水找坡方向不引向地漏、地漏四周地面铺贴不做引水坡
规范标准及 相关规定	•《城市公共厕所设计标准》CJJ 14—2016 5.0.7 公共厕所地面、蹲台、小便池及墙裙，均应采用不透水材料，并应设置水沟或地漏。地面坡度应坡向水沟或地漏，禁止冲洗水流向室外。 •《建筑地面工程施工质量验收规范》GB 50209—2010 4.10.13 防水隔离层严禁渗漏，排水的坡向应正确、排水通畅
原因分析	1. 施工未朝向地漏位置放坡，或放坡太小造成排水不畅。 2. 地漏四周铺贴不做引水坡，造成排水不畅
防治措施及 通用做法	1. 地面瓷砖铺贴前先根据排水地漏位置进行放坡朝向定位，控制好地砖铺贴时放坡斜度在 0.5%~2%，放坡方向按排水管安装地漏定点位朝向。 2. 地漏四周瓷砖铺贴将瓷砖切割做好引水坡
工程质量 缺陷照片	 图 7.1.9-1 地漏四周铺贴未做引水坡
工程实例 照片	 图 7.1.9-2 地漏四周瓷砖铺贴引水坡做法

7.1.10 防静电地板安装质量不达标

通病现象	防静电地板材料质量达不到设计要求、安装后有摆动感，牢固性不好、接缝不均匀，周边不顺直、电阻值不达标等现象
规范标准及相关规定	·设计一般要求：电性能指标应符合：导静电型表面电阻和系统电阻值低于 $1.0 \times 10^6 \Omega$；静电耗散型表面电阻和系统电阻值在 1.0×10^6~$1.0 \times 10^9 \Omega$ 之间
原因分析	1. 地板厚薄不匀，尺寸误差大，材料保管不当，运输过程中损坏。 2. 未预排，未拉线，接缝不平直、缝宽不一致、电阻值测试不达标。 3. 产品保护不到位
防治措施及通用做法	1. 严格把控材料进场质量检查，采用符合设计要求材料。 2. 安装时根据现场选择铺设方向，先进行预排，拉长线由外向里铺，先在横梁上铺设缓冲胶条，保证四周接触平整、严密、不得采用加垫的方法；按水平完成面控制线，铺完后用水平仪整体抄平一次。 3. 铺设完成后，用吸尘器全面清理，对污染部位用稀料清洗干净，进行电阻值测试合格后表面覆盖塑料布或夹板防护
工程质量缺陷照片	 图 7.1.10-1 产品密度达不到设计要求　图 7.1.10-2 地面不平，局部未安装钢脚架
工程实例照片	 图 7.1.10-3 预排试铺装　图 7.1.10-4 正确脚架安装及铺装效果

7.1.11　绝缘层地面绝缘电阻测试不合格

通病现象	绝缘层地面绝缘电阻测试不合格
规范标准及相关规定	•《城市轨道交通站台屏蔽门系统技术规范》CJJ 183—2012 •《城市轨道交通站台屏蔽门系统技术规范》CJJ 183—2012 4.4.8.1　正常情况下人体可触及的屏蔽门金属体应与土建结构绝缘，单侧站台门体与车站土建结构之间的绝缘电阻在 500VDC 下不应小于 0.5MΩ
原因分析	1. 绝缘层底有金属管件未清理，底油涂刷后未完全干就进行施工。 2. 未做好每单元绝缘层膜铺后绝缘电阻率的测试。 3. 绝缘缝的绝缘密封胶灌填处理不饱满
防治措施及通用做法	1. 清除绝缘层施工面原土建结构层突出物及绝缘层铺作区域的金属物，再进行水泥砂浆找平压光处理，绝缘层铺贴绝缘层底油涂刷后待 20~30min 完全干后再进行防水绝缘膜整摊铺，留 50mm 翻出装饰地面的长度，层膜的搭接宽度为 200mm，并用瓦斯喷灯在搭接处烘烤后压紧。 2. 绝缘层地面装饰铺贴石材时不能让水泥砂浆流淌到绝缘槽外面，同时不能有锐器造成绝缘层损坏，每单元绝缘层膜绝缘电阻率的测试要达到不小于1015Ω·cm 的要求。 3. 绝缘缝的绝缘密封胶灌填前把两端绝缘层膜切至装饰面下 5mm 处，使密封胶与两边的绝缘层膜紧密连接，与装饰地面平
工程质量缺陷照片	 图 7.1.11-1　站台绝缘层清理不干净
工程实例照片	 图 7.1.11-2　绝缘胶铺贴方法　　　图 7.1.11-3　绝缘层铺贴完成效果

7.1.12 装饰铺贴地面成品保护不到位

通病现象	装饰铺贴地面成品保护材料不合格、成品保护不到位
规范标准及相关规定	• 《建筑装饰装修工程质量验收规范》GB 50210—2001 4.2.2 抹灰前基层表面的尘土、污垢、油渍等应清除干净，并应洒水润湿。 一般设计要求：饰面工程镶贴后，应采取保护措施
原因分析	1. 工期计划紧、赶工、多专业同时施工。 2. 施工成品保护不及时。 3. 成品保护材料太差，起不到保护成品作用
防治措施及通用做法	1. 避免多专业同区域进行穿插施工。 2. 根据不同的铺贴成品采用合格成品保护材料，避免因成品保护材料的劣质和成品保护方法不合理造成成品污染。 3. 地面铺贴完成后用不小于9mm厚的板材满铺保护，楼梯步级定制成七字扣，每边宽度不小于50mm，长度同踏步长，每条保护扣的固定点设在平面上，分别在距离踏步两端各150mm位置用水泥钉将七字扣与踏步面固定进行保护
工程质量缺陷照片	 图 7.1.12-1 产品保护材料不合格　　图 7.1.12-2 产品保护不到位
工程实例照片	 图 7.1.12-3 楼梯步级铺贴后保护方法　　图 7.1.12-4 地面铺贴后保护方法

7.2 抹灰工程

7.2.1 抹灰基层处理不到位

通病现象	抹灰基层尘土、污垢、油渍未清理干净、混凝土与砌体接缝未挂钢丝网、砌体砖未做砂浆拉毛处理、夹柱凸出未剔平、抹灰前砌体墙面未洒水润湿
规范标准及相关规定	•《建筑装饰装修工程质量验收规范》GB 50210—2001 4.2.2　抹灰前基层表面的尘土、污垢、油渍等应清除干净，并应洒水湿润。 4.2.4　不同材料基体交接处表面的抹灰，应采取防止开裂的加强措施，当采用加强网时，加强网与各基体的搭接宽度不应小于100mm
原因分析	1. 基层表面浮浆、油渍、混凝土夹柱或过梁筑注时漏出的水泥浆和砂浆、抹灰灰浆等的附着物未清理。 2. 砌体夹柱浇筑凸出处未剔平。 3. 混凝土与砌体接缝未挂钢网，砌体未用混凝土砂浆拉毛处理。 4. 抹灰前砌体未浇水湿润
防治措施及通用做法	1. 抹灰前对基层表面浮浆、油渍彻底铲除或用钢丝刷清除。 2. 将混凝土过梁、梁垫、圈梁、柱、梁等表面凸出部分剔平，将蜂窝、麻面、露筋、疏松部分剔到实处，并刷胶黏性素水泥浆或界面剂然后用1：3的水泥砂浆分层抹平。 3. 墙体与钢筋混凝土接处抹一遍"过渡层"（厚3~5mm），超过接缝的长度不小于100mm，待其干燥后抹底灰，加挂200~300 mm 宽，0.8m 厚的9 mm×25 mm 孔钢丝网；砌体墙面用混凝土砂浆拉毛处理。 4. 对抹灰基层表面的油渍、灰尘、污垢等应清除干净，对抹灰墙面结构应提前浇水均匀湿透
工程质量缺陷照片	 图 7.2.1-1　基层表面浮浆未铲除　　图 7.2.1-2　墙体夹柱凸处未剔平
工程实例照片	 图 7.2.1-3　墙体接缝混凝土砂浆 填平、挂网 图 7.2.1-4　加气砖墙基层 混凝土砂浆拉毛

7.2.2 抹灰表面不达标

通病现象	墙面抹灰表面不平整、不垂直，阴阳角不方正等
规范标准及相关规定	·《建筑装饰装修工程质量验收规范》GB 50210—2001 4.2.7 护角、孔洞、槽、盒周围的抹灰表面应整齐、光滑；管道后面的抹灰表面应平整
原因分析	1. 抹灰前没有事先按规矩找方、挂线、做灰饼，抹灰层表面接槎明显，呈波浪形，或明显凹凸不平整。 2. 阴阳角未弹垂直控制线，未做护角。 3. 成品保护不到位
防治措施及通用做法	1. 抹灰前按规矩找方、横线找平、立线吊直，弹出基准线，拉线，间隔1.5m做灰饼，冲筋宽同灰饼，再次用托线板拉线检查，无误后方可抹灰。 2. 充筋完成2h左右开抹底灰，抹前应先抹一层薄灰，要求将基体抹严，抹时用力压实使砂浆挤入细小缝隙内，接着分层装档、与充筋抹平，用木杠刮找平整，用木抹子搓毛。 3. 然后全面检查底子灰是否平整，阴阳角是否方正、整洁，管道后面与阴角交接处、墙顶板交接处是否光滑平整、顺直，并用托线板检查墙面垂直与平整情况。 4. 在底灰六七成干时开始抹罩面灰（抹时如底灰过干应浇水湿润）罩面灰两遍成活，厚度约2mm，依先上后下的顺序进行，然后赶实压光，压时不要出现水纹。 5. 压好后随即用毛刷蘸水将罩面灰污染处清理干净，挂产品保护标识牌，防止水平运输车辆行走、搬运物体等碰撞墙面
工程质量缺陷照片	 图7.2.2-1 立面不平整未加护角 图7.2.2-2 阳角不垂直
工程实例照片	 图7.2.2-3 墙面抹灰平整，阴阳角顺直

7.3 墙、柱饰面工程

7.3.1 墙体硅酸钙板安装不达标

通病现象	硅酸钙板隔墙基层龙骨安装不牢固、垂直偏差大，硅酸钙板安装不平整
规范标准及相关规定	•《建筑装饰装修工程质量验收规范》GB 50210—2001
原因分析	1. 硅酸钙板隔墙底部未做混凝土导墙，隔墙龙骨直接安装在楼板上造成龙骨底部不牢固。 2. 天龙骨不到顶，未固定在混凝土楼板上，顶上没有固定点。 3. 硅酸钙板不在龙骨上接缝或接缝不合理，造成硅酸钙板不平整
防治措施及通用做法	1. 按隔墙位置放线定位做混凝土导墙地龙，轻钢隔墙地龙骨用膨胀螺栓锚固在导墙，沿顶和沿地龙骨，各自交接后的龙骨，应保持平直，固定点间距应不大于1000mm，龙骨的端部必须固定牢固。 2. 硅酸钙接缝应竖向铺设，长边接缝应落在竖向龙骨上，采用自攻螺钉固定，周边螺钉的间距不应大于200mm，中间部分螺钉的间距不应大于300mm，螺钉与板边缘的距离应为10~16mm，钉头略埋入板内。 3. 硅酸钙板隔墙端部的石膏板与周围的墙或柱应留有3mm的槽口，接口缝必须在龙骨上与龙骨接触紧密
工程质量缺陷照片	 图 7.3.1-1　隔墙龙骨无穿心龙骨　　图 7.3.1-2　硅酸钙板接缝不在龙骨上
工程实例照片	 图 7.3.1-3　隔墙混凝土导墙做法　　图 7.3.1-4　硅酸钙板接缝安装方法

7.3.2 搪瓷钢板表面平整度、垂直度不达标

通病现象	搪瓷钢板安装松动，表面平整度、垂直度不达标
规范标准及相关规定	·《建筑装饰装修工程质量验收规范》GB 50210—2001 ·《建筑装饰用搪瓷钢板》JG/T 234—2008
原因分析	1. 土建结构墙面平整偏差大，搪瓷钢板主龙骨预埋件长短不一，主龙骨安装过程中与完成面控制线距离有出入偏差，主龙骨安装被预埋件角码拉偏斜。 2. 搪瓷钢板面板安装未用U形防震胶垫或面板插件未安装到位、松动
防治措施及通用做法	1. 搪瓷钢板主龙骨安装前在墙面根据水平标高控制线按设计排版图弹出分格线，结构墙平整度偏差过大时调整主龙骨预埋件，根据墙面偏差使用非标件进行主龙骨调平，出现受阻需偏位安装时应加钢垫进行对位调整，确保主龙骨垂直。 2. 面板安装时必须安装面板插件U形防震胶垫，四角插件入槽到位
工程质量缺陷照片	 图 7.3.2-1　未弹分格线安装龙骨预埋件　　图 7.3.2-2　搪瓷钢板面安装不平整
工程实例照片	 图 7.3.2-3　搪瓷钢板主龙骨及预埋件安装方法　　图 7.3.2-4　搪瓷钢板安装完成效果

7.3.3 搪瓷钢板安装接缝质量差

通病现象	搪瓷钢板安装缝大小不均匀、缝路错位，与广告灯箱、检修门收口缝不顺
规范标准及相关规定	·《建筑装饰装修工程质量验收规范》GB 50210—2001 ·《建筑装饰用搪瓷钢板》JG/T 234—2008

原因分析	1. 主龙骨安装 U 形挂件不在同一水平直线上，安装面板插件未完全插到竖向龙骨 U 形插口底部。 2. 预留广告灯箱（检修门）位置尺寸偏差
防治措施及 通用做法	1. 按材料下单排版图弹好垂直、水平分格线，主龙骨安装时 U 形挂件必须在同一水平线上，面板安装时插件对准竖向龙骨的插口，U 形插件推入并挂在龙骨上，用胶锤敲击插件到位。 2. 广告灯箱或检修门位置按设计尺寸预留，搪瓷钢板主龙骨安装时不得偏位侵限
工程质量 缺陷照片	 图 7.3.3-1　搪瓷钢板安装缝大小不均　　图 7.3.3-2　搪瓷钢板接缝错位
工程实例 照片	 图 7.3.3-3　搪瓷钢板检修门安装方法　　图 7.3.3-4　搪瓷钢板安装完成后效果

7.3.4　搪瓷钢板成品保证不到位

通病现象	搪瓷钢板安装方法不正确被损坏，安装完成后被污染
规范标准及 相关规定	•《建筑装饰装修工程质量验收规范》GB 50210—2001 •《建筑装饰用搪瓷钢板》JG/T 234—2008
原因分析	1. 安装搪瓷钢板使用工具不符合要求，用硬性工具敲击，造成搪瓷面漆损坏。 2. 搪瓷钢板面膜揭开过早，受其他施工污染（如顶棚油漆喷涂、防水堵漏剂等）。 3. 搪瓷钢板安装后未保护，施工或材料堆放挤压，造成板面变形

防治措施及通用做法	1. 避免任何尖锐的物体直接打击板面，直接与搪瓷墙面接触的安装工具使用柔性接触，如胶锤、橡胶衬垫等。 2. 搪瓷板表面的保护膜在顶棚油漆喷涂未完成前不揭掉，后期如在有堵漏施工或补喷顶棚油漆必须将可能污染的墙面采用彩条布或不易渗透污染的材料遮掩保护。 3. 地面第一行搪瓷钢板安装完后，使用9mm厚夹板遮掩，施工材料堆放不能直接靠压在搪瓷钢板面上
工程质量缺陷照片	 图7.3.4-1 被油漆污染墙面　图7.3.4-2 安装时受硬　图7.3.4-3 材料堆放挤压 物敲击
工程实例照片	 图7.3.4-4 墙面搪瓷钢板保护方法

7.4 顶棚工程

7.4.1 顶面涂料喷涂不均匀、色差明显

通病现象	顶面涂料喷涂基层孔洞未填补，涂料喷涂不均匀、色差明显
规范标准及相关规定	•《建筑装饰装修工程质量验收规范》GB 50210—2001 10.2.4　水性涂料涂饰工程应涂饰均匀、粘结牢固，不得漏涂、透底、起皮和掉粉

原因分析	1.同区域喷涂材料使用不同批次，生产色号有差异。 2.顶棚喷涂面材料不同，受漆程度有差异，如保温材料与混凝土面及金属管面、PVC管等不同类别材料受漆程度各异，喷涂次数一样，造成深浅色明显。 3.顶面涂料喷涂基层孔洞未修补，模板缝高差未打磨平整，观感效果差
防治措施及通用做法	1.施工区域工作面大情况下，同色号不同生产批次漆有轻微色差，分区域喷涂同区域必须使用同一批次同色号的漆。 2.涂料喷涂根据不同基底采用不同底漆，顶棚管线与混凝土基底对涂料黏附力和覆盖力不同，管线喷涂使用涂料强度高底漆增强黏附和覆盖力，减少色差；涂料喷涂过程中，基层浅色的区域先淡喷一次，采用薄喷多次喷涂法，控制好喷涂重搓覆盖多，喷层次数不一致造成的不均匀而色差明显。 3.涂料喷涂前顶面孔洞如堵漏针孔先用腻子修补平整、模板缝高差打磨平整，再进行喷涂
工程质量缺陷照片	 图7.4.1-1 喷涂次数不一致色差明显　　图7.4.1-2 基层处理不到位
工程实例照片	 图7.4.1-3 涂料喷涂过程　　图7.4.1-4 顶面涂料喷涂完成效果

7.4.2 栅形顶棚变形、晃动

通病现象	栅形顶棚吊杆过长未做反支撑、顶棚吊杆与安装管线吊杆共用、顶棚方通没安装驳接头，配件接头错位、变形
规范标准及相关规定	•《建筑装饰装修工程质量验收规范》GB 50210—2001 6.2.4 暗龙骨吊顶工程的吊杆、龙骨和饰面材料的安装必须牢固。 6.2.9 金属吊杆、龙骨的接缝应均匀一致，角缝应吻合、表面应平整，无翘曲、锤印。木质吊杆、龙骨应顺直，无劈裂、变形

原因分析	1. 顶棚吊杆长度超过 1.5m，未做钢架转换层或未设置角钢反支撑，造成顶棚晃动。 2. 管线占空间过大，顶棚吊杆位置不足，与管线共用吊杆，造成晃动。 3. 主龙骨驳接或铝通接头未使用正确驳接件，挂件使用间距过大或铝通接头未使用驳接件，造成格栅接头错位变形
防治措施及 通用做法	1. 大面积超高顶棚设钢架转换层，超过 1.5m 长吊杆，设置角钢反支撑钢架，缩短吊杆支撑点，加强顶棚龙骨基层整体稳定性。 2. 管线占用空间宽超过 1.2m，设置钢跨架，保证吊杆间距不大于 1.2m，顶棚不能同安装管线共用一条吊杆。 3. 主龙骨接头必须使用接头配件，龙骨接头增加吊杆，保证龙骨接头稳定性。方通接头使用合格接头配件，连接坚固，减少方通接头错位及变形
工程质量 缺陷照片	 图 7.4.2-1　超 1.5m 长吊杆未设反支撑钢架　　图 7.4.2-2　方通未装接头配件
工程实例 照片	 图 7.4.2-3　跨管钢架及反支撑钢架做法　　图 7.4.2-4　栅形顶棚完成效果

7.4.3　板形顶棚板面安装质量不达标

通病现象	板形顶棚基层龙骨平整度不够、顶棚面板安装后不平整有波浪、板缝不均匀或错台
规范标准及 相关规定	•《建筑装饰装修工程质量验收规范》GB 50210—2001 6.3.7　饰面材料表面应洁净、色泽一致，不得有翘面、裂缝及缺损
原因分析	1. 顶棚基层钢架、龙骨安装未调平，面板安装后不平，呈现波浪状。 2. 板材过薄，安装后板中间有凸凹感。 3. 板规格有大小误差或不方正，安装后出现大小缝或错台。 4. 成品保护不到位，受其他工序施工碰撞造成板面凹陷或掉漆

防治措施及通用做法	1. 基层方通或角钢焊装时，拉长线焊装，焊缝打磨平整，严格控制基层龙骨平整度。 2. 面板设计规格大，材料过薄应及时同业主和设计部门提出安装后可能造成不平整效果，做设计变更。 3. 材料进场按排版下单图检查规格尺寸，合格产品才能上顶安装，避免安装后缝大小及缝错台问题而返工。 4. 安装完成，做好产品保护警示标识
工程质量缺陷照片	 图 7.4.3-1 基层龙骨焊缝不平未打磨　　图 7.4.3-2 面板安装后不平呈现波浪状
工程实例照片	 图 7.4.3-3 板形顶棚安装过程控制　　图 7.4.3-4 板形顶棚完成效果

7.4.4 装饰顶棚吊杆、龙骨与屏蔽门及振动管间距不足

通病现象	装饰顶棚吊杆、龙骨与屏蔽门间距不足，与振动管间距不足
规范标准及相关规定	·设计要求及行业标准:机电安装、装饰墙面金属基层、顶棚吊杆、转换层钢架、金属龙骨、面饰金属板材杜绝与屏蔽门体接触，与门体间距应符合设计图要求
原因分析	1. 装饰顶棚吊杆长超过 1500mm，需做钢架转换层或反支撑钢架，空间位置不足。 2. 专业安装管线占用空间大，顶棚吊杆没有锚固吊杆吊点，需在站台结构梁焊装锚固钢架，造成与屏蔽门立柱或门体间距不足。 3. 结构层标高不够，管线安装偏低，主龙骨或顶棚转换钢架标高位置不够，造成屏蔽门上方检修门开启困难

防治措施及 通用做法	1. 充分考虑靠近屏蔽门区域的空间，同各专业安装单位协调配合，合理安排空间利用，土建结构梁高时可在超出屏蔽门基层高度焊钢架，避开与屏蔽门体的接触，保证足够间距。 2. 与安装专业协调配合，进行站台屏蔽门安装区域空间的管线排布，装饰顶棚转换钢架不焊三角钢架，焊 T 形钢吊架，减少空间占用。 3. 在顶棚标高空间不够时，可取消主龙骨，副龙骨直接安装在顶棚转换层钢架上，减少主龙骨占用空间，保证与振动管有足够距离
工程质量 缺陷照片	 图 7.4.4-1 吊杆钢架与屏蔽门连续　图 7.4.4-2 顶棚垮管钢架与振动管间距不足
工程实例 照片	 图 7.4.4-3 顶棚转换钢架做法　图 7.4.4-4 顶棚与屏蔽门间距效果

7.5 出入口装饰工程

7.5.1 出入口上盖钢结构焊接质量不达标

通病现象	上盖钢结构焊接不熔合、焊缝夹渣、虚焊、裂纹、咬边、高于母材焊缝未打磨平整
规范标准及 相关规定	·《钢结构工程施工规范》GB 50755—2012
原因分析	1. 焊件装配间隙或坡口角度太小、钝边太厚、焊条直径太大、电流过小、速度太快及电弧过长造成边缘不熔合。 2. 焊接熔池中存有低熔点杂质，结晶凝固最晚，在凝固后不久被拉开产生裂纹。 3. 焊缝边缘有氧割时残留的熔渣未清干净，进行埋弧焊封底时焊丝偏离焊缝中心形成夹渣。 4. 焊缝高于母材，未做打磨处理，外观差

防治措施及 通用做法	1. 防治不熔合。在焊装前合理选用焊接电流和控制好焊接速度，将坡口表面氧化皮和油污清除干净，多层焊接时，每一焊层都要清理焊渣，埋弧焊不要焊偏。 2. 对焊接裂纹通用做法采用小电流多层多道焊接，减慢冷却速度，防止产生裂焊。 3. 正确选取坡口尺寸，清理干净坡口边缘，焊缝焊接完成冷却后，敲打掉表面焊渣。 4. 焊缝高出母材表面（阴角焊缝除外），应打磨平整
工程质量 缺陷照片	 图 7.5.1-1　焊缝未清干净、立柱未切坡口　　图 7.5.1-2　焊缝咬边
工程实例 照片	 图 7.5.1-3　阴阳角焊接方法　　图 7.5.1-4　出入口上盖焊装完效果

7.5.2　钢结构涂层厚度不够，涂刷不均匀

通病现象	钢基层未刷磨干净锈蚀，涂层厚度不够，涂刷不均匀
规范标准及 相关规定	•《钢结构工程施工规范》GB 50755—2012 •《钢结构防火涂料工程施工验收规范》DB 29—134—2005 　2.2.3　分层涂覆的涂料，应按产品施工工艺规定的施工间隔进行涂覆，直至达到所需厚度。 　2.2.4　涂覆后的涂层不应出现流挂、粉化、空鼓、脱落、漏涂和裂纹等缺陷。 　2.3.1.4　当设计要求涂层表面平整时，应对最后一遍涂层作抹平处理，确保外表面均匀平整
原因分析	1. 钢件未清刷干净锈渍，涂料喷涂后脱落。 2. 涂料喷涂层次少未达到漆膜设计要求厚度，涂料稀释剂掺量过多，粘结强度不够与基层附着力太小，造成涂层厚度不够。 3. 喷涂施工中使用不同批次涂料或重搓过宽，一次喷涂过厚涂层有流坠，造成涂膜不均匀

防治措施及通用做法	1. 对钢件进行锈渍清刷打磨处理，处理后进行下道喷涂，避免二次锈蚀。 2. 涂料喷涂过程底漆、面漆喷涂以薄喷多次方法进行，喷涂尽量控制漆膜少重槎或复槎小，才能使涂料漆膜均匀，不流坠。 3. 最后一道面漆喷涂前，底漆必须完全干透，检查底漆表面是否有颗粒粉尘过多附属物，可用细砂纸轻打磨，纱布擦干净后再进行面漆喷涂
工程质量缺陷照片	 图 7.5.2-1　钢结构涂层不均匀　　图 7.5.2-2　钢结构涂层厚度不够
工程实例照片	 图 7.5.2-3　涂层厚度达到效果　　图 7.5.2-4　涂层涂料均匀效果

7.5.3　干挂大理石安装不牢固，表面不平整

通病现象	干挂大理石安装不牢固，安装后表面不平整，缝隙不均匀
规范标准及相关规定	•《建筑装饰装修工程质量验收规范》GB 50210—2001 9.4.15　石材幕墙应平直、洁净、接口严密、安装牢固
原因分析	1. 分格放线、定位不准确，主龙骨预埋件角码及钢架安装偏位，造成主龙骨槽钢安装不牢固。 2. 石材干挂件安装不正确，石材挂槽开过大松动不牢固，或采用石材粘贴胶粘贴金属干挂件，造成不平整不牢固
防治措施及通用做法	1. 根据水平控制基准线，弹出排版分格线及主龙骨槽钢安装线，进行预埋角码的定位，主龙骨槽钢安装用膨胀螺栓与主体结构连接，角钢板左右两侧紧贴主龙骨槽钢螺栓连接，如墙面砌体是轻质砖，必须安装穿墙钢板固件，保证钢架基层牢固平整。 2. 石材不锈钢干挂件必须采用螺栓加弹簧垫锚固在副龙骨角钢上，石材挂槽严格按干挂件尺寸，严禁开槽，大挂件松动造成表面不平整。 3. 为保证安全，干挂石材固定必须采用物理性质固定法，金属干挂件与石材固定严禁采用全化学固定方法

工程质量缺陷照片	
	图 7.5.3-1　不锈钢干挂件采用云石胶粘固　　图 7.5.3-2　石材安装后表面高差
工程实例照片	
	图 7.5.3-3　基层钢架及角码安装方法　　图 7.5.3-4　干挂石材完成效果

7.5.4　出入口飘雨及玻璃安装不达标

通病现象	出入口玻璃安装留缝过大、上盖铝檐板未做滴水线、玻璃中缝密封胶打胶粗糙
规范标准及相关规定	•《建筑装饰装修工程质量验收规范》GB 50210—2001
原因分析	1. 顶棚上盖铝板檐边未做滴水线。 2. 顶棚上盖玻璃下单尺寸不准确，上下檐留缝过宽。 3. 玻璃直缝留缝大小不一致，打密封胶粗糙不顺直
防治措施及通用做法	1. 上盖檐口铝单板要严格按设计图要求，檐板出檐尺寸在幕墙玻璃面外悬挑不小于300mm，并做挡水滴水线，防止雨水顺檐口往内流。 2. 顶棚上盖玻璃下单加工必须按设计要求，详细核对钢结构尺寸，上檐口一般留缝不大于50mm，下沿口必须在挡水梁下50~100mm，保证下单精确性。 3. 出入口幕墙玻璃直缝留缝宽应按设计图要求，缝宽大小一致，密封胶填缝顺直不生节，胶缝轻凹于玻璃表面

工程质量缺陷照片	
	图7.5.4-1 上盖幕墙玻璃上下留缝过大　图7.5.4-2 出入口上盖铝檐板未做滴水线
工程实例照片	
	图7.5.4-3 出入口上盖玻璃安装效果　图7.5.4-4 出入口上盖铝檐板滴水线效果

7.6 门窗工程

7.6.1 门窗与结构连接不牢固

通病现象	门窗框安装锚固件过小或过少、加气砖墙体门窗安装位置未加混凝土砌块
规范标准及相关规定	• 《建筑装饰装修工程质量验收规范》GB 50210—2001 5.3.3 金属门窗框和副框的安装必须牢固。预埋件的数量、位置、埋设方式、与框的连接方式必须符合设计要求
原因分析	1. 加气砖砌体墙门窗安装洞口未加混凝土砌块锚固件安装不牢固。 2. 门窗框与结构墙预留洞口过大，安装锚固铁脚间距过大、锚固铁脚用料过小或过薄，锚固方法用简单钢钉锚固，导致门、窗框安装不牢固
防治措施及通用做法	1. 当墙体为混凝土，门窗框可直接将连接件与墙体固定，当为砖墙时（特别是加气块砖），框四周连接件端部开叉，用高强度水泥砂浆嵌入混凝土砌块于墙体内，锚固件安装在混凝土砌块上，埋入深度不小于50mm，离墙体边大于50mm。 2. 门窗框在安装时，锚固铁脚连接件应采用镀锌的金属件，厚度不小于1.5mm，宽度不小于25mm，门框埋入地面以下应为20~50mm；锚固铁脚间距不得大于500mm，四周离边角180mm，铰链、锁位上加设连接件，连接件应伸出框体并锚固于墙体

工程质量 缺陷照片	 图 7.6.1-1　结构窗洞预留过大	 图 7.6.1-2　门框锚固铁脚过少
工程实例 照片	 图 7.6.1-3　门窗框铁脚固件安装方法	 图 7.6.1-4　门安装后效果

7.6.2　门框缝隙填浆不饱满

通病现象	门框缝隙采用消防不允许材料填塞、缝隙填浆不饱满
规范标准及 相关规定	•《建筑装饰装修工程质量验收规范》GB 50210—2001 　5.3.8　金属门窗框与墙体之间的缝隙应填嵌饱满，并采用密封胶密封。密封胶表面应光滑、顺直、无裂纹
原因分析	1.门框缝隙采用使用不符合要求的材料填塞，如发泡胶易燃材料填缝。 2.门框与墙体间缝隙填嵌不饱满，砌体墙用混凝土砂浆填塞后干缩，缝隙内空。 3.门框安装后未填缝处理就进行墙面钢架焊装，造成填浆困难，砂浆填塞不进造成填浆不饱满
防治措施及 通用做法	1.框与墙体间缝隙嵌填时，按设计要求选用的填嵌材料，缝隙小于 15mm 可采用矿棉或玻璃棉毡条等符合防火要求的材料。 2.门框安装后，分层填塞密实，缝隙外侧为 5~8mm 深的槽口嵌嵌缝密封胶。 3.预留洞口过大的缝采用混凝土或砌体，与搪瓷钢板或干挂石材交接墙面，先进行填缝处理后再焊装钢架

工程质量 缺陷照片	 图 7.6.2-1　采用发泡胶填塞缝隙　图 7.6.2-2　墙缝未填浆已焊装钢架
工程实例 照片	 图 7.6.2-3　安装填缝完成效果

7.6.3　门启闭不灵活

通病现象	门框安装变形翘曲、门扇铰链安装不正确、闭门器安装不正确或未调试好，门启闭不灵活
规范标准及 相关规定	·《建筑装饰装修工程质量验收规范》GB 50210—2001 5.3.4　金属门窗扇必须安装牢固，并应开关灵活、关闭严密，无倒翘。推拉门窗扇必须有防脱落措施
原因分析	1. 门框的正侧面垂直度偏差大，门框安装翘曲变形截口不在同一平面。 2. 五金铰链安装位置不准确，铰链槽大小、深浅不一，边缘不整齐，螺丝安装斜偏。 3. 闭门器安装不正确，开到定位角度不能定位，开关费劲
防治措施及 通用做法	1. 门框安装时要进行弹垂直线定位安装，确保门框安装在同一平面，不翘曲。 2. 门扇安装时铰链位置要准确、两铰链同轴芯不弯曲，螺丝要平整对准，螺丝头要沉入，不歪扭，门扇安装要与门框四周缝隙均匀与框槽不擦碰，门扇安装后不反弹，开启到任意角度都可停稳。 3. 闭门器安装要先进行准确定位，安装时将闭门器调节杆调到与门框 90° 然后与驱动板连接，安装后将闭门器闭门阀和闭锁阀调节到合理状态

工程质量 缺陷照片	 图 7.6.3-1 铰链安装定位不正确　图 7.6.3-2 闭门器安装定位不正确
工程实例 照片	 图 7.6.3-3 闭门器与门安装完成效果

7.6.4 装饰隐形门安装不达标

通病现象	装饰隐形门安装与墙面不平整、隐形检修门门扇翘曲、变形、消防栓门开启角度达不到消防验收要求
规范标准及 相关规定	•《建筑装饰装修工程质量验收规范》GB 50210—2001 5.3.5 金属门窗配件的型号、规格、数量应符合设计要求，安装应牢固，位置应正确，功能应满足使用要求
原因分析	1.门框及门扇内框所用材料不符合设计要求，承受不了面饰材料重量，造成变形翘角、下坠。 2.隐形检修门扇采用铰链或门轴安装不正确或门扇变形翘曲，门扇与墙面不在一平面。 3.安装门框或门扇槽口不合理，造成开启不灵活或达不到开启角度要求，满足不了使用功能
防治措施及 通用做法	1.隐形门的内门框在安装时必须使用设计要求的材料，并且与墙面锚固连接，不能随意与墙面龙骨连接，门扇基层根据面饰材料重量采用能够满足承重的规格材料。 2.门扇采用的铰链，根据门扇重量要求采用合理型号，门扇重量比较重应采用轴铰，上下轴心支撑，满足承重要求。 3.门扇开启角度根据隐形门使用功能要求，调整铰链和门轴安装方法，普通检修门开启角不小于 90°，消防栓门开启角度不小于 130°

工程质量 缺陷照片	 图 7.6.4-1 门扇内钢架变形	 图 7.6.4-2 门扇翘角变形
工程实例 照片	 图 7.6.4-3 消防栓隐形门 安装效果	 图 7.6.4-4 检修隐形门 安装效果 图 7.6.4-5 检修门 安装效果

7.7 细部工程

7.7.1 不锈钢栏杆立杆与埋件未满焊、晃动

通病现象	不锈钢栏杆立杆与埋件未满焊、预埋钢板悬空、未锚固在结构楼板上、晃动
规范标准及 相关规定	•《建筑装饰装修工程质量验收规范》GB 50210—2001 12.5.6 护栏高度、栏杆间距安装位置必须符合设计要求。护栏安装必须牢固
原因分析	1. 不按工序进行施工，栏杆扶手预埋件安装完成后未焊装栏杆扶手立柱就做止灰带挡水，造成立柱安装不到位或未能满焊。 2. 栏杆扶手立柱安装时受工作面空间影响不满焊。 3. 土建结构洞口或楼梯宽尺寸达不到栏杆、扶手设计安装尺寸，需靠边悬空钢架安装，或预埋件锚固钢板，或螺栓没位置锚固在结构楼板上，锚固力不够造成晃动。 4. 未做栏杆抗冲击试验
防治措施及 通用做法	1. 在栏杆扶手预埋件安装后，严格要求先焊装栏杆立柱再进行下道工序施工。 2. 安装立柱时必须与预埋件套管四周满焊。 3. 严格按设计要求采用达到锚固力度的化学螺栓进行预埋件锚固，如因土建预留洞口或楼梯宽度尺寸达不到装饰要求尺下情况下，与设计协调出经监理审批同意的方案，或是用钢板三角支架先锚固在结构层，预埋件钢板螺栓固定在三角钢板上。 4. 按要求做栏杆抗冲击试验

工程质量 缺陷照片	 图 7.7.1-1　栏杆预埋钢板悬空　图 7.7.1-2　立柱与预埋件未满焊 未锚固在结构层楼板上
工程实例 照片	 图 7.7.1-3　栏杆扶手预埋钢板安装方法　图 7.7.1-4　栏杆扶手安装效果

7.7.2　不锈钢栏杆、扶手焊接缝锋利，未打磨

通病现象	不锈钢栏杆、扶手焊接缝边粗糙、锋利，未打磨
规范标准及 相关规定	•《建筑装饰装修工程质量验收规范》GB 50210—2001 12.5.8　护栏和扶手转角弧度应符合设计要求，接缝应严密，表面应光滑，色泽应一致，不得有裂缝、翘曲及损坏
原因分析	技术交底不详细，检查不严格，焊装工人漏工、打磨不平顺粗糙
防治措施及 通用做法	1. 施工前进行全面设计交底及不锈钢栏杆扶手安装技术交底。 2. 施工过程专人进行质量跟踪检查，焊缝打磨平整并进行抛光处理
工程质量 缺陷照片	 图 7.7.2-1　接缝未满焊　图 7.7.2-2　接缝打磨粗糙

工程实例照片	 图 7.7.2-3　接缝满焊效果　　图 7.7.2-4　接缝打磨效果

7.7.3　不锈钢栏杆、扶手立杆间距、高度、宽度不满足规范要求

通病现象	不锈钢栏杆、扶手立杆间距过宽、高度、宽度不满足规范要求
规范标准及相关规定	•《建筑装饰装修工程质量验收规范》GB 50210—2001 12.5.6　护栏高度、栏杆间距、安装位置必须符合设计要求。护栏安装必须牢固
原因分析	栏杆、扶手存在间距不符合要求一般都在转角处，都是放线预埋件定位错误造成
防治措施及通用做法	1. 严格按设图间距要求定位，放线定位先从转角开始，再向两边分间距，这样可保证转角立杆间距不大于设计要求。 2. 转角立杆间距如设计图没特殊尺寸要求，一般不大于110mm，特殊情况，如出现转角间距过大，应采用加管焊装缩小间距，保证间距不大于110mm
工程质量缺陷照片	 图 7.7.3-1　立杆间距过宽
工程实例照片	 图 7.7.3-2　立杆间距　　图 7.7.3-3　转角间距大加管做法

7.7.4 水沟篦子安装时与地面石材存在高差

通病现象	水沟篦子安装时与地面石材存在高差、与地面装饰石材接缝过大
规范标准及相关规定	• 设计要求：水沟篦子安装必须与地面装饰完成面平整
原因分析	1. 水沟篦子安装未按地面铺贴完成标高线安装。 2. 水沟篦子底座角钢框安装过高造成。 3. 与地面石材缝隙过大是施工预留水篦子宽度不准确造成
防治措施及通用做法	1. 水沟篦子安装面高与地面石材铺贴面平整，按地面铺贴完成面标高拉通线安装。 2. 水沟篦子根据地面完成面高度而定位篦子角钢底座高度进行焊装。 3. 如石材先铺贴，必须根据水沟篦子宽度预留，水沟篦子铺后与地面石材接缝不大于 5mm
工程质量缺陷照片	 图 7.7.4-1　水沟篦子安装与周边地面不齐平
工程实例照片	 图 7.7.4-2　水沟篦子安装效果良好

7.7.5 不锈钢人防门槛安装不平整

通病现象	不锈钢人防门槛安装后与地面石材铺贴面高差不平、中间呈弧形
规范标准及相关规定	• 设计要求：不锈钢人防门槛安装后与装饰地面平整

原因分析	1. 不锈钢人防门槛底座角钢框焊装高于地面铺贴完成面。 2. 人防门槛垫层混凝土找平平整度未控制好，造成中间起拱，门槛不锈钢板成弧形
防治措施及 通用做法	1. 门槛不锈钢板底架焊装时根据地面石材铺贴完成标高拉通线进行安装。 2. 门槛不锈钢板混凝土垫层拭平时用长压尺检查垫层平整度，不允许高于地面装饰完成面
工程质量 缺陷照片	 图 7.7.5-1　门槛不锈钢板安装后呈弧形　图 7.7.5-2　门槛钢板安装与装饰地面高差
工程实例 照片	 图 7.7.5-3　人防门槛不锈钢板安装完成效果

7.7.6　地面无障碍设施不符合要求

通病现象	地面盲道铺贴错位、止、终提示点铺贴位置与操作处距离不符合要求、盲道转角接口不顺
规范标准及 相关规定	·《无障碍设计规范》GB 50763—2012 3.2.3　提示盲道应符合下列规定： 1　行进盲道在起点、终点、转弯处及其他有需要处应设提示盲道，当盲道的宽度不大于 300mm 时，提示盲道的宽度应大于行进盲道的宽度
原因分析	1. 地面铺贴前未弹盲道走向线、止、终提示点与障碍物距离定位线。 2. 盲道铺贴时转角接口不顺、盲道铺贴未按引道砖单排，起、止点砖双排的设计要求铺贴

防治措施及通用做法	1. 地面铺贴饰面时，先弹出盲道走向线，起、止提示砖定位距离位置，如因地面铺贴缝对接误差，应调整铺贴行距。 2. 起、止点离障碍物和可操作盲文或按钮点位距离不小于300mm，盲道要对正出入口位置，不可偏中过大或靠近障碍物边缘；按无障碍设计要求，引道条纹砖单排铺贴，起、止点形砖双排铺贴
工程质量缺陷照片	 图 7.7.6-1 盲道止步点离障碍物太近、引道偏边　图 7.7.6-2 盲道转角错位
工程实例照片	 图 7.7.6-3 盲道与闸机出入口铺贴效果　图 7.7.6-4 盲道与无障碍电梯口铺设效果

7.7.7 大理石地面与电梯起步板面接口存在高差

通病现象	大理石地面与电梯起步板面接口存在高差
规范标准及相关规定	·设计要求：电扶梯起步板与装饰地面平整，无高差，无跌级
原因分析	1. 装饰完成面水平控制标高线未与电梯安装专业对接交底。 2. 电梯安装滞后，大面和地面铺贴已完成，预留起步平台铺贴面积小，电扶梯安装时角度未调整好或因角度没法调整
防治措施及通用做法	1. 地面装饰施工铺贴前必须与电扶梯协调好，对接交底水平标高控制线及装饰面铺贴完成标高。 2. 如电扶梯安装滞后，在电扶梯起步平台区域暂不铺贴，防止电扶梯起步平台高出地面完成面时进行远距离找坡

工程质量 缺陷照片	 图 7.7.7-1　起步平台高差
工程实例 照片	 图 7.7.7-2　合格电扶梯平台铺贴效果

第8章　常规设备安装工程

8.1　电气工程

8.1.1　配电箱（柜）内导线接线不规范

通病现象	配电箱（柜）内各相色导线混用错用，配线线路预留量不足、接线凌乱，未绑扎成束、未做标识，维修困难
规范标准及相关规定	•《建筑电气工程施工质量验收规范》GB 50303—2015 第 5.1.12、5.2.8、5.2.9、14.2.4 条
原因分析	1. 材料采购时未按相关规范、图纸中要求订购各种导线颜色及数量，施工人员责任心不强，导致配电箱（柜）内接线施工中导线相色出现错用混用。 2. 施工技术交底时专业工程师没有将相线、零线、PE 保护线的色标做明确的施工工艺标准要求，施工人员对导线相色的国家现行技术标准不了解，不懂电气导线相色的区分及对配电线路、电气设备的安全使用，致使各色导线混同连接。 3. 导线配线的操作工艺不符合要求，操作不熟悉、作业不熟练。 4. 施工时导线排列不整齐，没有捆绑包扎固定。 5. 导线进箱后预留量不够，连接不当，随意接线，线路不规整，回路不标识或不清晰，导致箱内配线凌乱
防治措施及通用做法	1. 导线材料采购清单应由电气专业工程师按设计图纸、规范要求进行审核各类相色导线规格、数量后，物资部门再行购买，避免进场导线因某一相色供货不足而出现混用错用现象。 2. 加强对施工人员的规范、技术交底学习和技能培训工作，熟练地掌握不同相色导线使用规范、电线绑扎成束工艺方法、掌握线头搪锡的操作方法和压接工艺。 3. 施工人员应清楚分清相线、零线（N 线）、接地保护线（PE 线）的作用与相色的区分，即 A 相黄色、B 相绿色、C 相红色；单相时一般宜用红色；零线（N 线）应用浅蓝色或蓝色；接地保护线（PE 线）必须用黄绿双色导线。 4. 施工人员严格按照规范、图纸、技术交底要求的操作工艺进行施工，导线编排要横平竖直，剥线头应保持长度一致，导线插入接线端子后不应有导体裸露。 5. 导线连接牢固，按回路编号分段绑扎成束，在配电箱（柜）内有适当的余量，不得有接头，无绞结、死弯，包扎紧密，不伤线芯。 6. 箱内接线时线路排列整齐，要求所有回路一一挂牌，编号齐全，标识正确
工程质量缺陷照片	图 8.1.1-1　预留量不够，连接不当　　 图 8.1.1-2　接线凌乱，相色错误　　 图 8.1.1-3　未做标识，连接不当

工程实例照片	
	图 8.1.1-4　导线接线美观，　图 8.1.1-5　标识挂牌规范　图 8.1.1-6　电线挂牌整齐绑扎成束

8.1.2　导线接线、与电器设备连接工艺不符合规范要求

通病现象	1. 导线接线不牢靠，工艺不标准。 2. 导线与电器设备连接、导线绝缘测试工序不符合规范要求
规范标准及相关规定	• 《建筑电气工程施工质量验收规范》GB 50303—2015 第 17.1.2、17.2.2、17.2.3、17.2.5、17.2.6、17.2.7 条中导线接线、与电器连接、绝缘处理等规范要求 • 《地下铁道工程施工及验收规范》（2003 年版）GB 50299—1999 第 17.4 条规范要求
原因分析	1. 施工人员对操作工艺要求不了解、操作不熟悉、作业不熟练。 2. 采取搪锡工艺时，导线连接处的焊锡不饱满，出现虚焊、夹渣等现象，焊锡温度不适当，刷锡不均匀，刷锡后未及时擦去多余焊剂，造成质量不符合要求。 3. 采用导线连接器连接工艺时，导线连接器与导线截面不匹配、多芯软导线未做搪锡处理、导线与电器端子连接后存在明露线芯。 4. 导线搪锡连接处采用"电工黑胶布"绝缘缠绕，未按要求采用塑料绝缘胶带，包扎不紧密。 5. 多芯铜芯线与电器设备的端子连接时，导线未安装接续端子；与自带插接式端子的电器连接时，导线端部未拧紧搪锡；电气设备 1 个端子上接线多于 2 根导线。 6. 导线绝缘测试时，未将线路上开关、仪表、设备等器具置于断开位置，导致测量结果不准
防治措施及通用做法	1. 专业工程师将相关工艺标准现场交底到位，施工人员能熟练地掌握导线连接的操作方法。 2. 导线搪锡时搪锡部位应均匀、饱满、光滑、不虚焊、无夹渣，严禁损伤导线绝缘层，焊锡温度适当，刷锡均匀，刷锡后及时擦去多余焊剂；导线接头搪锡后应用塑料绝缘胶带将搪锡处导线包扎均匀、紧密，外面再用黑色绝缘胶布包扎均匀紧密。 3. 导线采用导线连接器连接时，导线连接器规格选择应与导线截面匹配，多芯软导线应做搪锡处理后接入连接器，避免与连接器连接后存在明露线芯。 4. 按规范要求在电器设备接线端子上的导线连接宜为 1 根，最多不能超过 2 根。在螺栓上接 2 根导线时，中间应加平垫片，并应有紧固件（弹簧垫片或双螺帽）。 5. 配电箱（柜）中 PE 保护线和零线汇流排接线时，不得多根铰接后搪锡或用铜接头把多根导线接在一起，可采用增设铜排或镀锌钢排做汇流排接线用。 6. 多芯铜芯线与电器设备的端子连接时，导线应安装接续端子后接入电器端子；与自带插接式端子的电器连接时，导线端部应进行搪锡工序后再接入。 7. 导线绝缘测试时，必须在线路敷设完毕，导线连接端子做好后，再进行绝缘电阻测试，测试时将线路上的开关、仪表、设备等器具置于断开位置，测试合格后，才允许通电运行

工程质量缺陷照片	图 8.1.2-1 焊锡不饱满、虚焊、夹渣	图 8.1.2-2 接线端子接多根导线	图 8.1.2-3 与端子连接后有明露线芯
工程实例照片	图 8.1.2-4 搪锡均匀、饱满，无虚焊	图 8.1.2-5 导线的接线连接规范	图 8.1.2-6 配线规范无裸露线芯

8.1.3 电线、电缆导管敷设工艺不符合规范要求

通病现象	1. 暗配线管、线盒凸出墙面。 2. 预埋电线导管内别杂物堵塞。 3. 导管穿线缆时在弯曲半径处受阻。 4. 金属导管未与保护导体连接。 5. 明配导管固定不规范、不牢固美观
规范标准及相关规定	• 《建筑电气工程施工质量验收规范》GB 50303—2015 第 12.1.1、12.1.3、12.2.1、12.2.2、12.2.3、12.2.6 条 • 《地下铁道工程施工及验收规范》（2003 年版）GB 50299—1999 第 17.5.3 条规范要求
原因分析	1. 施工人员进行砌体墙面上剔槽埋设导管时，剔槽深度不够或未剔槽；底板敷设暗配导管时标高控制错误，导致保护层过薄未起到保护线管的作用。 2. 施工过程中未对管内垃圾进行清理，线管敷设完毕后两端未进行有效封堵，导致管路堵塞。 3. 敷设导管时，弯曲半径过小，导致管内穿电线、电缆困难。 4. 金属导管连接处漏做或错做保护联结导体工序，导致导管管路没有可靠接地联结。 5. 敷设明配导管时，管卡未按规范要求固定安装，导致导管松动
防治措施及通用做法	1. 当导管在墙体上剔槽埋设时，应采用强度等级不小于 M10 的水泥砂浆抹面保护，保护层厚度不应小于 15mm；除设计要求外，对于暗配的导管，导管表面埋设深度与建筑物、构筑物表面的距离不应小于 15mm。 2. 预埋电线导管时，禁止用钳将管口夹扁、拗弯，电线管断口后，要求及时处理管口毛刺、清理管内杂物；线管敷设完毕后应对管内进行清理，管口及导管连接处须进行密封处理，可用符合管径的 PVC 塞头封盖管口，并用胶布绑扎牢固。

防治措施及通用做法	3. 明配导管的弯曲半径不宜小于管外径的 6 倍，当两个接线盒间只有一个弯曲时，其弯曲半径不宜小于管外径的 4 倍；埋设于混凝土内的导管的弯曲半径不宜小于管外径的 6 倍，当导管直埋于地下时，其弯曲半径不宜小于管外径的 10 倍。 4. 导管接地需安装保护联结导体，以专用接地卡固定的保护联结导体方式联结，导体选用铜芯软导线，截面积不小于 $4mm^2$；以熔焊焊接的保护联结导体方式联结，导体为圆钢，直径不小于 6mm，其搭接长度为圆钢直径的 6 倍。 5. 明配钢管排列整齐有序，管路间的间隙控制在 3~5mm 之间，固定支架位置合理，管路固定牢固，间距均匀，管卡间距要求为：① DN 15、DN 20（壁厚 > 2mm）钢导管管卡间最大距离不大于 1.5m；② DN 25、DN 32（壁厚 > 2mm）钢导管管卡间最大距离不大于 2m；③ DN 15、DN 20（壁厚 ≤ 2mm）钢导管管卡间最大距离不大于 1m；④ DN 25、DN 32（壁厚 ≤ 2mm）钢导管管卡间最大距离不大于 1.5m
工程质量缺陷照片	 图 8.1.3-1 预留电管管口未封堵　　图 8.1.3-2 弯曲半径过小　　图 8.1.3-3 间距不规范
工程实例照片	 图 8.1.3-4 暗配管管口封堵严密规范　　图 8.1.3-5 转弯半径规范美观　　图 8.1.3-6 接地联结规范美观

8.1.4 金属、非金属柔性导管敷设不符合规范要求

通病现象	1. 柔性导管敷设时未按照规范安装。 2. 柔性导管与刚性导管、电气设备器具等连接处处理工艺不符合规范要求
规范标准及相关规定	•《建筑电气工程施工质量验收规范》GB 50303—2015 第 12.2.5、12.2.8 条金属、非金属柔性导管敷设需符合的规定
原因分析	1. 单根柔性导管作为刚性导管到电气设备器具的连接软管时使用的长度过长，固定不均匀，固定管卡与设备器具、弯头中点、管端等边缘的距离过远，不符合规范要求。 2. 柔性导管与刚性导管、电气设置器具间的连接采用直接插入或胶布缠绕方式进行连接，未按正确工艺标准施工。 3. 柔性导管与其他导管、器具连接时专用接头安装工艺不当，导致连接处密封程度不符合规范要求

防治措施及通用做法	1. 柔性导管连接刚性导管经和电气设备、器具连接时，柔性导管的长度在动力工程中不大于 0.8m，在照明工程中不大于 1.2m。 　2. 可挠金属管或其他柔性导管与刚性导管或电器器具间的连接采用专用配套接头，配套接头应能达到规范要求的密封效果。 　3. 严禁利用金属柔性导管本身做导管保护导体的接续导体。 　4. 当敷设可挠金属导管处有可能受重物压力或明显机械撞击时，加装保护措施。 　5. 明配的金属、非金属柔性导管固定点间距应均匀，不大于 1m，管卡与设备、器具、弯头中点、管端等边缘的距离应小于 0.3m。 　6. 室外可挠或柔性导管的管口不应敞口垂直向上，导管管口应在盒、箱内或导管端部设置防水弯
工程质量缺陷照片	 图 8.1.4-1　环控风阀软管超过 0.8m，距离过长　　　　图 8.1.4-2　连接处金属锁母脱落
工程实例照片	 图 8.1.4-3　软管长度合适、美观规范　　　　图 8.1.4-4　锁母密闭良好安装牢固

8.1.5　电线导管到电器器具配管不到位

通病现象	导管到电器器具连接处配管不到位，电线外露无保护穿线管，或被直接埋入墙内
规范标准及相关规定	•《建筑电气工程施工质量验收规范》GB 50303—2015 第 12.2.4、14.2.1 条规定
原因分析	1. 配管时未按正确导管加工工序施工，导管测量下料时缺乏经验，导管无法敷设至电器器具连接处，导致电线无法通过导管得到保护。 　2. 图纸中电器器具等预留洞口位置发生变动，现场暗配导管未及时随之增加敷设，导致电线无导管防护。 　3. 墙板内暗配管完毕后，固定不牢固，导致振捣混凝土时预留线盒位置发生偏移。 　4. 施工人员发现导管未敷设到电器器具连接处时，没有及时进行整改敷设，致使下一步管内穿线工序施工时电线通过穿线管到器具内

防治措施及通用做法	1.图纸会审前应认真核对建施图和电施图中电器器具位置、数量、标高是否吻合，同时注意相关设计变更单中提及预留孔洞位置、数量、标高发生变化，一旦确认迅速、准确地将变更信息通知到现场配管安装人员。 2.配管施工前根据图纸上电器器具标高要求采用水平仪现场确定电器器具预留线盒、孔洞的建筑标高，确定暗配管线盒出钢筋尺寸，在现浇混凝土板、墙、柱内配管时，做好预埋好的线管、线盒固定工作，以防灌注混凝土震动时位置偏移。 3.现场配管安装时，如发现配管下料长度出现错误时，应第一时间重新配管下料，保证满足规范要求。 4.暗配的电线管理沿最近的路线敷设并应减少弯曲，埋入墙或混凝土内的管子，离表面的净距不应小于15mm。 5.导管与电器器具连接接入时，应保证将导管通过专用接头敷设到器具内
工程质量缺陷照片	 图8.1.5-1 导管敷设不规范、不美观　图8.1.5-2 灯具标高下降时，导管敷设错误
工程实例照片	 图8.1.5-3 到灯具的线路配管到位　图8.1.5-4 连接到设备的配管规范

8.1.6 电线导管在砌体上剔槽埋设不规范

通病现象	1.电线导管在砌体上剔槽埋设过深或过浅，不利于与盒箱连接，影响使用功能。 2.配管完成的剔槽恢复抹灰施工工艺不符合要求，导致墙面开裂
规范标准及相关规定	• 根据《建筑电气工程施工质量验收规范》GB 50303—2015 第12.1.3、12.2.3 条
原因分析	1.暗配管埋设深度太深，不利于与预留盒箱连接，影响墙体等建筑物的质量。 2.暗配管埋设深度太浅同样不利于预留盒箱连接，还会使建筑物墙体表面有裂纹、管壁外漏等问题。 3.剔槽抹灰时因砂浆强度等级不够、未挂网、保护层厚度过薄等原因，导致墙面开裂

防治措施及通用做法	1. 根据施工图纸确定需要配管的位置，根据线管的管径及数量确定开槽宽度，使用墨斗进行弹线，画出需要开槽的宽度，根据画线的位置使用切割机沿线进行切割，切割机开槽时应自下而上竖向切割，尽量避免横向切割，使用器具将槽内的砌体铲下来，将线管及线盒固定在开好的槽内。 2. 对需要恢复抹灰的槽进行洒水，保证砌体足够的湿润，然后采用强度等级不小于 M10 的水泥砂浆固定，水泥砂浆应与墙体一样平，保护层厚度大于 15mm。在砌体上剔槽埋设深度根据金属导管的直预留恰当，埋设深度与建筑物、构筑物表面的距离不应小于 15mm。 3. 宽度大于 100mm 的槽必须挂网子，然后采用强度等级不小于 M10 的水泥砂浆固定，水泥砂浆应与墙体一样平，保护层厚度大于 15mm，防止抹灰后因开槽过宽而裂缝。剔槽不得过大、过深和过宽
工程质量缺陷照片	 图 8.1.6-1　线管预埋过深，线盒预埋不规范　　图 8.1.6-2　线管预埋过浅，导管凸出墙面开裂
工程实例照片	 图 8.1.6-3　暗埋线管规范、美观　　图 8.1.6-4　暗埋线管规范、美观

8.1.7　电缆桥架安装工艺不规范

通病现象	1. 桥架扭曲安装、接缝过大，桥架支架长短不一、横担不水平及弯曲、桥架连接未按相应工艺标准安装。 2. 设备区走廊的桥架盖板上方无开启空间，两侧及底部无检修空间
规范标准及相关规定	•《建筑电气工程施工质量验收规范》GB 50303—2015 第 11.1.1、11.2.3、11.2.4 条规定
原因分析	1. 施工前的车站设备区走廊综合管线图纸会审工作及现场技术交底不到位，导致桥架上方管线过密，桥架盖板打开困难；两侧及底部管线过近，导致将来维修更换困难。

原因分析	2. 安装桥架前未能准确根据图纸及现场情况确定桥架的安装位置及路径，用红外线仪等器具放出桥架槽边沿两端位置不在一条线上，桥架安装后未做到横平竖直，水平高度不一致。 3. 制作桥架支架时未按照桥架尺寸及水平高度进行测量加工，造成支架吊杆、横担长短不一；未按规范、图纸规定购买指定规格型号的支架材料，支架产生吊杆过细、横担弯曲的现象。 4. 桥架连接处不平整，接缝处不紧密，缝隙大，连接螺栓反向安装、螺母位于桥架内侧，桥架与支架间螺栓、桥架连接板螺栓数量不足且安装不紧固
防治措施及通用做法	1. 重视前期综合管线图纸会审及与其他各专业图纸比对工作，应用 BIM 技术解决图纸出现的错、漏、碰现象；在管线繁多的设备区走廊采用综合支吊架，合理布置排列各专业管线。 2. 根据设计图纸及现场调查的情况确定桥架的安装位置及路径，通过红外线仪在墙上放出线，此线即桥架两端槽边沿线，使用红外线仪、线绳及卷尺确定所有支架的打眼位置在槽边沿线上并且进行打眼，从而保证支架的安装在同一条直线上。 3. 加工支架时，根据桥架水平高度位置加工桥架支架，小于 300mm 的桥架使用吊杆及 ∠30 角铁作为支架；大于 400mm 的桥架使用角铁门型支架，电缆桥架水平安装的支架间距应为 1.5~3m；垂直安装的支架间距不大于 2m，采用金属吊架固定时，圆钢直径不得小于 8mm，并应有防晃支架，在分支处或端部 0.3~0.5m 处应有固定支架。 4. 根据支架的位置将桥架安装完成并固定，安装桥槽时应先安装桥槽一侧的连接片，同时需要调整横担的高度使桥槽平直，然后进行安装另外一边的连接片，最后安装桥架中间的螺丝。安装以上方法将每节桥架连接起来，并使用桥架接地线将每节桥架连接起来，电缆桥架连接板的两端应做等电位跨接，跨接线最小允许截面积不小于 4mm²；桥架内的各种连接螺栓，均要求由内向外穿，应尽量使螺栓的头部与桥架内壁齐平，以利电缆敷设。 5. 敷设在室外的桥架，进入室内或配电箱（柜）时应有防雨水措施，槽盒底部应有泄水孔
工程质量缺陷照片	 图 8.1.7-1　支架长短不一、横担弯曲　　图 8.1.7-2　桥架出现变形扭曲，缺少支架
工程实例照片	 图 8.1.7-3　桥架安装规范、支架间距合理　　图 8.1.7-4　桥架安装规范、美观

8.1.8 桥架安装过程中漏装伸缩节等补偿装置

通病现象	1. 桥架在直线段敷设到规定距离时或在穿过建筑物伸缩缝时未安装伸缩补偿装置。 2. 桥架在热胀冷缩的情况下发生变形，在穿越楼板或墙壁时盖板敷设方式不当
规范标准及相关规定	•《建筑电气工程施工质量验收规范》GB 50303—2015 第 11.2.1 条
原因分析	1. 施工人员未严格按照规范要求施工，对规范不熟悉。 2. 施工人员缺乏施工经验
防治措施及通用做法	1. 在夏季安装桥架时，桥架间可以不留间隙；在冬季按照桥架时，为了克服线膨胀的影响，利用椭圆孔使桥架间留 2mm 的间隙，对铝制桥架应留 6mm 的间隙。 2. 当桥架要跨域建筑物的伸缩缝时，连接板只固定一端的桥架，另一端不固定，此时连接板只起导向作用。对需要跨接的桥架，用软导线或铜辫子线把伸缩缝两端的桥架作电气连接。桥架穿越沉降缝时，桥架之间的机械连接断开，仅作电气跨接；弱电桥架可不必跨接。 3. 当直线段钢制或塑料梯架、托盘和槽盒长度超过 30m，铝合金或玻璃钢制梯架、托盘和槽盒长度超过 15m 时，应设置伸缩节；当梯架、托盘和槽盒跨越建筑物变形缝处时，应设置补偿装置。 4. 有盖板桥架穿越楼板时，不能用同一块盖板，楼板内的盖板和楼板外的盖板要分开，桥架穿越楼板时，盖板不可穿入墙壁，也可穿入墙壁，但要保证墙外的盖板能方便打开。在工程中墙内和墙外的盖板不能用同一块，也不得将墙洞用水泥把桥架连盖封住，导致盖板无法打开
工程质量缺陷照片	 图 8.1.8-1 桥架过长，未安装伸缩节　图 8.1.8-2 桥架穿越墙壁时，盖板敷设不当
工程实例照片	 图 8.1.8-3 桥架伸缩节做法规范美观，标识清楚　图 8.1.8-4 桥架穿墙处盖板敷设得当，方便打开

8.1.9 金属电缆桥架接地不可靠

通病现象	金属电缆桥架未按规范规定与接地干线联结,桥架连接板间漏做跨接地线,支吊架与桥架本体未做有效接地连接
规范标准及相关规定	•《建筑电气工程施工质量验收规范》GB 50303—2015 第 11.1.1 条
原因分析	1. 金属电缆桥架敷设安装时在起始端和终点端漏装与接地干线接地联结工序;当桥架长度超过规定距离,未按规范要求除两端外加装接地干线联结点。 2. 金属电缆桥架间连接板的两端跨接铜芯地线漏做或选用跨接地线规格小于 $4mm^2$
防治措施及通用做法	1. 施工前使用图解的方式对操作工人进行跨接地线的专项培训,施工过程中加大检查力度。 2. 金属桥架全长不大 30m 时,不应少于 2 处(通常为 2 端部)与保护导体可靠连接;全长大于 30m 时,每隔 20~30m 应增加一个连接点,起始端和终点端均应可靠接地。 3. 金属电缆桥架间连接板的两端跨接铜芯接地线,接地线最小允许截面积不小于 $4mm^2$。 4. 镀锌电缆桥架间连接板的两端不跨接接地线,但连接板两端不少于两个有防松螺帽或防松垫圈的连接固定螺栓
工程质量缺陷照片	 图 8.1.9-1 桥架连接板漏做接地跨接　　图 8.1.9-2 桥架支吊架漏做跨接接地
工程实例照片	 图 8.1.9-3 通长镀锌扁钢做接地　　图 8.1.9-4 连接板两端、支吊架均做有效接地跨接

8.1.10 电缆桥架穿越楼板、防火分区封堵工艺不符合规范要求

通病现象	1. 电缆桥架在穿越楼板、防火分区时未采取防火隔离措施。 2. 防火封堵不严密，外观质量差
规范标准及 相关规定	• 《建筑电气工程施工质量验收规范》GB 50303—2015 11.2.3-3 敷设在电气竖井内穿楼板处和穿越不同防火区的梯架、托盘和槽盒，应有防火隔堵措施
原因分析	1. 施工人员未严格按照规范、设计图纸要求进行施工，责任心较差，封堵不密实。 2. 安装耐火隔板、防火堵料（防火泥）、支架、矿棉或玻璃纤维、耐火板或钢板、防火涂料等施工工序时，未按规范及设计要求施工。 3. 封堵时只做桥架外部封堵，未做桥架内部电缆封堵，存在火灾隐患
防治措施及 通用做法	1. 防火隔板采用矿棉半硬板（Ef-85 型耐火隔板）或 6mm 及以上钢板。 2. 桥架外部设上下层防火板，上下防火板夹层空间内可用岩棉或阻火包填塞，防火板间隙用防火泥封堵。 3. 桥架孔洞边设置 1.5mm 厚钢板做方形套管，套管高度为高出地面 3cm，或设置一圈 3cm 高 2cm 厚的素混凝土阻水圈。 4. 桥架内部也应用防火材料进行上下层隔离。电缆穿套管过防火封堵层，套管端口用防火泥填塞。 5. 桥架盖板要求穿楼板处应断开。 6. 电缆桥架穿越楼板、防火分区做防火封堵符合设计要求和规范要求，防火材料、防火封堵材料选用符合规范要求；施工时要求封堵严密
工程质量 缺陷照片	 图 8.1.10-1 桥架穿楼板时未封堵　　图 8.1.10-2 桥架封堵不规范
工程实例 照片	 图 8.1.10-3 桥架穿楼板　图 8.1.10-4 桥架穿楼板　图 8.1.10-5 内部封堵 　　下部工艺做法　　　　上部工艺做法　　　　工艺做法

8.1.11　电缆敷设工艺不符合规范要求

通病现象	1. 电缆敷设有绞拧、护层断裂和表面严重刮伤等缺陷。 2. 电缆安装后没有统一挂牌,电缆在支架、桥架中敷设杂乱。 3. 在竖井内,电缆未做防火封堵或封堵不严密等
规范标准及 相关规定	•《建筑电气工程施工质量验收规范》GB 50303—2015 第 13.1、13.2 条和《地下铁道工程施工及验收规范》(2003 年版)GB 50299—1999 第 17.5 条(Ⅰ)电缆线路规定
原因分析	1. 施工人员操作不规范,电缆敷设时有拉伤或扭曲现象。 2. 电缆敷设工艺差,导致排列不整电缆齐,未设置固定点,漏挂电缆标志牌。 3. 电缆桥架的弯曲半径小于桥架内电缆最小允许弯曲半径要求,导致电缆转弯时护层断裂。 4. 电缆敷设时桥架内有金属杂物、桥架内外表面不光滑、存在毛刺导致划伤电缆,导致电缆裂痕、断裂等缺陷
防治措施及 通用做法	1. 根据设计图纸编制放缆清册,放缆清册应按照回路进行编制,根据放缆清册现场实际测量每个回路需要敷设的电缆长度,根据电缆的路径规划出电缆的在桥架、梯架里的敷设顺序、排列方式,电缆敷设应按设计路线,同一路径的电缆统一敷设同一通道内的电缆应避免交叉沿桥架敷设电缆时,应防止电缆排列混乱,不整齐,交叉严重。 2. 在电缆敷设前清理桥架、支架内的焊渣、杂物,电缆桥架、支架内外表面应光滑均匀、无毛刺,将电缆事先排列好,画出排列图表,按图表进行施工;观察电缆表面是否有绞拧、铠装压扁、护层断裂和表面严重划伤等缺陷,敷设时采用电缆滚轮,减少摩擦保护电缆。 3. 电缆敷设时,应敷设一根整理一根、卡固一根,电缆绑扎应按回路分段用尼龙扎带绑扎固定,水平电缆绑扎每个 1.5m 进行绑扎,垂直电缆绑扎根据梯架的爬梯间隔进行绑扎,扎带绑扎的开口朝向及扎带预留的长度应当一致,电缆敷设时,应敷设一根整理一根,卡固一根,使电缆成排分层布置,横平竖直,整齐美观。 4. 电缆在线槽及接头处应留有一定余量,接头处留有 0.4m 余量,且电缆预留处、接头处电缆应排布美观,弯曲度、方向应一直沿桥架或托盘敷设的电缆应防止弯曲半径不够。在桥架或托盘施工时,施工人员应考虑到满足电缆桥架转弯处弯曲半径不小于桥架内电缆最小允许弯曲半径的要求;电缆或导线在桥架内不应有接头,接头应设置在接线箱内。 5. 敷设在竖井内和穿越不同防火分区的桥架,按设计要求位置,设置防火隔堵措施。 6. 电缆敷设完成之后应在电缆首端、末端和分支处部位挂设电缆标志牌,标志牌大小、规格、方式及挂设朝向、位置应统一、美观
工程质量 缺陷照片	 图 8.1.11-1　电缆未统一挂牌,敷设杂乱　　图 8.1.11-2　电缆未做防火封堵

工程实例照片	图 8.1.11-3　电缆敷设绑扎、挂牌规范	图 8.1.11-4　防火封堵美观、严密

8.1.12　密集母线槽安装不规范

通病现象	1. 密集母线槽的支架安装不符合规范要求。 2. 密集母线槽敷设排布时不合理，排列不平直，安装连接工序错误
规范标准及相关规定	• 《建筑电气工程施工质量验收规范》GB 50303—2015 第 10.1.3、10.1.4、10.2.1、10.2.2、10.2.3、10.2.5 条规范要求
原因分析	1. 支架安装时，未综合考虑密集母线槽的走向和每段密集母线槽的长度，导致支架排布设置不合理；密集母线槽连接接头处设置在支架处或墙内，不便于密集母线槽的维修和更换。 2. 密集母线槽敷设排列不平直；在母线槽连接处连接螺栓拧紧施工时，螺栓的拧紧力矩值不一致；安装时母线接触面未清理干净；综合管线排布不合理，母线槽排在水管下方；母线槽安装时相序、安装次序、精度、功能单元（如弯头、支接单元、安装吊架等）位置、防护等级等重要工序安装错误
防治措施及通用做法	1. 车站综合管线图纸深化设计时，应考虑到密集母线槽使用时的用电安全，遵循合理排布在水管上方及避开风管风口等设计原则；母线槽的维修检修空间也要予以考虑。 2. 母线槽属于项目定制型成套设备，施工前施工人员应熟悉学习母线槽的附带的产品技术文件中连接程序、伸缩节的设置和连接、其他相关说明等规定，熟悉相应规范，安装母线槽时，应严格按照产品相关技术文件要求进行。 3. 母线槽直线段安装应平直，水平度与垂直度偏差不宜大于 0.15%，全长最大偏差不宜大于 20mm；密集母线槽支架必须按照牢固，设置合理，固定点宜设置在每段密集母线槽中点；支架与预埋件采用焊接固定时，焊缝应饱满；采用膨胀螺栓固定时，选用的螺栓应适配，连接应固定；母线槽各段接头安装位置距离楼板或墙面不得小于 20cm，垂直穿越楼板处应设置与建（构）筑物固定的专用部件支座，其孔洞四周应设置高度为 50mm 及以上的防水台，并应采取防火封堵措施。 4. 密集母线槽组装和固定位置应正确，母线槽安装时将相序、安装次序、精度、功能单元（如弯头、支接单元、安装吊架等）位置、防护等级等重要工序考虑在内；外壳与底座间、外壳各连接部位和母线的连接螺栓应按产品技术文件要求选择正确，连接紧固。 5. 当一个连接处需要多个螺栓进行连接时，每个螺栓的拧紧力矩值应一致；母线接触面安装前要清理干净

工程质量 缺陷照片	 图 8.1.12-1 支架安装在母线槽接头处	 图 8.1.12-2 接头处与楼板过近， 未用防火胶泥未封堵
工程实例 照片	 图 8.1.12-3 母线槽支架设置合理	 图 8.1.12-4 接头位置合理，固定 牢固，封堵规范

8.1.13 剥除电缆绝缘层时做法不标准

通病现象	1.剥除电缆绝缘层时损伤芯线，影响供电安全。 2.电缆头处剥除绝缘层过多，导致接线端子后部裸露铜芯过长
规范标准及 相关规定	•《建筑电气工程施工质量验收规范》GB 50303—2015 第 17.2.2、17.2.4 条
原因分析	1.施工人员缺乏施工经验，用电工刀刃直角切割导线绝缘层，切伤芯线。 2.制作电缆头时未测量电缆接线端子孔深，导致绝缘保护层切割较多
防治措施及 通用做法	1.应安排技术过硬、操作熟练的施工人员施工这道工序，施工前由专业工程师进行现场技术交底。 2.剥切绝缘层时，应采用专用剥线钳，若采用电工刀剥切绝缘层时，刀刃禁忌直角切断，要以斜角剥切。 3.量取接线端子孔深加上 5mm 作为剥切长度，剥去电缆芯线绝缘层，将接线端子内壁和芯线表面擦拭干净，除去氧化层和油渍，并在芯线上涂上电力复合脂。 4.将芯线插入接线端子内，调节接线端子孔的方向到合适位置，用压线钳压紧接线端子，压接应在两道以上。 5.不同的相序套上不同颜色的热缩管

工程质量缺陷照片	图 8.1.13-1 剥除电缆绝缘层时损伤芯线	图 8.1.13-2 电缆头制作工艺错误，胶带缠绕不规范
工程实例照片	图 8.1.13-3 剥除绝缘层工艺准确接线、包扎规范	图 8.1.13-4 电缆头制作美观，相序热缩管安装准确

8.1.14 配电箱（柜）安装工艺不规范

通病现象	1. 成列配电箱柜水平偏差、柜面偏差、垂直度、柜间缝隙超过规范允许偏差数值。 2. 箱柜内有杂物，自行在箱壳（柜）上电焊烧孔的，护口损坏。 3. 箱柜的可开门，门和框架的接地端子间未用裸编织铜线连接，且无标识、无系统原理图
规范标准及相关规定	•《建筑电气工程施工质量验收规范》GB 50303—2015 第 5.1.1、5.2.1、5.2.2、5.2.3 条 •《地下铁道工程施工及验收规范》（2003 年版）GB 50299—1999 第 17.4.5、17.4.6 条
原因分析	1. 施工人员责任心较差，配电箱安装前未将箱体内的砂浆、杂物清理干净。 2. 配电箱（柜）的安装前，未进行距离、高度、外形尺寸弹线测量工序，未能准确定位出箱柜的安装位置，导致箱柜水平偏差、柜面偏差、垂直度、柜间缝隙距离超出规范允许偏差范围。 3. 箱体的"敲落孔"开孔与进线管不匹配时，用电焊或气焊开孔，严重破坏箱体的油漆保护层，破坏箱体的美观
防治措施及通用做法	1. 根据图纸设计要求确定配电箱柜的安装高度及安装形式（明装、暗装、半明半暗、落地式）；根据配电箱柜的设计安装距离、高度、外形尺寸进行弹线，准确的定位出配电箱的安装位置。

防治措施及通用做法	2. 成列配电箱柜的顶部水平允许偏差不大于 5mm，成列配电箱柜的柜面允许偏差不大于 5mm，柜间接缝允许偏差不大于 2mm，箱柜体的每米垂直度允许偏差不大于 1.5mm。 3. 配电箱柜安装前认真将箱柜内的砂浆杂物清理干净，根据图纸的进出线形式、规格大小及配电箱柜里边的元器件位置、暗装配电箱的配管深度对配电箱进行开孔。配电箱的进管（线）孔应为压制孔，进线管应从规格适当的孔中引进，并顺直排列整齐，一孔一管，进箱的长度应带好锁紧螺母后剩 2~4 扣，带牢护帽。 4. 导管进入箱（盒）内长度以 5mm 为宜。严禁用气焊和电焊割孔，使箱体受热产生变形。 5. 配电箱柜的可开门，门和框架的接地端子间应用裸编织铜线连接，标识、系统原理图正确。 6. 箱体的"敲落孔"开孔与进线管不匹配时，必须用机械开孔或送回生产厂家要求重新加工
工程质量缺陷照片	图 8.1.14-1　顶部水平偏差、柜间缝隙不符合规范　　 图 8.1.14-2　柜内母排无相色标，箱门未接地
工程实例照片	图 8.1.14-3　垂直度、柜间缝隙、柜面偏差符合规范　　 图 8.1.14-4　柜内清洁美观，箱门接地连接正确牢固

8.1.15　配电箱安装位置不合理

通病现象	配电箱安装在不恰当的地方，如水管正下方、离防火门太近、疏散楼梯踏步侧墙上、区间的插座箱与疏散平台距离太近等，不利于操作和维修，不能保证使用安全；同房间内箱柜安装布置不合理，影响美观及使用功能
规范标准及相关规定	• 《建筑电气工程施工质量验收规范》GB 50303—2015 第 5.2.5、5.2.10 条 • 《地下铁道工程施工及验收规范》（2003 年版）GB 50299—1999 第 17.4.5、17.4.6 条

原因分析	1. 前期图纸会审不到位，图纸中箱柜位置标注不明确，施工人员缺乏施工经验，不了解相关规范和要求。 2. 箱柜门能开启小于 90°，或箱门开门相互影响；箱体安装过高，不便于检修；在车站、公共区出入口等部位箱体安装深度不够，影响装修面。 3. 低压配电屏及控制柜做柜体基础时，未考虑柜体距离墙体装修完成面尺寸，导致柜体后部及两侧检修空间不足。 4. 配电箱柜安装在水管、电器器具、风管风口的正下方，存在安全隐患
防治措施及 通用做法	1. 图纸会审工作中应考虑到箱柜安装位置及标高是否明确、合理。 2. 配电箱一般设在配电间或过道内，但对于地铁车站内，应优先考虑设置在管理区域内，配电箱安装距地面高度不宜高于 1.8m；配电箱安装的位置应保证箱门向外开启 90°，以方便维修和操作。不应离墙角和门体过近。 3. 配电柜柜体后部距离墙体装修完成面不应小于 1000mm，做柜体基础的时候应提前考虑墙体的做法；柜体两侧通道距离两侧墙体装修完成面不应小于 800mm。 4. 配电箱柜应避免安装在水管、电器器具、风管风口正下方，如无法避开，需在配电箱柜上方加装防水、绝缘等防护措施；区间内配电箱不应设置在疏散平台正上方
工程质量 缺陷照片	 图 8.1.15-1　插座箱与区间 疏散平台间距不足　　　 图 8.1.15-2　配电箱安装水管正下方
工程实例 照片	 图 8.1.15-3　成列配电箱布局合理， 维修方便　　　　　 图 8.1.15-4　配电箱集中布置，贴墙安装 避开上方风口

8.1.16 开关、插座安装工艺缺陷

通病现象	1. 开关、插座线盒预留太深，金属盒子生锈腐蚀，插座盒内不干净有灰渣。 2. 面板与墙体间有缝隙，面板有污染，保护不到位。 3. 开关边缘距门框边缘的距离不符合要求；相同型号、同一室内开关、插座标高不一致，开关控制无序
规范标准及相关规定	·《建筑电气工程施工质量验收规范》GB 50303—2015 第 20.1、20.2 条开关插座安装的规范要求
原因分析	1. 预埋线盒距门框边太近或太远，导致开关位置不符合规范要求；同一房间内成排接线盒距离间距过近，标高误差较大，影响开关插座面板的安装质量。 2. 暗装接线盒进墙体太深，导致开关面板无法安装；接线盒高出墙体装修面，导致面板安装后与墙体间有缝隙；接线盒不用的敲落孔有被敲掉现象，接线盒在车站公共区有干挂装修离壁墙时，接线盒没有采用金属支架固定到与墙面平齐，影响后期插座等面板的安装及检修。 3. 施工人员对控制原理不熟悉，安装开关、插座前未清理好接线盒内的杂物，开关插座使用不同品牌不同样式、开关通断位置不一致、插座相序接错，影响开关插座用电安全。 4. 开关面板未做好成品保护，造成污染
防治措施及通用做法	1. 开关安装位置便于操作，开关边缘距门框边缘的距离 0.15~0.2m，开关距地面高度 1.3~1.4m；成排接线盒距离间距设计无要求时应不小于 12mm，同一室内安装的开关、插座高度一致，高度差不大于 5mm，并列安装相同型号的开关、插座高度差不大于 1mm。 2. 暗装接线盒时应考虑墙体抹灰层厚度，暗装的插座盒或开关盒应与饰面平齐，盒内干净整洁，无锈蚀，面板应紧贴饰面、四周无缝隙、安装牢固。 3. 施工人员应熟悉开关插座控制原理与接线方式，安装面板前应将接线盒内的杂物清理干净，安装插座时，对于单相两孔插座，面对插座的右孔或上孔应与相线连接，左孔或下孔应与中性导体（N）连接；对于单相三孔插座，面对插座的右孔应与相线连接，左孔应与中性导体（N）连接；单相三孔、三相四孔及三相五孔插座的保护接地导体（PE）应接在上孔，插座的保护接地导体端子不得与中性导体端子连接；同一场所的三相插座接线的相序应一致；同一建（构）筑物的开关、插座采用同一系列的产品，单控开关的通断位置应一致。 4. 开关插座面板安装完成后，应做好面板成品保护
工程质量缺陷照片	 图 8.1.16-1 插座面板标高不一致 图 8.1.16-2 面板与墙面空隙过大

工程实例照片	 图 8.1.16-3　开关线盒无修饰，标高一致、平直　　图 8.1.16-4　开关面板紧贴墙面，成品保护到位

8.1.17　普通照明灯具安装不规范

通病现象	1. 成排灯具的水平度、中心偏差较大。 2. 灯具的外壳未接地，无专用接地螺栓，无标识。 3. 灯具安装在电气设备的正上方，灯具安装在气灭喷头或空调送风口的正下方。 4. 顶棚内的灯具未使用单独支架安装。 5. 大型灯具，安装前固定及悬挂装置未做过载实验
规范标准及相关规定	• 根据《建筑电气工程施工质量验收规范》GB 50303—2015 第 18.1 条和 18.2 条普通灯具安装的规范要求
原因分析	1. 定灯位时未弹十字线、中心线或弹线位置错误，导致成排灯具歪斜，不成一条线。 2. 施工人员未按照设计及规范施工，或施工工程中漏装灯具外壳接地保护导体。 3. 施工工人只考虑本专业施工图纸中灯具位置，未综合考虑其他专业设备安装规范对灯具位置的要求。 4. 施工前现场未对施工人员对顶棚内灯具支架做技术交底，与装修专业配合安装默契不够。 5. 大型灯具安装前，施工人员对相应规范学习不透彻，忽视其固定及悬挂装置必须做过载实验这项安装前的重要工序
防治措施及通用做法	1. 灯具安装前灯位十字线、中心线弹线准确，灯具安装高度一致，做到"横成排、竖成行、斜成线"，成排灯具水平、横向安装偏差不应小于 5mm，安装规范，协调美观。 2. 普通灯具的外壳必须采用铜芯软导线与保护导体可靠连接，连接处应设置接地标识，铜芯软导线的截面积应与进入灯具的电源线截面积相同。 3. 安装时应时刻注意避免安装在电气设备的正上方，同时应避免安装在气灭喷头或空调送风口的正下方。 4. 有顶棚的灯具嵌入式安装或重量大于 3kg 时，在顶板上加独立的支吊架，下口留长节螺纹以便调节高度，承担灯具全部重量，支架不得固定在管道、风管上，不能使用顶棚龙骨承受灯具荷载。 5. 灯具固定有单独的固定支架，牢固可靠，不能使用木楔，灯具配线应符合设计及规范要求

工程质量 缺陷照片			
	图 8.1.17-1 与龙骨连接无 独立支架	图 8.1.17-2 位置中心线偏 差大	图 8.1.17-3 灯具在高压设 备正上方
工程实例 照片			
	图 8.1.17-4 顶棚内专用支 架安装	图 8.1.17-5 灯具位置 布置合理	图 8.1.17-6 安装规范、 美观

8.1.18 应急照明灯具安装不符合规范要求

通病现象	1. 导线采用阻燃电线、电缆，并只敷设一路电源。 2. 安全出口灯、疏散标志灯安装位置不正确，面板箭头指向错误
规范标准及 相关规定	•《建筑电气工程施工质量验收规范》GB 50303—2015 第 19.1.3、19.2.2 条应急照明灯具安装的规范要求
原因分析	1. 施工人员对施工设计及规范要求不了解，未采用额定电压不低于 750V 的低烟无卤耐火电缆电线，而错误地采用了与其他普通照明回路一样的低烟无卤阻燃电缆。 2. 施工人员缺乏施工经验，未掌握消防疏散相应规范，导致安全出口灯、疏散标志灯安装位置错误、灯具面板指示箭头错误。 3. 对设计说明及技术交底学习不细，安装敷设应急照明灯具回路时，将其回路等同于普通灯具回路，漏装一路事故照明回路
防治措施及 通用做法	1. 应急照明灯的电源采用双电源回路供电，除正常一路照明电源供电回路外，另敷设安装一路由车站 EPS 系统供电的事故照明回路。 2. 车站疏散标志灯由安全出口标志灯和疏散标志灯组成，安全出口标志灯距地高度不低于 2m，且安装在疏散出口和楼梯口里侧的上方；疏散标志灯安装在安全出口的顶部，楼梯间、疏散走道及其转角处安装在 1m 以下的墙面下，不易安装的部位可安装在上部。疏散通道上的标志灯间距不大于 20m。 3. 疏散标志灯的安装定位时，不应影响正常通行，且不在其周围设置容易混同疏散标志灯的其他标牌等。 4. 应急照明回路电线、电缆采用额定电压不低于 750V 的低烟无卤耐火电缆、电线，在墙、板内穿刚性导管暗敷时，暗敷保护层厚度不小于 30mm

工程质量缺陷照片	图 8.1.18-1 导线未采用耐火电缆，并只敷设一路电源	图 8.1.18-2 车站单向疏散通道面板指向错误
工程实例照片	图 8.1.18-3 安全出口灯设置合理	图 8.1.18-4 疏散指示灯设置合理，指向正确

8.1.19 地铁场段建筑防雷接地安装不符合要求

通病现象	1. 引下线、均压环、避雷带搭接处有夹渣、焊瘤、虚焊、咬肉、焊缝不饱满。 2. 焊渣不敲掉、避雷带上的焊接处不刷防锈漆。 3. 避雷带安装不平整顺直，固定点支持件间距不均匀，未固定可靠，引下线无标识
规范标准及相关规定	•《建筑电气工程施工质量验收规范》GB 50303—2015 第 24.1、24.2 条 •《地下铁道工程施工及验收规范》(2003 年版)GB 50299—1999 第 17.5 条（Ⅱ）接地装置规范要求
原因分析	1. 操作人员责任心不强，焊接技术不熟练，施工前未对操作人员进行施工技术交底，操作人员对该项目的要求不了解。 2. 对圆钢、扁钢等搭接焊施工时，未按正确规范焊接，导致搭接长度过短、焊接面不够等质量缺陷。 3. 引下线、均压环、避雷带焊接完成后，对焊渣未进行处理，对裸露部分未采取刷防腐油漆等防腐措施，漏装接地标识
防治措施及通用做法	1. 施工前对施工人员进行规范培训和技术交底，加强焊工的技能培训，加大现场质检管理力度，要求工艺上做到搭接焊处焊缝饱满、平整均匀，特别是对立焊、仰焊等难度较高的焊接进行培训，及时补焊不合格的焊缝，并及时敲掉焊渣，刷防锈漆。

防治措施及通用做法	2. 引下线、均压环、避雷带搭接焊施工时，其搭接长度必须符合下列规定：①扁钢与扁钢搭接不应小于其宽度的 2 倍，且至少三面焊接；②圆钢与圆钢搭接不应小于圆钢直径的 6 倍，且应双面施焊；③圆钢与扁钢搭接长度不应小于圆钢直径的 6 倍，且应双面施焊；④扁钢与钢管、扁钢与角钢焊接时，为了连接可靠，除应在其接触部位两侧进行焊接外，并应焊以由钢带弯成的弧形（或直角形）卡子或直接由钢带本身弯成弧形（或直角形）与钢管（或角钢）焊接。 3. 建筑物顶部的避雷针、避雷带等必须与顶部外露的其他金属物体连成一个整体的电气通道，且与避雷引下线连接可靠；避雷针、避雷带应位置正确，焊接固定的焊缝饱满无遗漏，螺栓固定的应备帽等防松零件齐全，焊接部分补刷的防腐油漆完整。 4. 避雷带安装应平正顺直，固定点支持件间距均匀，固定可靠，引下线标识清晰。屋面避雷带高度与女儿墙顶面为 100~150mm，和建筑物牢固卡接，其固定点间距最大不得超过 800mm
工程质量缺陷照片	图 8.1.19-1　接地装置焊接质量差，搭接长度不够　　 图 8.1.19-2　避雷带安装不平正顺直，引下线无标识
工程实例照片	图 8.1.19-3　接地装置焊接质量、搭接长度规范　　 图 8.1.19-4　引下线标识明显、清晰

8.1.20　地铁站接地系统安装工艺不符合要求

通病现象	1. 接地干线固定不牢固，与墙壁间距、距地面高度不符合要求；未按要求涂标识。 2. 车站内部分设备、设施金属外壳未接地，如车站内门、窗未用接地线与等电位连接。 3. 接地线穿墙壁、楼板时未安装保护套管，连接螺栓未按规范要求安装紧固
规范标准及相关规定	•《建筑电气工程施工质量验收规范》GB 50303—2015 第 23.1、23.2、25.1、25.2 条 •《地下铁道工程施工及验收规范》（2003 年版）GB 50299—1999 第 17.5 条（Ⅱ）接地装置规范要求

原因分析	1. 施工人员对地铁车站项目接地系统规范要求不了解，专业工程师未对施工人员进行技术交底。 2. 扁钢搭接焊施工时，未按正确规范规定焊接，导致搭接长度过短、焊接面不够等质量缺陷。 3. 接电线螺栓连接时未按规范及工艺标准施工，导致螺栓反装、漏装放松平垫圈、相邻螺栓垫圈相互干扰、螺母侧未装弹簧垫圈或紧锁垫圈等质量缺陷。 4. 施工人员责任心不强，漏装车站内如门窗等金属设施等电位接地。 5. 施工人员未掌握接地干线穿墙板时正确工艺做法，导致直接穿越漏装保护套管
防治措施及通用做法	1. 接地干线全长度或区间段及每个连接部位附近的表面，应涂以 15~100mm 宽度相等的黄色和绿色相间的条纹标识；变压器室、高压配电室、发电机房的接地干线上应设置不少于 2 个供临时接地用的接线柱或接地螺栓；接地干线的连接应采用焊接，焊处焊接缝应饱满，并有足够的机械强度，避免出现夹渣、咬肉、裂纹、虚焊、气孔等质量缺陷。采用专业煨弯器，不得打死弯，扁钢与扁钢搭界不小于扁钢宽度的 2 倍，且三面施焊。 2. 沿房间墙壁敷设 40×4 扁钢作为接地干线，距地面高度 250~300mm，室内接地干线支持件应固定可靠，支持件间距应均匀，支持件固定间距为 500m，弯曲部分为 300~500m，与建筑物墙面壁间的间隙 10~20mm；接地干线在穿越墙壁、楼板和地坪处应加套钢管或其他坚固的保护套管，钢套管应与接地干线做电气连通，接地干线敷设完成后保护套管管口应封堵，接地扁钢跨越建筑物变形缝时设补偿装置，对于接地干线的焊接接头，除埋入混凝土内的接头外，其余均应做防腐处理。 3. 车站内门、窗、风管、水管、支架、设备基础及设备凡是金属外壳全部用接地线与等电位连接。 4. 车站等电位联结干线应从与接地装置有不少于 2 处直接连接的接地干线或总等电位箱引出，等电位联结干线或局部等电位箱间的连接线形成环形网路，环形网络应就近与等电位联结干线或局部等电位箱连接，支线间不应串联连接。 5. 接地干线由车站站板下综合接地端子引出，强弱电接地要分清楚
工程质量缺陷照片	 图 8.1.20-1 门框、静电地板未做接地 图 8.1.20-2 固定不牢固，扁钢未涂标识 图 8.1.20-3 干线穿楼板未安装保护套管
工程实例照片	 图 8.1.20-4 静电地板接地端子连接规范 图 8.1.20-5 接地干线安装规范、美观 图 8.1.20-6 穿套管过楼板并防火封堵

8.2 水系统工程

8.2.1 管道支吊架设置不合理

通病现象	1. 管道局部起"波浪"形等变形现象。 2. 管道拐角处,分支管、阀门两侧没有设置支吊架
规范标准及 相关规定	•《建筑给水排水及采暖工程施工质量验收规范》GB 50242—2002 3.3.8 钢管水平安装的支、吊架间距不应大于表3.3.8的规定:

表3.3.8 钢管管道支架的最大间距

公称直径 (mm)	15	20	25	32	40	50	70	80	100	125	150	200	250	300
支架的 最大间 距(m) 保温管	2	2.5	2.5	2.5	3	3	4	4	4.5	6	7	7	8	8.5
不保温管	2.5	3	3.5	4	4.5	5	6	6	6.5	7	8	9.5	11	12

3.3.9 采暖、给水及热水供应系统的塑料管及复合管垂直或水平安装的支架间距应符合表3.3.9的规定。采用金属制作的管道支架,应在管道与支架间加衬非金属垫或套管。

表3.3.9 塑料管及复合管管道支架的最大间距

管径(mm)	12	14	16	18	20	25	32	40	50	63	75	90	110
最大 间距 (m) 立管	0.5	0.6	0.7	0.8	0.9	1.0	1.1	1.3	1.6	1.8	2.0	2.2	2.4
水平管 冷水管	0.4	0.4	0.5	0.5	0.6	0.7	0.8	0.9	1.0	1.1	1.2	1.35	1.55
水平管 热水管	0.2	0.2	0.25	0.3	0.3	0.35	0.4	0.5	0.6	0.7	0.8		

5.2.9 排水塑料管道支、吊架间距应符合表5.2.9的规定。

表5.2.9 排水塑料管道支吊架最大间距(单位: m)

管径(mm)	50	75	110	125	160
立管	1.2	1.5	2.0	2.0	2.0
横管	0.5	0.75	1.10	1.30	1.6

原因分析	1. 作业人员未按规范要求施工,支吊架间距过大;作业时未核算各段管线标高,造成支吊架高低不平。 2. 对作业人员的技术交底不详细或不全面,作业人员对该项目的要求不了解
防治措施及 通用做法	1. 管道支吊架是承受管道载荷(包括管道内的介质荷重)、限制管道的位移和控制管道振动(管道内介质流动发生变化和设备运转变化时所产生的振动)的重要辅件。正确选用(或制安)支吊架,能改善管道受力状态,有利于管道运行的使用功能,有利于工程质量的提高。

防治措施及 通用做法	2. 支架安装前应根据管道设计坡度和起点标高，算出中间各点和终点标高，弹好线，按满足规范要求和均匀布置原则，定出各支架安装点及标高进行安装
工程质量 缺陷照片	 图 8.2.1-1 管道拐弯处未设置支架 图 8.2.1-2 管道变径处未设置支架
工程实例 照片	 图 8.2.1-3 支架设置均匀 图 8.2.1-4 拐角处增加支架

8.2.2 金属制作的管道支架未在管道与支架间加衬非金属垫

通病现象	1. 引起管道的腐蚀。 2. 造成管道支架对钢管及塑料管表面的损伤
规范标准及 相关规定	·《建筑给排水及采暖工程施工质量验收规范》GB 5024—2002 3.3.9 采暖、给水及热水供应系统的塑料管及复合管垂直或水平安装的支架间距应符合表 3.3.9 规定，采用金属制作的管道支架，应在管道与支架间加衬非金属垫或套管。

表 3.3.9 塑料管及复合管管道支架的最大间距

管径（mm）			12	14	16	18	20	25	32	40	50	63	75	90	110
最大间距（m）		立管	0.5	0.6	0.7	0.8	0.9	1.0	1.1	1.3	1.6	1.8	2.0	2.2	2.4
	水平管	冷水管	0.4	0.4	0.5	0.5	0.6	0.7	0.8	0.9	1.0	1.1	1.2	1.35	1.55
		热水管	0.2	0.2	0.25	0.3	0.3	0.35	0.4	0.5	0.6	0.7	0.8		

原因分析	1. 作业人员未按规范要求施工，管道与支架间的加衬非金属垫或套管，构成化学原电池原理，引起管道的腐蚀。 2. 管体的移动，造成管道支架对塑料管及符合管表面的损伤
防治措施及 通用做法	1. 严格按照规范要求（特别是规范强制性条文）及设计要求进行技术交底，并把交底进行层层落实。 2. 所用非金属垫应平整，位于管卡正中间，施工时应拧紧管卡的螺栓，防止管卡的松动而导致非金属垫的脱落
工程质量 缺陷照片	 图 8.2.2-1　未加垫片　　　　图 8.2.2-2　未加垫片
工程实例 照片	 图 8.2.2-3　正确设置垫片

8.2.3　连接法兰的螺栓连接不符合标准

通病现象	1. 连接法兰的螺栓直径和长度不符合标准，连接处不严密，出现渗漏现象 2. 不美观
规范标准及 相关规定	• 《建筑给水排水及采暖工程施工质量验收规范》GB 50242—2002 3.3.15　管道接口应符合下列规定： 4　法兰连接时衬垫不得凸入管内，其外边缘接近螺栓孔为宜。不得安放双垫或偏垫。 5　连接法兰的螺栓，直径和长度应符合标准，拧紧后，突出螺母的长度不应大于螺杆直径的 1/2。 • 连接法兰的螺栓直径比法兰盘孔径宜小 2mm，螺栓朝向一致；拧紧螺栓时应对称交叉进行

原因分析	1. 作业人员未按规范要求施工，所选用的螺栓的直径以及长度不符合标准，造成渗漏的现象。 2. 所选用的法兰规格与设备的法兰规格不匹配
防治措施及 通用做法	1. 安装前检查连接法兰、螺栓、垫片的规格型号是否符合设计要求，质量是否合格，保证法兰、螺栓、垫片配套，合格。 2. 安装前，清理，检查法兰和垫片密封面，保证密封面清洁，无伤痕，垫片放置应与管径同心，不得放偏。 3. 紧固法兰螺栓时应对称拧紧，紧固好的螺栓外露丝不应大于螺杆直径的 1/2
工程质量 缺陷照片	 图 8.2.3-1　选用的法兰规格与设备的法兰规格不匹配　　图 8.2.3-2　法兰螺栓长短不一
工程实例 照片	 图 8.2.3-3　法兰连接　　图 8.2.3-4　消防水泵接合器采用法兰连接

8.2.4　丝扣连接管道露出丝扣长短不一

通病现象	1. 外露丝扣处过长容易引起腐蚀，腐蚀严重时甚至出现管子断裂的情况。 2. 外露丝扣处出现漏水的现象
规范标准及 相关规定	•《建筑给水排水及采暖工程施工质量验收规范》GB 50242—2002 3.3.15　管道接口应符合下列规定： 6　螺纹连接管道安装后的管螺纹根部应有 2~3 扣的外露螺纹，多余的麻丝应清理干净并做防腐处理
原因分析	1. 螺纹连接留有 2~3 扣螺纹时，防腐措施到位，就可达到最佳的防腐效果。

原因分析	2. 螺纹连接留有 2~3 扣螺纹时，就可达到最佳的密封效果，从而杜绝漏水的现象。 3. 螺纹连接留有 2~3 扣螺纹时，密封填料可适当缠绕少点时，还可适当旋紧一些，为了方便于安装连接管道
防治措施及 通用做法	1. 螺纹连接安装前，检查连接螺纹，确认牙丝完好，合格。 2. 密封填料（四氟带、白漆或铅油麻丝等）缠绕方向正确，缠涂（裹）均匀；用管钳将管件与管道拧紧，丝扣外露 2~3 口。 3. 除掉麻丝头，擦净外露铅油。 4. 螺纹连接的塑料管安装时注意力度，避免损坏塑料管件金属连接件的接触面
工程质量 缺陷照片	 麻丝外露未清理 图 8.2.4-1　外露麻丝未处理　　　图 8.2.4-2　丝扣外露长短不一
工程实例 照片	 图 8.2.4-3　生活给水管道的丝扣连接　　　图 8.2.4-4　丝扣连接时露丝 2~3 扣

8.2.5　管道穿过墙壁和楼板未设置套管或套管安装不规范

通病现象	1. 管道穿过楼板处没有设置套管或套管大小不符合规范要求，管道穿过楼板处易渗水。 2. 管道穿过楼板的套管顶部高出装饰地面不够。 3. 穿过楼板的套管与管道之间缝隙没封堵或没用阻燃密实材料填实，不符合消防防火要求，存在消防隐患
规范标准及 相关规定	•《建筑给水排水及采暖工程施工质量验收规范》GB 50242—2002

规范标准及相关规定	3.3.13 管道穿过墙壁和楼板，应设置金属或塑料套管。安装在楼板内的套管，其顶部应高出装饰地面 20mm；安装在卫生间及厨房内的套管，其顶部应高出装饰地面 50mm，底部应与楼板底面相平安装在墙壁内的套管其两端与饰面相平。穿过楼板的套管与管道之间缝隙应用阻燃密实材料填实，且端面光滑。管道的接口不得设在套管内
原因分析	1. 管道穿楼板处未按设计、规范要求预留套管（防水套管），管道外壁直接与楼板接触，当外界空气温度发生变化时，有两者热膨胀系数不相同，管道与楼板产生缝隙，造成渗水。 2. 安装在楼板内的套管埋设时没考虑装饰地面完成面的高度。 3. 穿过楼板的套管与管道之间缝隙忘记封堵或图方便使用可燃材料填实
防治措施及通用做法	1. 根据图纸或规范要求配合土建施工预埋套管（或预留孔洞），穿越楼板的套管应在地面粉刷或铺设饰面之前埋设。 2. 穿过楼板的套管与管道之间应用阻燃密实材料和防水油膏填实 顶部高出装饰完成地面 $H=20mm$ 在卫生间及厨房内时，顶部高出装饰完成地面$H=50mm$
工程质量缺陷照片	 图 8.2.5-1　未设置套管　　　图 8.2.5-2　未设置穿墙套管

工程实例照片

图 8.2.5-3　穿楼板套管设置　　　图 8.2.5-4　穿墙套管设置

8.2.6　PVC 排水立管伸缩节设置不当造成管道变形漏水

通病现象	排水塑料管未设置伸缩节或伸缩节位置不当，管道伸缩得不到补偿，而导致管道变形和局部破坏（如接口松脱、开裂等）
规范标准及相关规定	•《建筑给水排水及采暖工程施工质量验收规范》GB 50242—2002 5.2.4　排水塑料管必须按设计要求及位置装设伸缩节。如设计无要求时，伸缩节间距不得大于 4m
原因分析	1.作业人员未按规范要求施工，排水塑料管未设置伸缩节或伸缩节位置不当，管道伸缩得不到补偿，而导致管道变形和局部破坏。 2.因塑料管的线胀系数较大，受环境温度变化影响时，管道伸缩较大
防治措施及通用做法	按《建筑排水硬聚乙烯管道工程技术规程》CJJ/T 29—98 第 3.1.19 条、3.1.20 条及《建筑给水排水及采暖工程施工质量验收规范》GB 50242—2002　5.2.4 条的规定施工，条文内容详见规范标准相关规定
工程质量缺陷照片

图 8.2.6-1　未设置伸缩节 |

工程实例 照片	 图 8.2.6-2　正确设置伸缩节　　图 8.2.6-3　正确设置伸缩节

8.2.7　卡箍连接管道漏水

通病现象	1. 卡箍连接处漏水。 2. 漏水处对支架及其他管线造成腐蚀。 3. 水压不满足设计要求
规范标准及 相关规定	• 《建筑给水排水及采暖工程施工质量验收规范》GB 50242—2002 3.3.15　管道接口应符合下列规定： 8　卡箍（套）式连接两管口端应平整、无缝隙，沟槽应均匀，卡紧螺栓后管道应平直；卡箍（套）安装方向应一致。 4.2.1　室内给水管道的水压试验必须符合设计要求。当设计未注明时，各种材质的给水管道系统试验压力均为工作压力的 1.5 倍，但不得小于 0.6MPa
原因分析	1. 作业人员未按规范要求施工，管口端不平整、存在缝隙、卡紧螺栓后管道不平直，卡箍安装方向不一致。 2. 卡箍与管道沟槽不匹配，区间管道采用卡箍连接方式时，未采用软性卡箍。 3. 管道安装好之后，未按规范要求进行水压试验，没有及时发现渗漏处
防治措施及 通用做法	1. 所使用卡箍必须具有中文质量合格证明文件，规格、型号及性能检测报告应符合国家技术标准。进场时应做检查验收，并经监理工程师检查确认。 2. 卡箍式连接两管口端应平整、无缝隙，沟槽应均匀，卡紧螺栓后管道应平直；卡箍安装方向应一致。 3. 管道安装好之后，按规范要求进行水压试验，及时发现渗漏处

工程实例照片	 图 8.2.7-1　消防管道的卡箍连接

8.2.8　卫生器具接口渗漏

通病现象	1. 洗手盆排水管接口渗漏。 2. 坐厕水箱渗漏、脚座与地面连接处渗水
规范标准及相关规定	•《建筑给水排水及采暖工程施工质量验收规范》GB 50242—2002 　7.4.1　与排水横管连接的各卫生器具的受水口和立管均应采取妥善可靠的固定措施；管道与楼板的接合部位应采取牢固可靠的防渗、防漏措施。 　7.4.2　连接卫生器具的排水管道接口应紧密不漏，其固定支架、管卡等支撑位置应正确、牢固，与管道的接触应平整
原因分析	1. 洗面盆去水配件安装不正确，去水口与配件不匹配，或防漏胶圈质量差。 2. 坐厕水箱给水配件与水箱不匹配，造成接口渗漏；坐厕出水口与排水管承口有间隙，冲水时溢出，从坐厕脚座往外渗
防治措施及通用做法	1. 洗脸盆排水配件的橡胶密封圈应完好，厚薄均匀。排水管（或存水弯排出管）插入排水预留管口的间隙，应采用防水油膏封堵，安装后应对各连接处进行严密性检查。 2. 坐厕安装前要复核排水预留口的高度、坐标、尺寸，如不符合需进行调整；坐厕安装时先用水泥砂浆找平，坐厕出水口、排水管承口周围抹上桐油灰，垫平找正，并用带尼龙垫圈的铜质螺丝固定好坐厕脚
工程质量缺陷照片	 图 8.2.8-1　卫生器具底部渗水

工程实例照片	

图 8.2.8-2　底部配件安装　　　　　　　图 8.2.8-3　配件封堵

8.2.9　水泵安装不符合规范

通病现象	1. 水泵机组的基础没有设置减振装置或减振装置被水泥砂浆封固失效。 2. 装在水泵进出水管上的柔性连接短管扭曲（弯曲）变形，软接头的两法兰盘不平行成喇叭状或不同心对水泵造成损坏
规范标准及相关规定	•《建筑给水排水设计规范》（2009 年版）GB 50015—2003 3.8.12　建筑物内的给水泵房，应采用下列减震防噪措施： 2. 吸水管和出水管上应设置减振装置； 3. 水泵机组的基础应设置减振装置。 •《水泵隔振技术规程》CECS 59：94 4.1.3　水泵机组隔振应根据水泵型号规格、水泵机组转速、系统质量和安装位置、荷载值、频率比要求等因素选用隔振元件。一般宜选用橡胶隔振垫、阻尼弹簧隔振器和橡胶隔振器
原因分析	1. 水泵底座无防振措施，泵运转时振动大。 2. 软接头受到附加外力变形，不能起到正常的伸缩减振作用，使水泵运行时的机械振动直接传递到管道系统
防治措施及通用做法	1. 水泵机组的基础设置隔振装置，水泵机组安装时应均匀紧固地脚螺栓，并用垫铁仔细调整，使水平误差和垂直误差符合要求。 2. 安装软接头时应先将软接头两法兰盘按自然状态用限位螺栓等临时固定，使之成为一个刚性的整体；待与水泵其他管件、阀门等连接好，固定牢靠后，再将软接头上的固定措施松除

工程质量 缺陷照片	 图 8.2.9-1　橡胶软接扭曲　　　　图 8.2.9-2　水泵未做减震措施
工程实例 照片	 图 8.2.9-3　消防泵安装　　　　图 8.2.9-4　柔性接头安装适当

8.2.10　箱式消火栓栓口位置和箱体的安装质量缺陷

通病现象	1. 单口栓安装于门轴一侧。 2. 栓口中心距地面高度、箱底标高、栓口距箱后面及侧面距离不符合规范要求。 3. 暗装的消防箱箱体变形，箱门启闭不灵活。 4. 箱体开孔间隙处、箱体背板后未进行防火封堵
规范标准及 相关规定	• 《建筑给水排水及采暖工程施工质量验收规范》GB 50242—2002 4.3.3　箱式消火栓的安装应符合下列规定： 1　栓口应朝外，并不应安装在门轴侧。 2　栓口中心距地面为 1.1m，允许偏差 ±20mm。 3　阀门中心距箱侧面为 140mm，距箱后内表面为 100mm，允许偏差 ±5mm。 4　消火栓箱体安装的垂直度允许偏差为 3mm
原因分析	1. 消火栓箱的几何尺寸不符合要求，箱体厚度过小，不能满足栓口朝外的规定。 2. 订货时没有准确注明消火栓箱门轴的左右位置。 3. 消火栓预留孔洞不准，安装消火栓箱时未认真核对尺寸及标高。 4. 砖墙上的消火栓箱孔洞上部未采取承重措施，箱体受力变形。 5. 消火栓箱在运输、储存中乱堆乱放，箱体碰撞变形，导致箱门开启不灵活

防治措施及通用做法	1. 消火栓箱体的几何尺寸和厚度尺寸必须符合设计及现行技术标准的规定。消火栓应参照标准图集安装，单栓消火栓的栓口出水方向宜向下或与设置消火栓的墙面相垂直。 　　2. 暗装消火栓应在土建主体施工时预留孔洞，预留孔洞大小、位置及标高应准确并满足消火栓及箱体安装的要求，并留于一定的调节余量。消火栓箱体安装时要考虑装饰层的厚度；箱体安装高度的控制，应保证栓口中心距完成地面的标高符合规范要求。 　　3. 设于砖墙上的暗装消火栓箱体上部应采取承重措施，以防止箱体受压变形而影响箱门的开启。 　　4. 按照消防防火要求，应将栓口接管与箱底留孔间隙处进行防火封堵；箱体背板不得外露于墙面，如箱体所在的墙面厚度小于箱体厚度，应采用防火材料对箱体背板后面进行处理，且处理后不应低于同房间耐火等级
工程质量缺陷照片	 图 8.2.10-1　消火栓口与箱侧壁距离不符合规范 140mm 要求
工程实例照片	 图 8.2.10-2　设备区消火栓箱安装　　　图 8.2.10-3　公共区消火栓箱安装

8.2.11 喷淋头安装不规范

通病现象	1. 未按设计类型选用喷头，甚至将直立式喷头向下安装，或下垂型喷头向上安装。 2. 喷头之间，或者喷头距墙、梁等障碍物的间距不符合设计或规范要求。 3. 宽度大于 1.2 m 的风管腹部未设置喷头
规范标准及相关规定	•《自动喷水灭火系统施工及验收规范》GB 50261—2017 5.2.5　喷头安装时，溅水盘与吊顶、门、窗、洞口或障碍物的距离应符合设计要求。 5.2.6　安装前检查喷头的型号、规格、使用场所应符合设计要求。系统采用隐蔽式喷头时，配水支管的标高和吊顶的开口尺寸应准确控制。 5.2.7　当喷头的公称直径小于 10mm 时，应在配水干管或配水管上安装过滤器。 5.2.8　当喷头溅水盘高于附近梁底或高于宽度小于 1.2m 的通风管道、排管、桥架腹面时，喷头溅水盘高于梁底、通风管道、排管、桥架腹面的最大垂直距离应符合表 5.2.8-1~ 表 5.2.8-9 的规定（详见规范具体内容）。 5.2.9　当梁、通风管道、排管、桥架宽度大于 1.2m 时，增设的喷头应安装在其腹面以下部位。 5.2.10　当喷头安装在不到顶的隔断附近时，喷头与隔断的水平距离和最小垂直距离应符合表 5.2.10 的规定（见图 5.2.10） 图 5.2.10　喷头与隔断障碍物的距离 1—天花板或屋顶；2—喷头；3—障碍物；4—地板 表 5.2.10　喷头与隔断的水平距离和最小垂直距离（mm） （见下表）

表 5.2.10　喷头与隔断的水平距离和最小垂直距离（mm）

喷头与隔断的水平距离 a	喷头与隔断的最小垂直距离 b
$a < 150$	80
$150 \leqslant a < 300$	150
$300 \leqslant a < 450$	240
$450 \leqslant a < 600$	310
$600 \leqslant a < 750$	390
$a \geqslant 750$	450

原因分析	1. 对喷头的性能及使用范围不了解，不熟悉规范，或无施工经验。 2. 喷头选型不对，溅水盘变形、喷头间距过大、安装位置不符合要求等等，均直接影响灭火效果
防治措施及通用做法	1. 安装时应按设计要求正确选择喷头类型：直立型喷头向上安装，适用于明装管道的场所；下垂型喷头向下安装，适用于暗装管道或有顶棚的场所；普通型喷头可上、下安装；边墙式喷头可垂直或水平安装，适用于无顶棚的旅馆客房和无法布置直立、下垂型喷头的地方。 2. 喷头的间距严格按设计和规范要求布置；当喷头与墙、梁等障碍物的间距过小时，应按照规范要求相应调整喷头的高度。 3. 当梁、通风管道、排管、桥架宽度大于 1.2m 时，增设的喷头应安装在其腹面以下部位
工程质量缺陷照片	 图 8.2.11-1　风管下方未设喷漆头
工程实例照片	 图 8.2.11-2　风管腹部设置喷淋头

8.3　通风空调工程

8.3.1　金属风管法兰连接不严密，系统漏风

通病现象	1. 法兰铆接后风管不严密，风管表面不平。 2. 法兰与风管轴线不垂直，法兰接口处不严密。 3. 螺栓或铆钉孔间距过大。 4. 风管翻边宽度不够，系统漏风

规范标准及相关规定	·《通风与空调工程施工质量验收规范》GB 50243—2016 4.2.3-2　金属风管的连接应符合下列规定： 1）风管板材拼接的接缝应错开，不得有十字形拼接缝。 2）金属圆形风管法兰及螺栓规格应符合表4.2.3-4的规定，金属矩形风管法兰及螺栓规格应符合表4.2.3-5的规定。微压、低压与中压系统风管法兰的螺栓及铆钉孔的孔距不得大于150mm；高压系统风管不得大于100mm。矩形风管法兰的四角部位应设有螺孔。 3）用于中压及以下压力系统风管的薄钢板法兰矩形风管的法兰高度，应大于或等于相同金属法兰风管的法兰高度。薄钢板法兰矩形风管不得用于高压风管。

表4.2.3-4　金属圆形风管法兰及螺栓规格

风管直径 D（mm）	法兰材料规格（mm）		螺栓规格
	扁钢	角钢	
$D \leqslant 140$	20×4		M6
$140 < D \leqslant 280$	25×4		
$280 < D \leqslant 630$		25×3	
$630 < D \leqslant 1250$		30×4	M8
$1250 < D \leqslant 2000$		40×4	

表4.2.3-5　金属矩形风管法兰及螺栓规格

风管长边尺寸 b（mm）	法兰角钢规格（mm）	螺栓规格
$b \leqslant 630$	25×3	M6
$630 < b \leqslant 1500$	30×3	M8
$1500 < b \leqslant 2500$	40×4	
$2500 < b \leqslant 4000$	50×5	M10

原因分析	1. 风管法兰的折边（或组合工法兰条）加工不平直，弯曲度过大。 2. 法兰垫料的厚度不够，影响弹性及坚固程度。或法兰垫料设置不严密。 3. 风管制作安装没按规范要求进行严密性检验，或检验频次太少。 4. 风管板材拼接不严密
防治措施及通用做法	1. 铆钉间距应按规范的要求打孔。铆钉的间距不应大于150mm。 2. 翻边尺寸为6~9mm，法兰用料的尺寸较小时可取上限值，用料尺寸较大时可取下限值。 3. 风管翻边四角开裂处应用锡焊或涂以密封胶。咬口重叠处，翻边后应将突出部分铲平，四角不应出现豁口，防止漏风。 4. 在展开下料过程中应对矩形风管严格进行角方。 5. 法兰的内边尺寸正偏差过大，同时风管的外边尺寸负偏差也过大，应更换法兰；在特殊情况下可采取加衬套管的方法补救。 6. 风管在套入法兰前，应按规定的翻边尺寸严格角方无误后，方可进行铆接翻边

工程质量 缺陷照片	 图 8.3.1-1 翻边不足图	 图 8.3.1-2 法兰接口不严密
工程实例 照片	 图 8.3.1-3 风管翻边平整	 图 8.3.1-4 螺栓间距均匀、合理

8.3.2 金属风管无加固措施或加固措施不当，产生明显变形

通病现象	1. 矩形风管上下表面有不同程度的下挠，两侧表面稍向外凸出，有明显的变形。 2. 大口径风管未按规范要求加固，导致风管表面不平，安装后出现底部下挠
规范标准及 相关规定	•《通风与空调工程施工质量验收规范》GB 50243—2016 4.2.3 金属风管的制作应符合下列规定： 3 金属风管的加固应符合下列规定： 2）矩形风管的边长大于 630mm，或矩形保温风管边长大于 800mm，管段长度大于 1250mm；或低压风管单边平面面积大于 $1.2m^2$，中、高压风管大于 $1.0m^2$，均应有加固措施
原因分析	1. 制作风管的钢板厚度太薄，达不到规范或设计文件要求。 2. 作业人员没有按规范要求采取加固措施或加固措施不当
防治措施及 通用做法	1. 制作风管的钢板厚度，如设计图纸无特殊要求，必须按 GB 50243—2016 要求选用。 2. 风管加固形式有外框加固、点加固、纵向加固、压筋加固等形式，见规范参考图示。 3. 压筋加固时，其凸出部分应位于风管外表面，排列间隔应均匀，板面应无明显的变形。

防治措施及通用做法	4. 外框加固时，应排列整齐、均匀对称，其高度应小于或等于风管的法兰宽度。外加固框与风管的铆接应牢固、均匀，最大间隔不大于220mm；两相交处应连接成一体。 5. 管内支撑与风管的固定应牢固，各支撑点之间或与风管的边沿或法兰的间距应均匀，不应大于950mm。应在支撑件两端的风管受力（压）面处设置专用垫圈。采用管套内支撑时，长度应与风管边长相等。 6. 中压和高压系统风管的管段，其风管长边长度大于1250mm时，应采用加固框补强。高压系统风管的单咬口缝，还应有防止咬口缝涨裂的加固或补强措施
工程质量缺陷照片	 图8.3.2-1 风管未做内部加固 　　图8.3.2-2 风管未加固导致变形
工程实例照片	 图8.3.2-3 风管外部角钢加固 　　图8.3.2-4 风管内加固

8.3.3 矩形弯管未按规范要求设置导流叶片

通病现象	1. 风管弯管处气流不畅，增加管道阻力，导致系统送（回）风量不足。 2. 风管弯头处噪声增大
规范标准及相关规定	•《通风与空调工程施工质量验收规范》GB 50243—2016 4.3.6 矩形风管弯管宜采用曲率半径为一个平面边长，内外同心弧的形式。当采用其他形式的弯管，且平面边长大于500mm时，应设弯管导流片
原因分析	1. 平面边长大于500mm的矩形内斜线和内圆弧形弯管内未设置导流片或少设导流片。 2. 导流叶片片数或设置不符合规范要求。 3. 对作业人员的技术交底不详细或不全面，作业人员对该项目的要求不了解

| 防治措施及通用做法 | ·《通风管道技术规程》JGJ 141—2004

2 矩形内外弧形弯管平面边长大于 500mm，且内弧半径（r）与弯管平面边长（a）之比小于或等于 0.25 时应设置导流片。导流片弧度应与弯管弧度相等，迎风边缘应光滑，片数及设置应按表 3.10.2-1 的规定。

表 3.10.2-1　内外弧型矩形弯管导流片数及设置位置 |

表 3.10.2-1　内外弧型矩形弯管导流片数及设置位置

弯管平面边长（a）（mm）	导流片数	导流片位置		
		A	B	C
$500 < a \leqslant 1000$	1	$a/3$	—	—
$1000 < a \leqslant 1500$	2	$a/4$	$a/2$	—
$a > 1500$	3	$a/8$	$a/3$	$a/2$

| 工程质量缺陷照片 | |

图 8.3.3-1　弯头处无导流叶片　　　图 8.3.3-2　弯头处无导流叶片

| 工程实例照片 | |

图 8.3.3-3　导流片设置位置　　　图 8.3.3-4　导流片固定

261

8.3.4 管道穿越防火墙体（楼板）时防护套管设置不当

通病现象	1. 穿墙管道未设置套管，管道温度变化或位移时，造成墙面开裂。 2. 套管尺寸过小，若为冷冻水管道，将在该处结露，污染环境。 3. 设于楼板上的套管，清洗地面或地面漫水时，水通过套管与管道之间的间隙流入下一层，对下一层造成损害
规范标准及相关规定	《通风与空调工程施工质量验收规范》GB 50243—2016 6.2.2　当风管穿过需要封闭的防火、防爆的墙体或楼板时，必须设置厚度不小于 1.6mm 的钢制防护套管；风管与防护套管之间应采用不燃柔性材料封堵严密。 9.2.2　管道安装应符合下列规定： 5　固定在建筑结构上的管道支、吊架，不得影响结构体的安全。管道穿越墙体或楼板处应设钢制套管，管道接口不得置于套管内，钢制套管应与墙体饰面或楼板底部平齐，上部应高出楼层地面 20mm~50mm，且不得将套管作为管道支撑。当穿越防火分区时，应采用不燃材料进行防火封堵；保温管道与套管四周的缝隙应使用不燃绝热材料填塞紧密
原因分析	1. 与土建施工单位工序配合不紧密，在土建单位砌墙、浇筑管道井楼板及封堵洞口时未及时跟进配合，加设套管，造成套管遗漏。 2. 套管尺寸过小，管道在套管处的绝热层厚度将小于设计厚度，影响管道绝热。 3. 穿楼板的套管高度不够，未按规范要求高出楼层地面 20~50mm
防治措施及通用做法	1. 管道穿过混凝土墙、梁和楼板时，应在封模板前安装钢套管；管道井后封板的，立管套管可在封板时补设；管道穿过砖墙处，应及时配合砌筑进度安装套管。 2. 套管的尺寸应比管道尺寸大两个规格，如管道需绝热，应保证绝热层与套管间有 10~30mm 左右的间隙。 3. 套管的长度应考虑墙面及楼板面装饰层的厚度，保证在墙上安装的套管其两端与墙体饰面平齐，穿楼板的套管其下端与板底平齐，顶端高出楼板饰面 20~50mm。 4. 需绝热管道在套管处必须作绝热处理，绝热层接缝不得设于套管内，在套管内均应采用玻璃棉等不燃绝热材料将管道与套管之间的所有空隙填塞密实
工程质量缺陷照片	 图 8.3.4-1　穿楼板风管未加套管　　　图 8.3.4-2　套管未高出楼面

| 工程实例照片 | 图 8.3.4-3 风管穿墙套管 |

8.3.5 柔性短管安装不当

通病现象	1. 在风管系统安装中，采用可燃或难燃材料（如普通帆布）制作柔性短管。 2. 柔性短管松紧度不当
规范标准及相关规定	《通风与空调工程施工质量验收规范》GB 50243—2016 5.2.7 防排烟系统柔性短管必须采用不燃材料。 5.3.7-4 柔性短管的长度宜为 150 mm~250mm，接缝的缝制或粘接应牢固、可靠，不应有开裂；成型短管应平整，无扭曲等现象
原因分析	1. 对作业人员的技术交底不详细或不全面，作业人员不熟悉施工规范强制性条文及设计要求。 2. 安装过程中未严格控制柔性短管两端标高，造成标高不一致；未计算管道与设备之间距离，造成柔性短管过长或过短，松紧度不当
防治措施及通用做法	1. 严格按照规范要求（特别是规范强制性条文）进行技术交底，并把交底进行层层落实。 2. 对防排烟系统中所使用的材料，特别是法兰垫片、柔性短管的质量进行严格控制，保证所采用的必须是不燃材料，严格按照规范要求进行材料送检。 3. 安装过程中确保设备与管道标高一致，计算出各段长度下料，防止柔性短管长度不当
工程质量缺陷照片	图 8.3.5-1 柔性短管未采用防火材料 图 8.3.5-2 柔性短管松紧不当

工程实例照片	

图 8.3.5-3　柔性短管为防火材料　　　图 8.3.5-4　柔性短管松紧度适当

8.3.6　风管支、吊架设置不当

通病现象	1. 管道局部起"波浪"形等变形现象。 2. 风管弯头处、分支管没有设置支吊架，系统运行时风管晃动。 3. 在受到外力或者在风机开启时整段风管发生晃动
规范标准及相关规定	•《通风与空调工程施工质量验收规范》GB 50243—2016 6.2.1　风管系统支、吊架的安装应符合下列规定： 1　预埋件位置应正确、牢固可靠，埋入部分应去除油污，且不得涂漆。 2　风管系统支、吊架的形式和规格应按工程实际情况选用。 3　风管直径大于 2000mm 或边长大于 2500mm 风管的支、吊架的安装要求，应按设计要求执行
原因分析	1. 支吊架间距过大，没有按风管标高、规格大小进行支架制安。 2. 对作业人员的技术交底不详细或不全面，作业人员对该项目的要求不了解
防治措施及通用做法	1. 支、吊、托架按设计或规范要求的间距应等距离排列，但遇有风口、风阀等部件，应适当地错开一定距离。各吊杆或支架的标高调整后应保持一致；对于有坡度要求的风管，其标高按基坡度保持一致。 2. 水平悬吊的风管长度超过 20m 时，根据现场实际情况，利用梁安装防摆动吊架。 3. 支、吊架距风管末端不应大于 400mm，距水平弯头的起弯点间距不应大于 500mm。设在支管上的支吊架距干管不应大于 1200mm
工程质量缺陷照片	

图 8.3.6-1　风管倾斜　　　　　图 8.3.6-2　未设置防晃支架

工程实例 照片	 图 8.3.6-3 末端增加支架	 沿梁设置 防晃支架 图 8.3.6-4 风管防晃支架

8.3.7 防火阀安装未按规范要求设置

通病现象	1. 防火阀未设置独立支、吊架。 2. 防火阀安装位置不当，距离防火隔墙距离过大或者安装方向错误无法操作	
规范标准及 相关规定	•《通风与空调工程施工质量验收规范》GB 50243—2016 6.2.7 风管部件的安装应符合下列规定： 5 防火阀、排烟阀（口）的安装位置、方向应正确。位于防火区分隔墙两侧的防火阀，距墙表面不应大于 200mm	
原因分析	1. 对作业人员的技术交底不详细或不全面，作业人员对该项目的要求不了解。 2. 国标验收规范与地铁设计要求不一致，根据地铁设计要求，所有防火阀均需设独立支、吊架	
防治措施及 通用做法	1. 严格按照规范要求（特别是规范强制性条文）进行技术交底，并把交底进行层层落实。 2. 支吊架必须有足够的刚度和强度，吊架要设置在防火阀体，或直接吊在防火阀顶部的四角上，以保持受力均匀，不易变形。 3. 在防火阀选取生产时，根据图纸及现场实际情况，合理调整防火阀执行器位置，确保有足够的操作空间；安装过程中，先根据防火阀位置计算出各段风管长度，然后根据长度进行下料制作，确保防火阀距离防火墙体的位置符合规范要求	
工程质量 缺陷照片	 图 8.3.7-1 安装位置大于 200mm	 图 8.3.7-2 未设置独立支架

| 工程实例照片 | |
| | 图 8.3.7-3　安装位置不大于 200mm　　图 8.3.7-4　上方设置独立支架 |

8.3.8　管道在与设备（含大口径阀）连接处，无单独设置支、吊架

通病现象	1. 管道在与设备（含大口径阀）连接处，无单独设置支、吊架 2. 开启设备时震动过大，严重时会导致管道破裂
规范标准及相关规定	·《通风与空调工程施工质量验收规范》GB 50243—2016 9.3.8　金属管道的支、吊架的形式、位置、间距、标高应符合设计要求。当设计无要求时，应符合下列规定： 　1　支、吊架的安装应平整牢固，与管道接触应紧密。管道与设备连接处应设置独立支、吊架。当设备安装在减振基座上时，独立支架的固定点应为减振基座
原因分析	对作业人员的技术交底不详细或不全面，作业人员不熟悉施工规范强制性条文及设计要求
防治措施及通用做法	1. 支、吊架的安装应平整牢固，与管道接触紧密。管道与设备连接处，应设独立支、吊架。 2. 冷（热）媒水、冷却水系统管道机房内总、干管的支、吊架，应采用承重防晃管架。与设备连接的管道管架宜有减振措施。当水平支管的管架采用单杆吊架时，应在管道起始点、阀门、三通、弯头及长度每隔 15m 设置承重防晃支、吊架
工程质量缺陷照片	
	图 8.3.8-1　未设置支架　　图 8.3.8-2　未设置支架

工程实例 照片	 图 8.3.8-3　设置落地支架	 图 8.3.8-4　设置落地支架

8.3.9　空调水管道保温不良，有结露、滴水现象

通病现象	1. 空调水管在穿墙（楼板）外结露、滴水，空调水管支架上产生"冒汗"现象。 2. 在弯头、异径管、阀门处保温效果不佳，有结露、滴水现象
规范标准及 相关规定	·《通风与空调工程施工质量验收规范》GB 50243—2016 9.2.2　管道安装应符合下列规定： 5　固定在建筑结构上的管道支、吊架，不得影响结构体的安全。管道穿越墙体或楼板处应设钢制套管，管道接口不得置于套管内，钢制套管应与墙体饰面或楼板底部平齐，上部应高出楼层地面 20mm~50mm，且不得将套管作为管道支撑。当穿越防火分区时，应采用不燃材料进行防火封堵；保温管道与套管四周的缝隙应使用不燃绝热材料填塞紧密。 10.3.6　管道采用玻璃棉或岩棉管壳保温时，管壳规模与管道外径应相匹配，管壳的纵向接缝应错开，管壳应采用金属丝、黏结带等捆扎，间距应为 300mm~350mm，且每节至少应捆扎两道
原因分析	1. 绝热材料选型不当、与管道不匹配，造成管道（尤其冷冻水管）表面结露。 2. 绝热材料松脱或接缝处开裂。 3. 空调水管在穿过楼板或墙体处未进行绝热处理。 4. 木衬垫安装时上下两半未对正，两侧端面不在一个平面上；木衬垫上下两半的接合面之间的空隙未封堵；木衬垫与管道绝热材料之间的缝隙未封堵。 5. 与管道直接接触的固定支架（如集分水器支架、立管支架等），未做绝热处理。 6. 由于弯头、异径管、阀门是一个极不规则的几何体，施工中容易出现绝热结构内部不密实，外部绑扎不牢固
防治措施及 通用做法	1. 在管道绝热施工时应按管道实际尺寸采用与之相匹配的绝热材料。 2. 施工时，绝热材料的接缝位置于管道的侧面，并应加强检查。 3. 胶粘剂（胶水）在使用过程中应防止挥发干化，以免影响粘结效果。 4. 管道穿墙、楼板等处应安装钢套管，应保证绝热层与套管间有 10~30mm 左右的间隙。 5. 木衬垫安装时上下两半应对正，上下两半接合面之间及与管道之间如有空隙，应用油膏、腻子等严密塞实；与管道直接接触的固定支架应用绝热材料包裹，以免凝露。 6. 弯头、异径管、阀门的绝热具体做法可参考标准图集《管道与设备绝热——保冷》

工程质量 缺陷照片		
	图 8.3.9-1 弯头处结露	图 8.3.9-2 异径管结露
工程实例 照片		
	图 8.3.9-3 集分水器保温	图 8.3.9-4 机房保温

8.3.10 风管保温安装不规范

通病现象	1. 风管保温的外形不平直，保温材料下垂。 2. 风管保温棉板松脱，保温棉接缝处或法兰处粘结不牢。 3. 风管保温钉数量不足，尤其顶面或空间狭窄处
规范标准及 相关规定	•《通风与空调工程施工质量验收规范》GB 50243—2016 10.3.5 风管绝热材料采用保温钉固定时，应符合下列规定： 1 保温钉与风管、部件及设备表面的连接，应采用黏结或焊接，结合应牢固，不应脱落；不得采用抽芯铆钉或自攻螺丝等破坏风管严密性的固定方法。 2 矩形风管及设备表面的保温钉应均布，风管保温钉数量应符合表 10.3.5 的规定。首行保温钉距绝热材料边沿的距离应小于 120mm，保温钉的固定压片应松紧适度、均匀压紧。 •风管法兰部位的绝热层的厚度，不应低于风管绝热层的 0.8 倍
原因分析	1. 风管表面分布的保温钉不均或不够，尤其是侧面和顶部因难观察，容易出现遗漏现象。 2. 保温前未清洁风管表面，灰尘多，保温钉粘结不牢。 3. 铝箔胶带和保温材料未粘紧、粘牢。 4. 风管漏风，保温棉内部形成气体推力，导致保温钉脱落

防治措施及通用做法	1. 保温钉应按规范要求的数量均匀地粘结在风管表面上。在粘结保温钉时，应注意保温板或保温毡的下料尺寸，避免保温钉设在保温材料的对缝上； 2. 保温钉应按梅花形粘结，距离保温材料的边缝 50mm 左右为宜。重点检查风管顶部等不易看见的部位。 3. 施工时应将风管外表面的油污、杂物擦干净，以增加保温钉粘结后的强度。 4. 保温前应对风管进行漏光、漏风量检测，保证系统的严密性。 5. 合理安排各专业工序搭接，避免在已保温的风管上进行施工
工程质量缺陷照片	 图 8.3.10-1　保温棉接缝处裂开　　　图 8.3.10-2　保温棉板脱落
工程实例照片	 图 8.3.10-3　保温棉平整美观　　　图 8.3.10-4　保温钉分布均匀

8.3.11　空调机组的冷凝水管连接无水封或水封高度不够

通病现象	空调机组集水盘中的冷凝水无法通过管道排走
规范标准及相关规定	•《通风与空调工程施工质量验收规范》GB 50243—2016 7.3.4　组合式空调机组、新风机组的安装应符合下列规定： 1　组合式空调机组各功能段的组装应符合设计的顺序和要求，各功能段之间的连接应严密，整体外观应平整。 2　供、回水管与机组的连接应正确，机组下部冷凝水管的水封高度应符合设计或设备技术文件的要求。

规范标准及相关规定	3 机组与风管采用柔性短管连接时，柔性短管的绝热性能应符合风管系统的要求。 4 机组应清扫干净，箱体内不应有杂物、垃圾和积尘。 5 机组内空气过滤器（网）和空气热交换器翅片应清洁、完好，安装位置应便于维护和清理
原因分析	1. 施工图中无明确表示，对安装人员技术交底不详细，安装人员不了解冷凝水管设水封而且水封高度必须保证的意义。 2. 水封高度未严格按照设计要求进行设置，造成排水不畅。 3. 柜式空调机组及组合式空调机组落地安装，机组的基础高度不够，导致存水弯无法按要求高度安装
防治措施及通用做法	1. 冷凝水管与柜式空调机组及组合式空调机组相接处，应设置存水弯，存水弯水封高度必须满足设计要求。 2. 如设计及组合式空调机组厂家未提供详细的技术要求，可按机组的机外余压值来确定，存水弯具体做法可见参考图示。 3. 柜式空调机组及组合式空调机组落地安装式，浇筑机组的基础时，必须考虑到存水弯水封的高度，以便存水弯能按设计或机组的要求安装
工程质量缺陷照片	 图 8.3.11-1 未设置水封　　　　图 8.3.11-2 水封高度不足
工程实例照片	 图 8.3.11-3 水封设置合理　　　　图 8.3.11-4 水封高度符合要求